Der vorliegende Band des großen Religionsphilosophen und Ethnographen bietet Fallstudien zu archetypischen Vorstellungen. Er zeigt Bilder von Raum und Zeit, bezogen auf die menschliche Sehnsucht nach dem Bleibenden. Hierher gehören die Figurationen von »Zentrum« und »Ewigkeit«, von Bindung, Bergung und Geborgenheit, wie sie Eliade mit unerschöpflicher Kenntnis der Weltkulturen vor dem Leser ausbreitet: kleine Philosophien des Knotens, der Muscheln, der zentrierenden Architektur, der stillenden Zeit beschließen den Band.

insel taschenbuch 2512

Mircea Eliade

Ewige Bilder und Sinnbilder

Mircea Eliade

Ewige Bilder und Sinnbilder

Über die magisch-religiöse Symbolik

Aus dem Französischen
übertragen von
Eva Moldenhauer

Insel Verlag

insel taschenbuch 2512
Erste Auflage 1998
Insel Verlag Frankfurt am Main und Leipzig

Hinweise zu dieser Ausgabe am Schluß des Bandes
Vertrieb durch den Suhrkamp Taschenbuch Verlag
Umschlag: Michael Hagemann
Druck: Nomos Verlagsgesellschaft, Baden-Baden
Printed in Germany

1 2 3 4 5 6 – 03 02 01 00 99 98

Inhalt

VORWORT

KAPITEL I

DIE SYMBOLIK DES »ZENTRUMS«

KAPITEL II

INDISCHE SYMBOLIK DER ZEIT UND DER EWIGKEIT

KAPITEL III
DER »BINDENDE GOTT« UND DIE SYMBOLIK DER KNOTEN

KAPITEL IV
DIE SYMBOLIK DER MUSCHELN

KAPITEL V
SYMBOLIK UND GESCHICHTE

VORWORT

Die erstaunliche Popularität der Psychoanalyse hat gewissen »Schlüsselwörtern« einen Triumph verschafft: Wörter wie »Bild«, »Symbol«, »Symbolik« sind inzwischen gängige Münze. Systematische, die Struktur der »primitiven« Denkweise ergründende Forschungen enthüllten andererseits die Wichtigkeit der Symbolik für das archaische Denken sowie ihre grundlegende Rolle im Leben einer jeden, wie immer gearteten überlieferungstreuen Gesellschaft. In der Philosophie überwand man den Szientismus, das religiöse Interesse erwachte nach dem Ersten Weltkrieg neu, vielfältige Erfahrungen dichterischer Art wurden gewonnen (besonders traten die Untersuchungen der Surrealisten hervor, die den Okkultismus, die »schwarze« Literatur, das »Absurde« neu entdeckten): all diese Umstände lenkten – auf verschiedenen Begriffsebenen und Ungleichartiges zutage fördernd – die Aufmerksamkeit eines breiten Publikums auf das *Symbol* als eine eigengesetzliche Form der Erkenntnis. Die darin zum Ausdruck kommende Vorwärtsentwicklung war ein Teil der Gegenbewegung, die sich wider den Rationalismus, Positivismus und Szientismus des 19. Jahrhunderts auflehnte: schon bildet sie für die geistesgeschichtliche Charakterisierung des zweiten Viertels des 20. Jahrhunderts ein ausreichendes Merkmal. Und doch ist dieser den verschiedenen Symbolismen sich zuwendende Geistesumbruch nicht eigentlich eine zuvor nie geglückte, allein der modernen Welt als Verdienst anzurechnende »Entdeckung«. Diese Welt knüpfte, als sie dem Symbol seine Würde zurückgab, ein »Werkzeug der Erkenntnis« zu sein, nur an eine Geisteshaltung an, die in Europa bis zum 18. Jahrhundert allgemein gültig gewesen war und die sie überdies mit anderen, außereuropäischen Kulturen gemeinsam hat, ob diese Kulturen nun »historisch« (wie etwa jene Asiens und Mittelamerikas) oder archaisch, »primitiv« sind.

Wahrzunehmen ist, daß das Hereinströmen der Symbolik nach Westeuropa mit dem Anbruch des neuen Tages, der am

Horizont der Geschichte *Asien* aufsteigen läßt, zeitlich zusammenfällt. Dieser Tagesanbruch, dessen erstes Aufflammen jene Revolution entfachte, die den Namen *Sun Yat Sens* trägt, gewann vornehmlich in den letzten Jahren feste Umrisse. Und im gleichen Moment halten sich schon ethnische Gruppen, die bis heute an der eigentlichen Weltgeschichte nur in kurzen Intervallen und nur andeutungsweise teilgenommen hatten (Bewohner Ozeaniens, Afrikas usw.), für die Ablösung bereit, die auch sie zu Mittreibenden im großen Strom der Geschichte dieser Zeit macht; und sie drängen ungeduldig darauf, diese Geschichte mitzugestalten. Zwar besteht zwischen dem am Geschichtshorizont tagenden Aufbruch der »exotischen« oder »archaischen« Welt und der Wiedergeburt der in Europa bemerkbaren Neigung zu symbolhaftem Erkennen kein kausaler Zusammenhang. Aber die Tatsache, daß dieses »Zusammenfallen« in hohem Grade verheißungsvoll ist, bleibt bestehen; man fragt sich, wie das positivistische, materialistische Europa des 19. Jahrhunderts die geistige Zwiesprache mit exotischen Kulturen hätte bewältigen können, die sich ausnahmslos auf Gedankengänge berufen, die ganz andere sind als jene des Positivismus oder des Empirismus. An diesem Punkt zeigt sich zumindest die eine Hoffnung berechtigt: Europa werde vor den – in der exotischen Welt die Stelle unserer »Begriffe« einnehmenden und diese sowohl fortentwickelnden als auch lebendig erhaltenden – *Bildern und Symbolen* nicht in hilfloser Lähmung verharren. Es erschüttert uns, daß nur zwei der im Gesamtbestand des modernen europäischen Geisteslebens vorhandenen »Botschaften« die außereuropäische Welt *ernstlich* interessieren: das Christentum und der Kommunismus. Diese beiden sind, wenn auch sicherlich in sehr unterschiedlicher Art und auf einander grundsätzlich entgegengesetzten Begriffsebenen, dennoch »Soteriologien«, Heilslehren, und als solche verarbeiten sie die »Symbole« und die »Mythen« auf einer Stufenleiter, zu der es nur in der außereuropäischen Menschheit Analogien gibt.[1]

Eine glückliche Konstellation ließ Westeuropa, wie wir erwähnten, genau in jenem Moment den kognitiven Wert des Symbols neu entdecken, wo es nicht mehr allein »die Geschichte macht«: in dem Moment, wo die europäische Kultur, will sie sich nicht in geisttötendem Provinzialismus verkapseln, vor die Verpflichtung gestellt wird, andere Wege der Erkenntnis als die ihr gemäßen, andere Wertmaßstäbe in Betracht zu ziehen. In dieser Hinsicht leisteten alle einander folgenden Entdeckungen und modischen Vorlieben für das Irrationale, Unbewußte, für Symbolik, für Dichterisch-Erlebtes, für exotische und gegenstandslose Kunst usw. dem Abendland indirekt einen Dienst: sie bahnten den Weg für ein lebendigeres und damit tieferes Verständnis außereuropäischer Wertvorstellungen und schließlich für den Dialog mit den außereuropäischen Völkern. Man braucht nur an die Haltung, die der ethnographische Forscher des 19. Jahrhunderts angesichts des »Gegenstandes seiner Studien«, besonders aber angesichts des Ergebnisses seiner Forschungen einnahm, zu denken – und man wird den ungeheuren Fortschritt ermessen, den die Ethnologie im Lauf der letzten dreißig Jahre gemacht hat. Der Ethnologe unserer Tage erfaßte mit der hohen Bedeutung der Symbolik für das archaische Denken gleichzeitig auch ihren inneren Zusammenhang, ihre Tauglichkeit, ihre spekulative Kühnheit, ihren geistigen Adel.

Mehr noch: man nähert sich heute dem Verständnis eines Sachverhaltes, den das 19. Jahrhundert nicht einmal zu ahnen vermochte, daß nämlich das Symbol, der Mythos, das Bild zur Substanz des geistigen Lebens gehören, daß man sie zwar fälschen, verstümmeln, entwerten kann, daß man sie aber nie ausrotten wird. Es wäre der Mühe wert, das Fortleben der großen Mythen während des ganzen 19. Jahrhunderts zu untersuchen: man würde sehen, auf welche Art diese Mythen – freilich erniedrigt, beschnitten, verurteilt zu unaufhörlicher Veränderung ihrer äußeren Erscheinung – dennoch diese »Winterperiode« überdauerten, vor allem dank der Literatur.[2] So hat etwa der Mythos vom »Paradies auf Erden« bis auf unsere Tage fortgelebt, und zwar in der adaptierten Gestalt eines »Paradieses in Ozeanien«. Seit hundertfünfzig Jahren wetteiferten alle großen europäischen Literaturen in der Preisung der paradiesischen Inseln des Großen Ozeans, Zufluchtsstätten für alle Seligkeiten, auch wenn die Wirklichkeit ein völlig anderes Gesicht zeigte: »platte eintönige Landschaft«, »ungesundes Klima«, »häßliche und fette Frauen« usw. Nichtsdestoweniger blieb das Bild dieses Südseeparadieses jeder Korrektur durch irgendeine geographische oder sonstige Realität unzugänglich. Die objektiven Wirklichkeiten ließen sich in keiner Weise mit einem Südseeparadies in Zusammenhang bringen; denn dieses bildete den Bestandteil eines theologischen Reiches: ihm waren alle die vom Positivismus, vom Szientismus unterdrückten Paradiesbilder zugeeignet worden: die hatte es assimiliert und sich angeglichen. Das Paradies auf Erden, an das noch Christoph Columbus glaubte (war er nicht der Meinung, er habe es entdeckt!), war im 19. Jahrhundert eine Südseeinsel geworden. Doch seine Funktion im Haushalt der menschlichen Psyche blieb die gleiche: weit draußen, auf der »Insel«, im »Paradies«, nahm das Dasein seinen Verlauf außerhalb der Zeit und der Geschichte; dort war der Mensch glücklich, frei, der einschränkenden Bedingungen ledig; dort brauchte er sein Leben nicht durch Arbeit zu fristen; dort waren die Frauen schön, ewig jung, und keine »Gesetzesvorschrift« war ihnen aufgebürdet, wenn sie liebten. Ja, selbst die Nacktheit fand dort auf der entlegenen Insel ihren metaphysischen Sinn wieder: sie war die Lebensform des vollkommenen Menschen – des Adam, bevor er in Sünde fiel.[3] Die geographisch gegebene »Realität« mochte diese Paradieseslandschaft Lügen strafen, häßliche und fette Frauen mochten sich in Scharen den Blikken der Reisenden zeigen: man sah sie nicht! Jeder sah allein das Bild, das er mit sich getragen hatte.

Das Symboldenken ist kein ausschließlicher Besitz des Kindes, des Dichters oder des Gestörten: es gehört wesentlich zum Menschen: es ist der Vorläufer der Sprache und des diskursiven Denkens. Das Symbol enthüllt ganz bestimmte Aspekte der Wirklichkeit – jene, die die größte Tiefe ausloten, jene, die sich allen anderen Hilfsmitteln des Erkennens widersetzen. Die Bilder, die Symbole, die Mythen sind keineswegs »nicht verantwortete« Schöpfungen der Psyche; sie entsprechen einer Notwendigkeit und erfüllen eine Funktion: nämlich die geheimsten Formen des Seins bloßzulegen. Deren Studium gestattet uns deshalb, den Menschen besser kennenzulernen, den Menschen schlechthin, den noch nicht in die Bedingtheiten der Geschichte verstrickten Menschen. Jedes geschichtliche Sein ist zugleich Behälter und Träger eines großen Teils »vorgeschichtlicher« Menschheit. Gewiß ist das ein Gesichtspunkt, den man nie, nicht einmal in den unduldsamsten Zeiten des Positivismus vergessen hat: wer wußte denn klarer als der Positivist, daß der Mensch animalisch, ein »Tier« ist, durch dieselben Instinkte geleitet und beherrscht wie seine Brüder im Tierreich? Das war eine genaue, allerdings nur eine Teilwahrheit aussprechende Feststellung, ausschließlich auf eine bestimmte Bezugsebene anwendbar. Heute beginnt man zu erkennen, daß der außergeschichtliche Anteil jedweden menschlichen Daseins nicht, wie man im 19. Jahrhundert meinte, im Tierreich und letztlich im »Leben« sich allmählich auflöst, sondern daß er im Gegenteil einen abzweigenden Weg einschlägt und sich wirklich über das Leben *emporhebt*. Dieser außergeschichtliche Teil des Menschen trägt, so wie eine Gedenkmünze ihre Prägung, die Erinnerung an ein reicheres, vollkommeneres, man möchte fast sagen »glückseligeres« Dasein. Läßt sich ein an historische Bedingtheiten gebundenes Wesen, zum Beispiel ein abendländischer Mensch unserer Tage, vom »nichtgeschichtlichen« Teil seines Selbsts mitreißen (was ihm häufiger und viel radikaler widerfährt, als er selbst es sich vorstellt), dann zwingt ihn dies noch nicht, zurückzugehen in das tierische Stadium der Menschheit, hinabzusteigen zu den tiefsten Quellen des organischen Seins. In vielen Fällen verwirklicht er dann vielmehr mittels der Bilder und Symbole, die er in Bewegung setzt, aufs neue ein paradiesisches Stadium des Urmenschen (wie immer dessen tatsächliches Leben verlaufen sein mochte; denn dieser »urzeitliche Mensch« erweist sich vor allem als ein Archetypus, den innerhalb irgendeiner menschlichen Daseinsform ganz zu verwirklichen unmöglich ist). Entflieht der Mensch seiner geschichtlichen Bedingtheit, so entsagt er nicht zugleich seinem Menschsein, um sich in der »Animalität« zu verlieren; er findet die Sprache, manchmal auch das Erleben eines »verlorenen Paradieses« wieder. Die Träume, die Tagträume, die Bilder, die seine Heimwehgefühle begleiten, seine Sehnsüchte, seine Begeisterung, all das sind Gewalten, die den in seine geschichtlichen Bedingtheiten gesperrten Menschen in eine geistige Welt entrücken, die unendlich reicher an Geist ist als die geschlossene Welt seines »geschichtlichen Moments«.

Der Aussage der Surrealisten zufolge kann jeder Mensch Dichter werden, wenn er es nur versteht, sich dem »automatischen Schreiben« zu überlassen. Diese Dichtertechnik läßt sich innerhalb einer gesunden Psychologie durchaus rechtfertigen. Das sogenannte »Unbewußte« ist bei weitem »dichterischer« und, wie wir hinzufügen wollen, »philosophischer« und »mythischer« als das bewußte Leben. Man hat nicht immer die Kenntnis der Mythologie nötig, um die hohen Themen des Mythischen »leben« zu können. Das wissen die Psychologen, die in den Tagträumen oder in den gewöhnlichen Träumen ihrer Patienten die schönsten Mythologien entdecken. Das Unbewußte wird ja nicht nur von Ungeheuern heimgesucht: in ihm haben auch die Götter, die Göttinnen, die Helden, die Feen ihre Heimat; und zudem sind sogar die im Unbewußten lebenden Ungeheuer selber mythologische Wesen, da sie weiterhin jene Aufgaben erfüllen, die ihnen in allen Mythologien zukamen, das heißt letztlich: dem Menschen zu helfen, daß er sich selbst befreie und seine Initiation vollende.

Die brutale Sprache Freuds sowie die seiner orthodoxesten Schüler hat gutgesinnte Leser oft abgestoßen. Tatsächlich jedoch entspringt diese Brutalität der Sprache einem Mißverständnis. Nicht die Sexualität als solche wirkte abstoßend, sondern die Ideologie, mit der Freud seine »reine Sexualität« überbaute. Hingerissen von seiner Sendung und wähnend, er sei der »Große Erweckte« – während er nur der »letzte Positivist« war –, vermochte sich Freud nicht davon Rechenschaft zu geben, daß die Sexualität niemals »rein«, daß sie vielmehr immer und überall eine »mehrwertige« Funktion gewesen ist, deren erster und vielleicht höchster Wert die kosmologische Funktion war, und daß eine Wiedergabe irgendeiner psychischen Situation in Begriffen des Sexuellen in keiner Weise eine Herabwürdigung bedeutet. Immer und überall – außer in der modernen Welt – war die Sexualität eine Erscheinung des Heiligen und der Geschlechtsakt ein allumfassender Akt (also *auch* ein Mittel der Erkenntnis).

Die Anziehung, welche die Mutter auf das männliche Kind ausübt, und – damit – der Ödipuskomplex sind »anstößig« nur insoweit, als man sie so wiedergibt, wie *sie sich gerade äußern*, statt daß man, wie es sich gehört, ihre *Bildhaftigkeit* aufzeigt. Denn um das Bild der Mutter schlechthin geht es hier in Wahrheit, nicht aber um dessen Träger, diese oder jene individuelle Mutter, *hic et nunc*, wie Freud es aufgefaßt wissen wollte. Das Bild der Mutter ist es, das zugleich kosmologische, anthropologische und psychologische Wirklichkeiten und Funktionen enthüllt, *und nur es allein kann diese Enthüllung leisten.*[4] Die Bilder in konkrete Begriffe zu »übersetzen«, ist ein sinnwidriges Beginnen: zwar umfassen die Bilder alle die von Freud sichtbar herausgestellten Anspielungen auf das »Konkrete«, doch läßt sich das Wirkliche, das diese Anspielungen zu bedeuten bestrebt sind, nicht in solchen Bezügen zum »Konkreten« ausschöpfen. Ebenso ist der

»Ursprung« der Bilder ein gegenstandsloses Problem: mit ihm verhält es sich wie mit einer Polemik, die etwa gegen die »Wahrheit« der Mathematik Sturm läuft, indem sie behauptet: »Die Entdeckung der Geometrie erwuchs doch im Verlauf der Geschichte aus ganz bestimmten Arbeiten, die die Ägypter unternahmen, um das Nildelta zu kanalisieren!« Philosophisch gesehen, entbehren solche Probleme um »Ursprung« und um »wahre Deutung« der Bilder des Objektes. Es genügt, daran zu erinnern, daß die mütterliche Anziehungskraft, auf der unmittelbaren und konkreten Ebene gedeutet – als der Wunsch, die eigene Mutter zu besitzen –, *nur das aussagen will, was sie aussagt, und nichts darüber hinaus*; hält man sich hingegen vor Augen, daß es sich um das Bild der Mutter schlechthin handelt, so will dieser Wunsch viele Dinge auf einmal zum Ausdruck bringen, denn er ist das Verlangen nach restloser Wiedererringung jener Glückseligkeit, die dem lebendigen, noch nicht »geformten« Urstoff eignet: dieser Materie mit allen ihr noch möglichen Sonderentwicklungen in kosmologischer, anthropologischer und sonstiger Richtung; er umfaßt auch jene Anziehung, welche die Materie auf den »Geist« ausübt, die große Sehnsucht nach der ursprünglichen Einheit und mit ihr den Wunsch nach Aufhebung der Gegensätze, der Polaritäten usw. Nun sind aber, wie gesagt wurde und wie die folgenden Darlegungen es erweisen werden, die Bilder sogar ihrer Struktur nach *vielwertig*. Verwendet der Geist sie zur Erfassung der tiefsten Wirklichkeit, der Dinge, so tut er es deshalb, weil diese Wirklichkeit sich auf eine widerspruchsvolle, daher der Formulierung begrifflicher Art nicht zugängliche Weise offenbart. (Man weiß um die verzweifelten Bemühungen, die verschiedene Theologien und metaphysische Systeme, orientalische ebenso wie abendländische, daran wenden, für die *Coincidentia oppositorum* einen begrifflichen Ausdruck zu finden; und doch hat diese mit leichter Mühe und überdies auch zahllose Male in Bildern und Symbolen ihren Ausdruck gefunden.) So ist also das Bild als solches, sofern es eine Bündelung

von Bedeutungen darstellt, *wahr*, und nicht nur *eine einzelne der zahlreichen Bedeutungen und Bezugsebenen des Bildes.* Ein Bild zu übersetzen in eine konkrete Begriffssprache, indem man es auf eine einzige seiner Bezugsebenen einengt, ist ein noch verderblicheres Beginnen als seine Verstümmelung: es bedeutet die Vernichtung, die Aufhebung seines Wertes, ein Mittel der Erkenntnis zu sein.
Wir verkennen keineswegs die Tatsache, daß in gewissen Fällen die Psyche ein Bild so fixiert, daß es sich an eine einzige Bezugsebene bindet: an die »konkrete« Ebene. Indes ist dies bereits der Beweis für ein psychisches Gestörtsein. Zweifellos gibt es Fälle, in denen das Bild der Mutter nichts weiter ist als der auf die eigene Mutter sich richtende Inzestwunsch; doch dann stimmen die Psychologen darin überein, daß in einer solchen fleischlichen Deutung eines Symbols das Anzeichen einer psychischen Krise zu sehen sei. Sogar auf der Ebene der Dialektik des Bildes ist jede einseitige Reduktion ein Irrweg. Die Religionsgeschichte ist voll einseitiger und damit irriger Deutungen der Symbole. Nicht ein einziges großes religiöses Symbol ließe sich finden, dessen Geschichte etwas anderes wäre als eine tragische Aufeinanderfolge zahlloser »Sündenfälle«. Es gibt keinen fratzenhaften Irrglauben, keine satanische Orgie, keine religiöse Grausamkeit, keine magisch-religiöse Widersinnigkeit oder Krankhaftigkeit, die nicht – und sei es in ihrem Prinzip selbst – eine gewisse »Rechtfertigung« darin fände, daß ihr eine falsche – *weil eben nur Teile erfassende, unvollständige* – Auslegung einer erhabenen Symbolik zugrunde lag.[5]

Unvergänglichkeit der Bilder

Im übrigen besteht keine Notwendigkeit, die Entdeckungen der Tiefenpsychologie oder die surrealistische Technik des automatischen Schreibens zu bemühen, um das beim modernen Menschen unbewußte Fortleben einer Mythologie nachzuweisen, die überaus reich ist und dazu – unserer Meinung nach – von einem geistigen Gehalt bestimmt, der den seines »bewußten« Lebens übertrifft. Man kann von den Dichtern sowie von den Seeleninhalten, die durch eine Krise charakterisiert sind, absehen: auch ohne sie findet man die Wirklichkeit und Gegenwart der Bilder und der Symbole beglaubigt. Das geistloseste Dasein quillt von Symbolen über, der »realistischste« Mensch lebt von Bildern. Es sei nochmals gesagt, und die folgenden Darlegungen werden es reichlich veranschaulichen: die Symbole verschwinden nie aus der *Aktualität* der Psyche; zwar können sie ihre sichtbare Erscheinung ändern, doch ihre Funktion bleibt die gleiche. Man braucht ihnen nur die neuen Masken abzunehmen.

Auch das minderwertigste Heimwehgefühl enthüllt noch das »Heimweh nach dem Paradies«. Wir haben die Bilder vom Südseeparadies erwähnt, die in den Büchern und in der Welt des Films immer wieder auftreten. (Wer hat vom Kino gesagt, es sei die »Traumfabrik«?) Sehr wohl zu analysieren vermag man auch jene Bilder, die plötzlich freigesetzt werden durch irgendeine Musik, manchmal durch die vulgärste Schnulze: und man stellt fest, daß diese Bilder das Heimweh nach einer zum Mythos gewordenen, einer im archetypischen Sinn umgeformten Vergangenheit bekennen, daß diese »Vergangenheit« nicht nur der Trauer um eine hingeschwundene Zeit, sondern noch tausend anderen Bedeutungen Raum gibt: Ausdruck all dessen, was hätte sein können und was nicht gewesen ist; für das Trauern jedes Wesens, das nur durch den Verzicht darauf, etwas anderes zu sein als es selbst, existieren kann; Ausdruck für die Betrübnis darüber, daß man weder in der Landschaft noch in der Zeit lebt, die von der Schnulze vergegenwärtigt werden (gleichgültig bleibt es dabei, welches deren spezielle lokale oder geschichtliche Schattierungen sein mögen: ob die der »guten alten Zeit«, des Rußland der Balalaika, des romantisch gesehenen Orients, die des Haiti aus den Filmen, des amerikanischen Millionärs oder die des exotischen Prinzen usw.); worum es sich letzten Endes handelt, ist die Sehnsucht nach etwas im Verhältnis zum gegenwärtigen Augenblick ganz und gar anderem, die Sehnsucht nach Unzugänglichem oder hoffnungslos Verlorengegangenem: nach dem »Paradies«.

Was diese Bilder der Paradiesessehnsucht bedeutungsvoll macht, ist dies: sie sagen von dieser Sehnsucht stets mehr aus, als das sie erlebende menschliche Subjekt in Worten zum Ausdruck zu bringen vermöchte. Die meisten Menschen wären übrigens außerstande, diese Bilder nachzuerzählen: und dies nicht etwa infolge eines im Vergleich zu anderen Artgenossen geringeren Intelligenzgrades, sondern deshalb, weil sie unserer analytischen Sprache gar nicht so viel Wichtigkeit beimessen. Doch gerade solche Bilder bringen die Menschen wirksamer und realer einander näher als eine analytische Sprache. Tatsache ist: wenn irgendwo eine völlige Solidarität der Gattung Mensch besteht, so kann sie nur auf der Ebene der Bilder erfaßt und gelebt werden (wir sagen nicht: auf der Ebene des Unterbewußten, denn nichts liefert den Beweis dafür, daß es nicht auch ein Überbewußtes geben könnte).

Man hat nicht genug auf solche Heimwehgefühle geachtet; man hat in ihnen nichts weiter erkennen wollen als psychische Fragmente ohne Bedeutung; günstigstenfalls hat man eingeräumt, sie könnten für gewisse Untersuchungen an Formen psychischen Fluchtverhaltens von Interesse sein. Mitunter sind die Heimwehgefühle Träger von Bedeutungen, die die Befindlichkeit des Menschen selber angehen; in dieser Hinsicht drängen sie sich dann sowohl dem Philosophen wie dem Theologen auf. Bloß hat man sie nicht ernst genommen; man fand sie »frivol«: das Bild des verlorenen Paradieses, das plötzlich Umrisse gewinnt in der Musik eines Akkordeons – welch ein unwürdiges Studienobjekt war das doch! Aber diese Einstellung zeigte nur, wie sehr man vergaß, daß das Leben des modernen Menschen überströmt von halb vergessenen Mythen, von heruntergekommenen Hierophanien, von ihres Gefühlswertes beraubten Symbolen. In ununterbrochener Folge wurde dem modernen Menschen das Sakrale immer neu entwertet; das hat den Inhalt seines geistigen Lebens verändert, aber die Urgründe seiner Einbildungskraft hat es nicht abgetötet: ein ganzer Müllhaufen von Mythologischem lebt in seinen unzureichend kontrollierten Seelenzonen fort.

Im übrigen ist der »edelste« Teil des Bewußtseins eines modernen Menschen weniger »geistig«, als man im allgemeinen zu vermuten geneigt ist. Schon eine flüchtige Analyse vermöchte innerhalb dieser »edlen« und »hochrangigen« Bewußtseinssphäre so manche bloß angelesene Erinnerungsbestände aufzudecken, viele unterschiedliche Vorurteile religiöser, moralischer, ästhetischer Art usw., und so manche Gemeinplätze über den »Sinn des Daseins« oder die »tiefste Wirklichkeit« usw. Man möge sich davor hüten, etwa hier die gestaltende Kraft zu jenem Gebilde suchen zu wollen, in das sich der Mythos vom verlorenen Paradies, das Bild vom vollkommenen Menschen oder das Mysterium der Frau und der Liebe usw. verwandelt hat. All das findet sich unter vielen anderen Dingen – doch wie sehr säkularisiert, abgewertet, übertüncht! – im halbbewußten Strom des alltäglichsten Lebens: in den Tagträumen, in den Melancholien, im freien Spiel der Bilder während der Stunden »leeren Bewußtseins« (zum Beispiel auf der Straße, in der Untergrundbahn), in den Zerstreuungen und den verschiedenartigsten Vergnügungen. Bloß ruht dieser mythische Schatz – dies sei wiederholt – in einer »laisierten« und »modernisierten« Gestalt in uns. Solchen Bildern widerfuhr dasselbe, was – wie Freud aufzeigte – den allzu grobschlächtigen Anspielungen auf geschlechtliche Realitäten passierte: sie haben ihre »Form« verändert. Um ihr Fortleben zu sichern, haben die Bilder einen »familiären« Charakter angenommen.

Das Interesse, das sie bieten, wurde dadurch nicht beeinträchtigt. Die abgewerteten Bilder bezeichnen nämlich den Ausgangspunkt, von dem aus die geistige Wiedergeburt des modernen Menschen beginnen könnte. Wir denken, es wäre hochbedeutsam, wenn wir eine vollständige Mythologie, ja sogar eine Theologie wiederfänden, die getarnt im Leben irgendeines durchschnittlichen modernen Menschen sich verbirgt: von ihm hängt es ab, den Strom hinaufzuschwimmen und die tiefe Bedeutung aller dieser geschändeten Bilder, aller dieser entwerteten Mythen wiederzuentdecken. Man halte uns nicht entgegen, dieser Abfall interessiere den modernen Menschen nicht mehr, er gehöre einer – vom 19. Jahrhundert glücklicherweise beseitigten – »abergläubischen« Vergangenheit an; zwar sei es für die Dichter, die Kinder und die Leute in der Untergrundbahn nützlich, sich mit Bildern und Heimwehgefühlen zu sättigen, doch die ernsten Menschen möge man gefälligst weiterhin denken und »Geschichte machen« lassen. Nein, eine solche Scheidung zwischen dem »Ernst des Lebens« und den »Träumen« entspricht nicht der Wirklichkeit. Wohl steht dem modernen Menschen die Mißachtung der Mythologien, der Theologien frei, aber sie kann ihn nicht daran hindern, seine Nahrung weiterhin aus verunstalteten Bildern und entwerteten Mythen zu beziehen. Die schrecklichste geschichtliche Krise der modernen Welt – der Zweite Weltkrieg mit allen seinen Begleit- und Folgeerscheinungen – hat in ausreichendem Maß bewiesen, daß die Ausrottung der Mythen und Symbole eine Illusion bleibt. Selbst in der verzweifeltsten »geschichtlichen Situation« (in den Gräben um Stalingrad, in den nazistischen und in den sowjetischen Konzentrationslagern) haben Männer und Frauen romantische Lieder gesungen, Geschichten angehört (sie gingen sogar soweit, Teile ihrer elenden Lebensmittelrationen zu opfern, wenn sich ihnen im Austausch dafür etwas Derartiges bot) – und diese Geschichten leisteten nichts weiter als einen Ersatz für Mythen; diese romantischen Lieder flossen über von Heimwehgefühlen. Jener gesamte wesentliche und unverlierbare Teil des Menschen, der den Namen *Imagination* trägt, taucht in die Fülle der Symbolik unter und verlängert das Leben archaischer Mythen und Theologien.[6]

Und dazu bedarf es, das sagten wir schon, keines Weiteren,

als daß der moderne Mensch diesen unermeßlichen Schatz an Bildern, den er mit sich trägt, »hebt«; daß er die Bilder erweckt, um sie in ihrer ursprünglichen Reinheit zu betrachten und das, was sie künden, in sich aufzunehmen. Die Volksweisheit hat oft zum Ausdruck gebracht, wie sehr die Imagination für die Gesundheit des Individuums, für das Gleichgewicht und den Reichtum seines Innenlebens von Bedeutung ist. Noch manche moderne Sprachen halten an der bedauernden Aussage fest, daß ein Mensch von »mangelnder Imagination« ein beschränktes, mittelmäßiges, trübseliges, unglückliches Wesen sei. Die Psychologen – an erster Stelle C. G. Jung – haben gezeigt, in welchem Ausmaß die Tragödien der modernen Welt von einer tiefen Gleichgewichtsstörung der Psyche herrühren, einer sowohl individuellen wie kollektiven Störung, die zum großen Teil durch eine zunehmende Stillegung der Imagination verschuldet wurde. »Imagination besitzen« bedeutet, sich eines innerlichen Reichtums, eines ununterbrochenen und spontanen Bilderflusses zu erfreuen. Indes will Spontaneität nicht dasselbe bezeichnen wie willkürliches Erfinden. Etymologisch gesehen, ist das Wort »Imagination« gleichen Stammes mit *imago* (Darstellung, Nachahmung) und mit *imitor* (nachahmen, reproduzieren). Ausnahmsweise einmal deutet damit die Etymologie sowohl auf psychologische Wirklichkeiten als auch auf eine geistige Wahrheit hin. Die Imagination imitiert beispielhafte Vorbilder (*imagines*): sie reproduziert sie, aktualisiert sie stets von neuem, wiederholt sie unendlich oft. »Imagination besitzen« heißt die Welt in ihrer Totalität sehen; denn das Vermögen, die »Sendung« der Bilder besteht darin, all das zu *veranschaulichen*, was sich der begrifflichen Fassung widersetzt. Von diesem Punkt aus mag man sich das Elend und den Verfall eines der Imagination entbehrenden Menschen klarmachen: er ist abgeschnitten von der tiefen Realität des Lebens und seiner eigenen Seele.

Wenn wir an diese Prinzipien erinnern, wollen wir damit dartun, daß die Erforschung der Symbolik nicht nur ein Anliegen bloßer Erweiterung des Wissens, daß sie – zumindest indirekt – auch für des Menschen Selbsterkenntnis von Interesse ist; kurz gesagt, daß sie dort, wo man von einem neuen Humanismus oder einer neuen Anthropologie redet, ihr Wort mitzusprechen hat. Zweifellos wird ein solches Studium, dessen Gegenstand eben die Symbolik ist, wahren Nutzen nur dann erbringen, wenn es in einer Gemeinschaftsarbeit betrieben wird. Die literarische Ästhetik, die Psychologie, die philosophische Anthropologie hätten sich von den Ergebnissen der Religionsgeschichte wie auch von denen der Ethnologie und der Folkloristik Rechenschaft zu geben. Eher als sonst irgendwer bringt der Religionshistoriker die Eignung mit, die ihn zum Bahnbrecher der Erkenntnisse über die Symbole macht; seine Dokumente sind vollständiger und zugleich zusammenhängender als jene, über die der Psychologe, der Literarhistoriker verfügen; sie sind den Quellen des symbolischen Denkens selber entnommen. Die Religionsgeschichte ist das Reich, in dem man auf »Archetypen« stößt; Psychologie und Literaturkritik sind nur mit Abarten befaßt, die sich diesem Thema nähern.

Das zentrale und zugleich das schwierigste Problem bleibt offensichtlich die Interpretation. Grundsätzlich kann man immer die Frage der Tauglichkeit einer Auslegung aufwerfen. Bedient man sich der klar vor Augen liegenden Bestände – der Texte, der Riten, der figuralen Denkmäler –, bedient man sich ferner der ihren Sinn nur halb verbergenden Andeutungen, so kann man immerhin, mittels vielfältigen Herausgreifens, stückweise und allmählich das zur Darstellung bringen, was dieses oder jenes Symbol »sagen will«. Man kann aber auch das Problem auf eine andere Art angehen und fragen, ob sich denn die von den Symbolen Gebrauch machenden Menschen wirklich Rechenschaft über alles geben, was sich theo-

retisch aus den Symbolen entwickeln läßt? Wenn wir zum Beispiel die Symbolik des Weltenbaums untersuchen und sagen, daß sich dieser Baum im »Weltzentrum« befindet, sind sich dann sämtliche Mitglieder der um solche Weltenbäume wissenden Gesellschaften ebenfalls der ganzen »Zentrums«-Symbolik bewußt? Doch der erkenntnisbildende Wert eines Symbols ist nicht vom Grad der geistigen Reife dieses oder jenes Individuums abhängig. Überaus häufig beweisen uns Texte sowie figurale Denkmäler, daß – zumindest für einige Individuen einer archaischen Gesellschaft – die Symbolik des »Zentrums« in ihrer Gesamtheit durchschaubar war; die übrigen Mitglieder der Gesellschaft begnügten sich damit, an der Symbolik zu »partizipieren«. Im übrigen ist es recht schwierig, die Grenzen einer solchen Teilhabe genau zu ziehen: sie ist je nach den im Spiel stehenden Faktoren sehr verschieden. Was sich dazu aussagen läßt, erschöpft sich in der Formulierung: Die *Aktualisierung* eines Symbols geschieht nie mechanisch; sie steht im Zusammenhang mit den Spannungen, mit den Umbrüchen im Leben der Gesellschaft und letztlich auch mit den kosmischen Rhythmen.
Jedoch alle Verdunkelungen, alle Verirrungen, die einer Symbolik gerade aus der Tatsache, daß man sie *lebt*, erwachsen können, beeinträchtigen nicht die Tauglichkeit ihrer Auslegung. Dafür ein Beispiel aus einem anderen Bereich des Wirklichen: Ist es für die Beurteilung der in der *Göttlichen Komödie* sich äußernden Symbolik wirklich notwendig, danach zu fragen, was die über den ganzen Erdball verstreuten Millionen Leser beim Aufnehmen dieses schwierigen Buches von ihm verstehen; ist nicht folgende Frage wichtiger: Was empfand und was dachte Dante persönlich, während er schrieb? Handelt es sich gar um ein dichterisches Werk von noch größerer Freiheit, um eines, das – wie ich es ausdrücken möchte – noch unmittelbarer von der »Inspiration« abhängt (beispielsweise um Gestaltungen der deutschen Romantik), dann ist man nicht einmal dazu berechtigt, sich zur Deutung der Symbolik, die es beinhaltet, festzulegen auf das, was die Künstler

über ihr eigenes Werk dachten. Denn es bleibt eine Tatsache, daß in den meisten Fällen ein Autor die Bedeutung seines Werkes nicht selber erschöpfend zu Ende denkt. Die archaischen Symbolismen erscheinen spontan aufs neue, sogar in den Werken »realistischer« Autoren, die von solchen Symbolen nicht die geringste Kenntnis besitzen.

Übrigens ist diese Kontroverse, die sich um das Thema der legitimen Grenzen betreffend die Auslegung der Symbolismen bemüht, doch wohl gegenstandslos. Man sah die Mythen ihrem Niedergang, die Symbole der Säkularisierung verfallen; doch niemals verschwinden Mythen und Symbole, nicht einmal innerhalb der positivistischsten Zivilisation, derjenigen des 19. Jahrhunderts. Die Symbole und Mythen kommen aus zu weiter Ferne, als daß sie sterben könnten: sie bilden einen Teil des Menschen, und es ist unmöglich, daß sie irgend einmal nicht mehr auffindbar wären in einer existentiellen Situation des Menschen im Kosmos.

KAPITEL I
DIE SYMBOLIK DES »ZENTRUMS«

Viele Laien beneiden den Religionshistoriker um seinen Beruf. Welche edlere, welche bereicherndere Tätigkeit könnte es geben als sich in den großen Mystiken aller Religionen zu bewegen, inmitten der Symbole und der Mysterien sein Leben zu verbringen, die Mythen aller Völker zu lesen und zu begreifen? Die Laien haben die Vorstellung, daß ein Religionshistoriker in den griechischen oder in den ägyptischen Mythen beheimatet ist, ohne daß er die einen den anderen vorzöge; ebenso aber auch in der authentischen Heilsbotschaft Buddhas, in den Mysterien der Taoisten oder in den geheimen Initiationsriten der archaischen Religionen. Vielleicht sind die Laien nicht ganz im Unrecht, wenn sie sich den Religionshistoriker von großen und wahrhaftigen Problemen bewegt denken oder befaßt mit der Entschlüsselung der großartigsten Symbole und der komplexesten und erhabensten Mythen, die es unter der unermeßlichen sich ihm darbietenden Tatsachenmasse gibt. Doch in Wirklichkeit ist die Situation ganz anders. Zahlreiche Religionshistoriker werden durch ihr Spezialgebiet so sehr in Anspruch genommen, daß ihr Wissen über die griechischen oder die ägyptischen Mythen, über die Botschaft Buddhas, über die Techniken der Taoisten oder der Schamanen nicht viel größer ist als das irgendeines Amateurs, der seinem Lesestoff eine Richtung zu geben wußte. Die meisten Religionshistoriker sind nur mit einem armseligen kleinen Ausschnitt aus dem unermeßlichen Reich der Religionsgeschichte wirklich vertraut. Unglücklicherweise wird sogar dieser bescheidene Ausschnitt meist nur oberflächlich ausgewertet: Entschlüsselung, Herausgabe und Übertragung der Texte; Versuche zur Chronologie, zum Studium der Einflußsphären; historische Monographie oder Registrierung der Denkmäler usw. Verbannt in einen zwangsläufig begrenzten Sachbereich, hat der Religionshistoriker oft das Empfinden, er habe die in seiner Jugend erträumte schöne Berufung seines Geistes einer Verpflichtung wissenschaftlicher Rechtschaffenheit geopfert.

Aber die übermäßige wissenschaftliche Rechtschaffenheit dieser Geistesarbeit hat schließlich dazu geführt, daß das gebildete Publikum sich ihr entfremdete. Von seltenen Ausnahmen abgesehen, finden die Religionshistoriker außerhalb des eingeengten Zirkels, den ihre Kollegen und ihre Schüler bilden, keine Leser. Das Publikum liest ihre Bücher nicht mehr – mag dies nun durch ihre allzu technisch spezialisierte oder durch ihre langweilige Darstellung bedingt sein; das abschließende Urteil stellt fest, daß sie nichts geistig Interessierendes bieten. Da das Publikum immer wieder die Behauptung vernimmt, wie sie beispielsweise James Frazer auf etlichen zwanzigtausend Seiten ausbreitet: daß alles vom Menschen der archaischen Gesellschaft Gedachte, Vorgestellte und Ersehnte, alle seine Mythen, Riten, seine Götter, seine religiösen Erfahrungen nichts als ungeheure Anhäufungen von Widersinnigkeiten, Grausamkeiten, Exzessen des Aberglaubens seien, die glücklicherweise niedergerungen wurden durch den intellektuellen Fortschritt des Menschen, also fast immer das gleiche vernimmt, hat es sich schließlich überzeugen lassen und das Interesse am objektiven Studium der Religionsgeschichte verloren. Wenigstens teilweise versucht nun dieses Publikum, seine berechtigte Wißbegierde zu befriedigen, indem es sehr schlechte Bücher liest: etwa über die Mysterien der Pyramiden oder über die Wunder des Yoga und ähnliches: kurz, es interessiert sich nun für die abscheulichen Literaturprodukte der Dilettanten, der Neospiritualisten und der Pseudookkultisten.
Die hierfür Verantwortlichen befinden sich bis zu einem gewissen Grad unter uns Religionshistorikern. Wir waren es ja, die um jeden Preis eine *objektive* Geschichte der Religionen zur Darstellung bringen wollten, ohne uns immer Rechenschaft darüber zu geben, daß das, was wir *Objektivität* tauften, den Denkgewohnheiten unserer Zeit folgte. Seit bald einem Jahrhundert mühen wir uns damit ab, die Religionsgeschichte im Sinn einer eigenständigen Wissenschaft aufzubauen, ohne daß es uns gelungen ist; weiterhin bleibt,

wie jedermann weiß, die Religionsgeschichte sowohl mit der Anthropologie wie mit der Ethnologie vermengt, mit der Soziologie, der Religionspsychologie und sogar mit der Orientalistik. Während die Religionsgeschichte alle erdenklichen Anstrengungen machte, den Rang einer »Wissenschaft« zu erobern, hat sie gleichzeitig auch alle Krisen des modernen wissenschaftlichen Geistes durchlaufen: die Religionshistoriker wurden nacheinander Positivisten, Empiristen, Rationalisten, Anhänger des Historizismus – und manche aus ihren Reihen sind es geblieben. Mehr noch: keine einzige der die Religionsgeschichte nacheinander beherrschenden Moden, keine einzige der dem religiösen Phänomen gewidmeten umfassenden, systematischen Erklärungen hatte einen Religionshistoriker zum Urheber: alle haben sie ihre Herkunft in Hypothesen, deren Anreger bedeutende Linguisten, Anthropologen, Soziologen, Ethnologen waren, Hypothesen, die dann, nacheinander bei aller Welt, einschließlich der Religionshistoriker, Anklang fanden.

Die Situation stellt sich in unseren Tagen folgendermaßen dar: Beachtenswerter Fortschritt des Wissens, der jedoch mit übermäßiger Spezialisierung, ja teilweise mit einem Aufgeben unseres Berufs erkauft wird (die meisten Religionshistoriker sind Orientalisten, Altphilologen oder Ethnologen geworden); Abhängigkeit von den durch die moderne Historiographie beziehungsweise Soziologie erarbeiteten Methoden (als sei das einem Mythos oder einem Ritus geltende geschichtliche Studium genau dasselbe wie die Geschichte irgendeines Landes oder die Monographie irgendeines primitiven Volkes). Kurz, man vernachlässigte ein entscheidendes Faktum: daß beim Begriff »*Religionsgeschichte*« der Akzent nicht das Wort *Geschichte*, sondern das Wort *Religion* hervorzuheben hat. Man verfügt nämlich über sehr viele Methoden, *Geschichte* zu betreiben – von der Geschichte der Technik bis zur Geschichte des menschlichen Denkens –, aber nur über eine einzige an *Religion* herangelangende Methode: und diese besteht in der Kontaktnahme mit den Tatsachen des Religiösen. Bevor man die *Geschichte* irgendeines Sachverhaltes behandelt, hat man erst diesen Sachverhalt richtig zu begreifen: an sich und für sich. Aus diesem Grund gilt es hier hinzuweisen auf die Bedeutung des Lebenswerks von Professor van der Leeuw: dieser Forscher leistete überaus Wertvolles für die Religionsphänomenologie, und seine zahlreichen glänzenden Publikationen halfen einer Wiedergeburt des Interesses an allgemeiner Religionsgeschichte beim gebildeten Publikum zum Durchbruch.

Indirekt wurde das gleiche Interesse durch die Entdeckungen der Psychoanalyse und der Tiefenpsychologie geweckt, in erster Linie durch das Werk von C. G. Jung. Man merkte nämlich rasch, daß das Riesenreich der Religionsgeschichte eine unerschöpfliche Fundgrube darstellt, eine Fundgrube von Elementen des Vergleichs mit dem Verhalten der individuellen wie der kollektiven Psyche, wie es von Psychologen und Analytikern erforscht worden war. Niemand ist sich darüber im unklaren, daß die von Psychologen besorgte Auswertung dieser sozioreligiösen Dokumente bei den Religionshistorikern nicht immer Anklang fand. Wir werden gleich die gegen solche tatsächlich oft allzu kühnen Vergleiche erhobenen Einwände prüfen. Um es jedoch gleich zu sagen: hätten sich die Religionshistoriker ihrem Gegenstand in einer mehr vom Geist erfüllten Sicht genähert, hätten sie sich bemüht, die archaische religiöse Symbolik tiefer zu durchdringen, dann wären viele psychologische oder psychoanalytische Deutungen, die dem Spezialisten zu oberflächlich erscheinen, nie angeregt worden. Die Psychologen fanden in unseren Büchern ausgezeichnetes Material, doch nur selten Erklärungen von wirklicher Tiefe; so fühlten sie sich bewogen, die Lücke dadurch zu schließen, daß sie selber den Standort der Religionshistoriker bezogen und oft allzu voreilige Hypothesen umfassender Art vorbrachten.

Die Schwierigkeiten, deren man heute Herr werden muß, sind folgende: a) da die Religionsgeschichte Partei für das Prestige einer objektiven, einer »wissenschaftlichen« Historiographie ergriffen hat, ist sie genötigt, sich mit jenen Einwänden auseinanderzusetzen, die wider den »Historizismus als solchen« geltend gemacht werden können; b) andererseits ist sie auch gezwungen, jene Herausforderung anzunehmen, mit der ihr die »Psychologie im allgemeinen«, in erster Linie jedoch die Tiefenpsychologie, entgegentritt, die mit dem unmittelbaren Verarbeiten religionsgeschichtlichen Materials beginnt, um dann glücklichere, fruchtbarere, ein stärkeres Echo weckende Arbeitshypothesen anzuregen als die bei Religionshistorikern üblichen.

Um diese Schwierigkeiten besser zu verstehen, wollen wir als Beispiel ein Thema unserer Untersuchungen aufgreifen, die Symbolik des Zentrums. Der Religionshistoriker ist berechtigt, uns zu fragen: Was versteht ihr unter der Symbolik des Zentrums? Um welche Symbole geht es – um Symbole welcher Völker, welcher Kulturen? Und der Religionshistoriker könnte fortfahren: Ihr wißt doch, daß die Epoche eines Tylor, eines Mannhardt, eines Frazer vorbei ist; man hat heute nicht mehr das Recht, von Mythen und Riten »im allgemeinen« zu sprechen, von einheitlichen Reaktionen des primitiven Menschen gegenüber der Natur. Solche Verallgemeinerungen sind ebenso wie jene »primitiven Menschen« Abstraktionen. Das Konkrete ist nur das in und mittels der Geschichte sichtbar gewordene religiöse Phänomen. Und dieses ist allein dadurch, daß es in der Geschichte sichtbar ist, begrenzt und durch die Geschichte bedingt. Welchen Sinn könnte also innerhalb der Geschichte der Religionen eine Formel enthalten wie beispielsweise jene des rituellen Erlangens der Unsterblichkeit? Da muß doch unverzüglich klargestellt werden, welche Unsterblichkeit denn zur Debatte steht. Denn *a priori* hat man durchaus nicht die Gewißheit, daß die Menschheit in ihrer Gesamtheit die intuitive Idee der Unsterblichkeit oder auch nur die Sehnsucht nach Unsterblichkeit spontan besessen hat. Ihr sprecht von »Symbolik des Zentrums«: mit welchem Recht, wenn ihr Religionshistoriker seid? Darf man so leichthin verallgemeinern? Da müßte

man doch eher damit beginnen, sich zu fragen: in welchen Kulturen, im Zusammenhang mit welchen Geschichtsereignissen hat sich der religiöse Begriff des »Zentrums« oder jener der Unsterblichkeit herauskristallisiert? Auf welche Weise integrieren und rechtfertigen sich diese Begriffe innerhalb des organischen Systems dieser oder jener Kultur? Wie erfolgte ihre räumliche Ausbreitung, und welche Völker zog sie in ihren Bann? Erst nach der Beantwortung aller dieser Vorfragen wird man zum Verallgemeinern, zum Systematisieren, zum allgemeinen Erörtern der Unsterblichkeitsriten oder der »Zentrums«-Symbole berechtigt sein. Andernfalls treibt ihr vielleicht Psychologie oder Philosophie, ja sogar Theologie – nicht aber Religionsgeschichte.
Ich erkenne an, daß alle diese Einwände zu Recht bestehen, und ich bleibe mir als Religionshistoriker ihrer auch bewußt. Unüberwindlich sind sie allerdings, wie ich glaube, nicht. Ich weiß sehr wohl, daß wir es mit religiösen Phänomenen zu tun haben; und einfach darum, weil es *Phänomene* sind, das heißt sichtbar werdende, sich vor uns enthüllende Sachverhalte, sind sie, wie eine Münze, geprägt von dem historischen Augenblick, der Zeuge ihrer Geburt war. Es gibt keinen »reinen« religiösen Tatbestand außerhalb der Geschichte, außerhalb der Zeit. Auch die edelste religiöse Botschaft, die universellste mystische Erfahrung, das allgemeinste Verhalten des Menschen – beispielsweise die religiöse Ehrfurcht, der Ritus, das Gebet –, nehmen, sobald sie sichtbar werden, individuelle Züge an und begrenzen sich. Als Gottes Sohn Fleisch und als er Jesus wurde, mußte er aramäisch sprechen; er konnte sich nur als Hebräer seiner Zeit verhalten – und nicht als ein Yogi, ein Taoist oder ein Schamane. Seine religiöse Botschaft, so universell sie auch sein mochte, war bedingt durch die vergangene wie die zeitgenössische Geschichte des hebräischen Volkes. Wäre Gottes Sohn in Indien zur Welt gekommen, so hätte seine Predigt sich anpassen müssen an die Struktur der indischen Sprachen und an die geschichtlichen sowie die vorgeschichtlichen Überlieferungen, die diesem Völkergemenge eigneten.

Sehr wohl erkennt man in dieser Einstellung den denkerischen Fortschritt, der seit Kant – den man als einen Vorläufer des Historizismus anzusehen hat –, bis zu den jüngsten Philosophen, die sich zum Historizismus oder zum Existentialismus bekennen, erzielt worden ist. Der Mensch als historisches, konkretes, authentisches Wesen befindet sich in einer bestimmten »Lage«. Seine wahre Existenz verwirklicht sich in der Geschichte, in der Zeit, in *seiner* Zeit – die nicht die seines Vaters ist. Es ist auch nicht die Zeit seiner in einem anderen Erdteil oder nur in einem anderen Land lebenden Zeitgenossen. Wenn dies zutrifft – worauf beruft man sich, wenn man vom Verhalten des Menschen im allgemeinen spricht? Dieser »Mensch im allgemeinen« ist nichts als eine Abstraktion. Es gibt ihn lediglich infolge eines Mißverständnisses, das sich der Unzulänglichkeit unserer Sprache verdankt.

Es ist hier nicht der Ort für eine philosophische Kritik am Historizismus und am historizistischen Existentialismus. Diese Kritik wurde schon geleistet, und zwar von Autoren, die dafür zuständiger sind als wir. Nur beiläufig wollen wir beachten, daß die geschichtliche Bedingtheit menschlichen Geisteslebens auf einer anderen Ebene und mit anderen Mitteln der Dialektik wieder zurückgreift auf die heute etwas veralteten Theorien geographischer, wirtschaftlicher und sozialer, ja sogar physiologischer Bedingtheiten. Überall in der Welt ist man sich darüber einig: eine geistige Tatsache ist dadurch, daß sie eine *menschliche* Tatsache darstellt, mit Notwendigkeit mitbedingt durch alles, was dazu beiträgt, einen Menschen zu schaffen, von der Anatomie und Physiologie bis zur Sprache. Anders gesagt: eine geistige Tatsache setzt das integrale Menschsein voraus, das heißt einmal das physiologische Sein, dann den Menschen als soziales, den Menschen als ökonomisches Wesen und so fort. Und doch reichen alle diese Bedingtheiten allein nicht aus, das Geistesleben erschöpfend auszudrücken.

Was den Religionshistoriker von einem »Nur-Historiker«

unterscheidet, ist sein Umgang mit Tatbeständen, die trotz ihrer Geschichtlichkeit ein Verhalten enthüllen, das die historischen Verhaltensweisen des Menschen bei weitem übertreffen. Wenn es auch wahr ist, daß der Mensch sich immer in einer bestimmten »Lage« befindet, so ist diese Lage doch keineswegs immer *geschichtlich*, allein durch den geschichtlichen Augenblick ihrer Zeit bedingt. Der integrale Mensch kennt andere, über seine geschichtliche Bedingtheit hinausreichende Situationen; so kennt er etwa den Zustand des Traums oder des Tagtraums, der Melancholie und der Teilnahmslosigkeit, des ästhetischen Glücks oder des Ausweichens usw. Und alle diese Zustände sind nicht »geschichtlich«, obwohl sie für die menschliche Existenz ebenso authentisch und bedeutsam sind wie ihre geschichtliche Situation. Im übrigen kennt der Mensch eine ganze Reihe zeitlicher Rhythmen, und nicht allein die historische, das heißt seine eigene Zeit, die Gegenwart des für ihn Zeitgenössischen. Er braucht nur gute Musik zu hören oder sich zu verlieben oder zu beten, um die geschichtliche Gegenwart zu verlassen und in die ewige Gegenwart der Liebe und der Religion einzutauchen. Ja, für ihn genügt es, daß er einen Roman zu lesen beginnt, daß er einem dramatischen Spiel zusieht – und schon findet er sich in einem anderen Zeitrhythmus wieder, den man als *geraffte* Zeit bezeichnen könnte, und dieser ist unter allen Umständen ein anderer als derjenige der historischen Zeit. Allzu schnell hat man gefolgert, die Authentizität einer Existenz hänge ausschließlich von dem Bewußtsein ab, das sie von ihrer eigenen Geschichtlichkeit habe. Dieses geschichtliche Bewußtsein spielt innerhalb des menschlichen Bewußtseins eine äußerst bescheidene Rolle, ganz zu schweigen von den Zonen des Unbewußten, die gleichfalls dem integralen Menschen zugehören. Je wacher ein Bewußtsein ist, desto stärker sprengt es den Rahmen seiner Geschichtlichkeit. Wir brauchen uns nur der Mystiker, der Weisen aus allen Zeiten zu erinnern, an erster Stelle der Weisen des Orients.

Lassen wir jedoch die Einwände beiseite, die sich wider den Historizismus und den historizierenden Existentialismus erheben lassen, und kommen wir zurück auf unser Problem: auf die für den Religionshistoriker gegebene zwiespältige Situation. Er vergißt, wie wir erwähnten, allzu häufig, daß er es mit einem sowohl archaischen wie integralen Verhalten des Menschen zu tun hat und daß folglich seine Rolle sich nicht darauf beschränken sollte, die *geschichtliche Äußerung zu registrieren*; er müßte sich auch einer tieferen Ergründung ihrer *Bedeutungen*, ihrer Strukturen widmen. Dafür nur ein Beispiel: Man weiß heute, daß gewisse Mythen und Symbole, von bestimmten Kulturtypen verbreitet, sich durch die ganze Welt hindurchbewegt haben; und das bedeutet, daß diese Mythen, diese Symbole nicht etwas vom Menschen der Urzeit spontan Entdecktes sind, sondern Produkte eines genau umgrenzten Kulturkomplexes, die von bestimmten menschlichen Gesellschaften bearbeitet und weiterbefördert wurden; solche Schöpfungen wurden in Gebiete, die weit entfernt vom ursprünglichen Schauplatz ihres Entstehens lagen, getragen und von Völkern und Gesellschaften assimiliert, die mit ihnen auf andere Art nicht bekannt geworden wären.

In bin nun der Meinung, daß der *Ethnologe*, wenn er die Zusammenhänge zwischen bestimmten religiösen Komplexen und bestimmten Kulturformen so sorgfältig wie möglich untersucht und exakt die Stadien der Ausbreitung dieser Komplexe angibt, mit seinen Forschungsergebnissen zufrieden sein darf. Nicht so der *Religionshistoriker*: hat er die Ergebnisse der Ethnologie einmal angenommen und integriert, so muß er sich noch weitere Probleme vorlegen: Warum war ein gewisser Mythos verbreitungsfähig, warum war es ein bestimmtes Symbol? Was offenbarten sie? Und warum verlieren sich während der Verbreitung manche oft wichtige Einzelzüge, während andere stets fortleben? Und abschließend: *Worauf sprechen diese Mythen, diese Symbole an, daß sie eine so große Verbreitung erlangen konnten?* Man darf diese Frage nicht den Psychologen, Soziologen und Philosophen überlassen: es ist niemand besser als der Religionshistoriker darauf vorbereitet, ihre Lösung zu finden.

Die Bemühung um das Studium des Problems reicht aus, die Feststellung zu gestatten: Mögen die Symbole, die Mythen, die Riten ihre Entstehung der Verbreitung oder der plötzlichen Entdeckung verdanken – sie offenbaren stets eine Grenzsituation des Menschen und nicht bloß eine geschichtliche Situation; Grenzsituation bedeutet jene Situation, die der Mensch entdeckt, wenn er seinen eigenen Standort im Weltall erkennt. Und hauptsächlich mit der Aufhellung dieser Grenzsituation erfüllt der Religionshistoriker seine Aufgabe: er verbindet die Forschungen der Tiefenpsychologie und sogar die der Philosophie zu neuer Einheit. Dieses Studium ist durchführbar, und es ist auch bereits begonnen worden. Schafft die Tiefenpsychologie Raum für die Wahrnehmung, daß mythische Symbole und Themen in der Seele des modernen Menschen fortleben, weist sie nach, daß die spontane Wiederentdeckung der Archetypen urzeitlicher Symbolik allen Menschen gemeinsam ist, ohne Unterschied der Rasse oder des historischen Milieus, so befreit sie den Religionshistoriker von seinen letzten Skrupeln. Wir werden sogleich einige Beispiele spontaner Neuentdeckung einer archaischen Symbolik anführen, und man wird sehen, was sie den Religionshistoriker lehren können.

Indes ahnt man bereits die Perspektiven, die sich der Religionsgeschichte erschließen könnten, wenn sie es nur verstünde, aus allen ihren eigenen Entdeckungen sowie aus denen der Ethnologie, der Soziologie und der Tiefenpsychologie Nutzen zu ziehen. Sähe die Religionsgeschichte den Menschen nicht nur als ein historisches Wesen, sondern auch als lebendiges Symbol, dann könnte sie – man verzeihe uns das Wort – eine *Metapsychoanalyse* werden. Sie würde uns dann nämlich den Weg bahnen zu einem neuen Erwachen, zu einem Wiedererringen der archaischen Symbole und Archetypen, die, lebendig oder versteinert, in der religiösen Überlieferung der gesamten Menschheit vorhanden sind. Wir wagten die Formung des Begriffs »Metapsychoanalyse«, weil es um eine geistigere Technik geht, die sich eher bemüht, den theoretischen Inhalt der Archetypen und Symbole zu erhellen und das, was »andeutend«, kryptisch oder fragmentarisch ist, transparent und kohärent zu machen. Ebenso richtig wäre es, von einer neuen Mäeutik zu sprechen; so wie Sokrates (laut *Theaitetos* 149, 161e) der Geistesfrucht des Gedankenlebens, ohne es zu wissen, Geburtshilfe leistete, so könnte auch der Religionshistoriker die zur Entbindung eines neuen, authentischeren und vollkommeneren Menschen nötige Geburtshilfe leisten; denn über das Studium religiöser Überlieferungen fände der moderne Mensch nicht nur ein archaisches Verhalten wieder, er gewänne auch Bewußtsein von der geistigen Fülle, die ein solches Verhalten einschließt.

Diese mit Hilfe der religiösen Symbolik verwirklichte Mäeutik diente auch zur Befreiung des modernen Menschen aus seinem kulturellen Provinzialismus und vor allem aus dem historizistischen und existentialistischen Relativismus. Denn wie wir sehen werden, widersetzt sich der Mensch der Geschichte selbst dann, wenn er sie zu gestalten strebt – selbst dann, wenn er nichts anderes als »Geschichte« sein will. Genau in dem Maße, wie der moderne Mensch den ihm gegebenen historischen Moment überwindet und seinem Drang zur Wiederverlebendigung der Archetypen freien Lauf läßt, verwirklicht er sich selber als ein integrales, universales Wesen. In dem Maße, wie er sich der Geschichte widersetzt, findet der moderne Mensch die archetypischen Positionen wieder. Sogar sein Schlaf, sogar seine orgiastischen Neigungen sind Träger einer geistigen Bedeutung. Allein aufgrund der Tatsache, daß er in seinem Innern die kosmischen Rhythmen wiederfindet (beispielsweise den beständigen Wechsel von Tag und Nacht, Sommer und

Winter), gelangt er zu einer vollkommeneren Einsicht in sein Schicksal, in den Sinn seines Daseins.
Mit Hilfe der Religionsgeschichte könnte der moderne Mensch auch die Symbolik seines Körpers wiederentdecken, denn sein Körper ist ein Anthropokosmos. Der von den vielerlei Imaginationstechniken (besonders den dichterischen) in diesem Zusammenhang geleistete Beitrag ist fast Null im Vergleich zu den von der Religionsgeschichte gebotenen Verheißungen. Alle diese Dinge bestehen fort, sogar beim modernen Menschen; es handelt sich lediglich darum, sie neuzubeleben und an die Schwelle unseres Bewußtseins zu führen. Erlangt der moderne Mensch neues Bewußtsein von der ihm eigentümlichen anthropokosmischen Symbolik (die nur eine Spielart der archaischen Symbolik ist), so erringt er eine neue Daseinsdimension, von der der zeitgenössische Existentialismus und Historizismus nicht das geringste wissen: eine Seinsweise der Wahrhaftigkeit, eine authentische und gesteigerte Seinsweise, die ihn vor dem Nihilismus und dem historizistischen Relativismus bewahrt, ohne ihn deshalb aus der Geschichte auszuschließen. Denn die Geschichte selber könnte eines Tages ihren wahren Sinn finden: den einer Epiphanie ruhmreichen und absoluten Menschseins. Wir brauchen nur an die Bereicherung zu denken, die das geschichtliche Dasein durch das Judentum und das Christentum erfahren hat, um uns darüber klar zu werden, in welchem Sinn die Geschichte »ruhmreich«, ja sogar »absolut« werden könnte. Wohl leuchtet ein, daß man keineswegs behaupten darf, das mit Verstandeskraft betriebene Studium der Religionsgeschichte könne oder solle die Stellvertretung der eigentlichen religiösen Erfahrung übernehmen, und noch weniger die Erfahrung des Glaubens. Und doch wird sogar für ein christliches Bewußtsein die – archaische Symbolik übersetzende – Mäeutik Frucht bringen. Das Christentum hat teil am Erbe einer sehr alten, sehr komplexen religiösen Überlieferung, deren Strukturen innerhalb der Kirche weiterlebten, auch wenn sich die geistigen Werte und die theologische Orientierung gewandelt

haben. Jedenfalls kann nichts von all dem, was in der Welt die *Glorie* – um uns christlicher Worte zu bedienen – offenbart, einen gläubigen Menschen unberührt lassen.

Endlich beleuchtet das vom Verstand gelenkte Studium der Religionen noch eine bis in unsere Tage nur unzulänglich wahrgenommene Tatsache: daß es nämlich eine Logik des Symbols gibt, daß zumindest gewisse Symbolgruppen sich als zusammenhängend, als logisch miteinander verkettet zeigen[1]; daß man sie, kurz gesagt, systematisch formulieren, in Verstandesbegriffe übertragen kann. Und diese den Symbolen innewohnende Logik stellt uns vor ein folgenschweres Problem: stehen gewisse Zonen des individuellen oder des kollektiven Unbewußten gleichfalls unter der Herrschaft des *logos*, oder haben wir es mit Äußerungen eines Überbewußten zu tun? Dieses Problem ließe sich nicht allein mit Hilfe der Tiefenpsychologie lösen; denn die Symbolismen, die das Tiefenpsychologische enträtseln, verkörpern sich meist in verstreuten Bruchstücken oder in gewissen Kundgebungen einer in der Krise befindlichen, ja sogar pathologisch regredierenden Psyche. Will man der wahren Strukturen und Funktionen der Symbole habhaft werden, so wird man sich an die unerschöpfliche Materialsammlung der Religionsgeschichte halten müssen. Und selbst dort muß man auszuwählen wissen: denn in vielen Fällen bieten uns die Dokumente dekadente, abwegige oder schlechthin mittelmäßige Formen. Will man zu einem adäquaten Verständnis der archaisch-religiösen Symbolik gelangen, dann ist man gezwungen, eine Auswahl vorzunehmen, so wie man beim Versuch, sich von einer fremden Literatur eine Vorstellung zu bilden, nicht auf gut Glück die erstbesten zehn oder hundert Bücher zur Hand nehmen wird, auf die man in der nächsten öffentlichen Bibliothek stößt. Man muß hoffen, daß die Religionshistoriker dereinst ihre Dokumente ordnen werden, wobei sie den Wert und Zustand der Dokumente genauso mitberücksichtigen müssen wie ihre Kollegen, die Literarhistoriker. Doch auch in dieser Hinsicht stehen wir erst am Anfang.

Die archaischen und überlieferungstreuen Gesellschaften erfassen die Welt als einen Mikrokosmos. An den Grenzen dieser in sich geschlossenen Welt beginnt für sie das Reich des Unbekannten, des Nichtgeformten. Auf der einen Seite besteht der infolge seines Bewohntseins, seines Organisiertseins als Kosmos gestaltete Raum; auf der anderen Seite, außerhalb dieses vertrauten Raumes, besteht die unbekannte, furchtbare Zone der Dämonen, der Larven, der Toten, der Fremden – kurz gesagt, das Chaos, der Tod, die Nacht. Dieses Bild einer bewohnten, von wüstenhaften, dem Chaos und dem Totenreich gleichgesetzten Regionen umgebenen Mikrokosmoswelt lebte auch in den höchstentwickelten Zivilisationen fort: in China, Mesopotamien, Ägypten. Tatsächlich setzen zahlreiche Texte die Feinde, die das nationale Territorium anzugreifen gewillt sind, mit Larven, Dämonen oder mit Chaosgewalten gleich. So wurden etwa die Feinde des Pharao als »Söhne des Verfalls, Wölfe, Hunde« usw. aufgefaßt. Der Pharao war mit dem Gott *Rê*, dem Bezwinger des Drachen Apophis, seine Feinde waren mit diesem mythischen Drachen identifiziert worden.[2] Infolge der Tatsache, daß die Feinde das geordnete Gleichgewicht, ja das Leben der Stadt (oder irgendeines anderen bewohnten und geordneten Gebietes) angreifen und gefährden, werden sie mit Dämonengewalten gleichgesetzt, da es ihr Bestreben ist, diesen Mikrokosmos wieder gänzlich zurückzuwerfen in einen chaotischen Zustand, das heißt ihn zu vernichten. Die Zerstörung einer bestehenden Ordnung, die Auslöschung eines archetypischen Bildes kam einem Rückfall ins Chaos, in das allem formenden Tun Vorhergegangene, in den noch nicht differenzierten Zustand gleich, der vor der Kosmogonie herrschte. Merken wir an, daß dieselben Bilder auch noch in unseren Tagen in Gebrauch sind, wenn es um die Formulierung der einem bestimmten Zivilisationstypus drohenden Gefahren geht: dann spricht man von »Chaos«, »Unordnung«, von der »Finsternis«, in der unsere Welt versinken werde. Deutlich empfinden wir, daß alle diese Bezeichnungen die Zertrümmerung einer Ordnung, eines Kosmos, einer Struktur charakterisieren – und mit ihr das Wiedereintauchen in einen sich verflüssigenden, gestaltlosen, in letzter Konsequenz chaotischen Zustand.

Die Auffassung, für die der Feind die Gestalt eines dämonischen Wesens, einer wahrhaftigen Fleischwerdung der Mächte des Bösen annimmt, hat ebenfalls bis heute überlebt. Die psychoanalytische Ergründung dieser – noch die moderne Welt durchwirkenden – mythischen Bilder mag uns vielleicht veranschaulichen, in wie hohem Grade wir unsere eigenen zerstörerischen Wünsche auf die »Feinde« projizieren. Allerdings ist dies ein Problem, für das wir nicht mehr zuständig sind. Was wir verdeutlichen möchten, ist folgendes: für die archaische Welt waren die Feinde, die den Mikrokosmos bedrohten, nicht als menschliche Wesen gefährlich, sondern deshalb, weil sie die feindseligen und zerstörenden Kräfte verkörperten. Überaus wahrscheinlich ist es auch, daß die zum Schutz bewohnter Orte und Städte getroffenen Verteidigungsmaßnahmen ursprünglich magische Abwehrakte waren, denn diese Verteidigungswerke – Gräben, Labyrinthe, Wälle usw. – besaßen eher die Eignung, das Eindringen böser Geister zu verhindern als Angriffe menschlicher Wesen.[3] Sogar noch in recht später Zeit, beispielsweise im Mittelalter, wurden Stadtmauern – als Bollwerke wider den Dämon, die Krankheit, den Tod – rituell geweiht. Übrigens bereitet es der archaischen Symbolik keinerlei Schwierigkeit, den Feind in Menschengestalt mit dem Dämon und dem Tod gleichzusetzen. Denn letztlich ist das Ergebnis ihrer Angriffe, seien sie nun das Werk von Dämonen oder von Soldaten, immer das nämliche: der Zusammenbruch, die Auflösung der Ordnung, der Tod.

Jedem Mikrokosmos, jeder bewohnten Region eignet etwas, was man als ein »Zentrum« bezeichnen könnte: eine im eigentlichen Sinn geheiligte Örtlichkeit. Innerhalb dieses

Zentrums manifestiert sich das Heilige in umfassender Art, entweder in Form elementarer Hierophanien – so bei »Primitiven« (zum Beispiel die Totemzentren, die als Grabstätten der *tschuringas* dienenden Höhlen usw.) – oder in der höher entwickelten Form unmittelbarer Epiphanien der Götter, wie in den traditionsgebundenen Zivilisationen. Man darf jedoch diese Symbolik des Zentrums nicht mit den vielfältigen geometrischen Implikationen betrachten, die ihm im abendländischen Denken zukommen. Es kann für jeden dieser Mikrokosmen mehrere »Zentren« geben. Wie wir gleich sehen werden, kennen alle Zivilisationen des Ostens – Mesopotamien, Indien, China usw. – eine schier unbegrenzte Zahl von »Zentren«. Mehr noch: jedes dieser »Zentren« wird als ein »Weltzentrum« betrachtet und sogar ausdrücklich als ein solches benannt. Da es sich um einen *geheiligten Raum* handelt, der durch eine Hierophanie offenbart oder rituell erbaut wurde, und nicht um einen profanen, homogenen, geometrischen Raum, bereitet das mehrfache Vorhandensein von »Zentren der Erde« in ein und demselben besiedelten Gebiet dem Denken keine Schwierigkeiten.[4] Wir befinden uns im Bannkreis einer sakralen und mythischen Geographie, die allein tatsächlich *real* ist, und nicht mehr im Bereich einer profanen, »objektiven«, gewissermaßen abstrakten, nicht wesentlichen Geographie, der theoretischen Konstruktion eines Raumes und einer Welt, die man nicht bewohnt und daher auch nicht *kennt*.

Innerhalb der mythischen Geographie ist der sakrale Raum der im eigentlichen Sinn *wirkliche Raum*. Denn wie vor kurzem nachgewiesen wurde[5], ist für die archaische Welt der Mythos real, weil er die Manifestationen der wahren Realität erzählt: *das Heilige*. In einem so gearteten Raum kommt man unmittelbar an das Heilige heran – mag dieses Heilige nun in bestimmten Gegenständen materialisiert sein (in *tschuringas*, Darstellungen der Gottheit usw.), in hiero-kosmischen Symbolen Gestalt gewinnen (Weltpfeiler, Kosmischer Baum). Innerhalb jener Kulturen, die mit der Konzeption dreier kosmischer Regionen – Himmel, Erde, Hölle – vertraut sind, bildet das »Zentrum« den Punkt, wo diese drei Regionen einander überschneiden. An diesem Punkt ist die Möglichkeit gegeben, daß eine der Weltebenen aufbricht und damit eine Verbindung der drei Regionen untereinander zustande kommt. Triftige Gründe berechtigen uns zu der Annahme, daß das Bild der drei Weltebenen sehr archaisch ist; man begegnet ihm zum Beispiel bei den Semang-Pygmäen der Halbinsel Malakka: im Weltzentrum erhebt sich ein riesiger Felsen, der Batu-Ribn; darunter befindet sich die Hölle. Früher erhob sich auf dem Batu-Ribn ein Baumstamm zum Himmel.[6] Somit liegen Hölle, Weltzentrum und »Himmelspforte« auf derselben Achse – und auf dieser Achse fand einst der Übergang von einer Weltenregion in eine andere statt. Man trüge wohl Bedenken, an die Authentizität dieser kosmologischen Theorie bei den Semang-Pygmäen zu glauben, wenn nicht gute Gründe dafür sprächen, daß dieselbe Theorie bereits in prähistorischen Epochen angedeutet war.[7] Die Semang sagen, daß *vor langer Zeit* ein Baumstamm den Gipfel des Kosmischen Berges – er war das Weltzentrum – mit dem Himmel verband. Das ist eine Anspielung auf ein überaus weit verbreitetes Thema: vor Zeiten war der Verkehr mit dem Himmel, waren die Beziehungen zur Gottheit mühelos, »natürlich«; dann wurde dieser Verkehr infolge eines rituellen Verstoßes unterbrochen, und die Götter haben sich in noch entferntere Himmelshöhen zurückgezogen. Allein den Medizinmännern, den Schamanen, den Priestern, den Helden oder den Herrschern gelingt die Wiederaufnahme der Verbindung mit dem Himmel, doch auch dies nur kurzfristig und nur zu ihrem alleinigen Gebrauch.[8] Der Mythos eines – infolge irgendeines Verschuldens verlorenen – Urparadieses ist überaus bedeutungsvoll: doch obwohl er in gewisser Hinsicht unseren Gegenstand nahe berührt, können wir ihn hier nicht näher behandeln.

Wenden wir uns also wieder dem Bild der durch eine Achse in einem »Zentrum« verbundenen Weltregionen zu. Hauptsächlich innerhalb der altorientalischen Zivilisationen begegnen wir diesem archetypischen Bild. Der Name der Heiligtümer in Nippur, Larsa und Sippar lautet *Dur-an-ki*, »Band zwischen Himmel und Erde«. Babylon trug viele Namen, darunter: »Haus des Fundamentes des Himmels und der Erde«, »Band zwischen Himmel und Erde«. Immer aber war Babylon die Stelle, wo die Verbindung zwischen der Erde und der Unterwelt zustande kam, denn die Stadt war erbaut über dem *bâb-apsî*, dem »Tor der *apsû*«, wobei *apsû* die Gewässer des Chaos vor der Schöpfung bezeichnete. Wir begegnen der gleichen Überlieferung bei den Hebräern. Der Fels Jerusalems reichte weit hinab in die unterirdischen Gewässer (*tehôm*). In der Mischna heißt es, daß sich der Tempel genau über dem *tehôm* (hebräisches Äquivalent zu *apsû*) befinde. Und wie es in Babylon das »Tor der *apsû*« gab, so verschloß der Tempel Jerusalems den »Mund der *tehôm*«. Ähnliche Überlieferungen trifft man in der indogermanischen Welt. So verkörpert zum Beispiel für die Römer der *mundus* den Treffpunkt zwischen den unteren Regionen und der irdischen Welt. Der italische Tempel bildete den Bereich der Überschneidung der oberen (göttlichen), der irdischen und der unterirdischen (höllischen) Welt.[9]
Jede orientalische Stadt befand sich wirklich im Zentrum der Welt. Babylon war eine *Bâb-ilânî*, eine »Götterpforte«: es war der Ort, wo die Götter zur Erde herabgestiegen waren. Die Hauptstadt des chinesischen Herrschers befand sich nahe dem Wunderbaum, dem »aufgerichteten Baum« (*kien-mou*), wo sich die drei kosmischen Zonen, Himmel, Erde und Hölle, überschnitten. Man könnte die Beispiele endlos zusammentragen. Alle diese als Weltzentren betrachteten Städte, Tempel und Paläste sind nur zahllose Repliken eines archaischen Bildes: das Bild war der Kosmische Berg, der

Weltenbaum oder der die Weltebenen stützende Mittelpfeiler.
Das Symbol eines in der Weltmitte aufragenden Berges, Baumes oder Pfeilers ist überaus weit verbreitet. Erinnern wir uns des Berges Meru aus der indischen Überlieferung, des Haraberezaiti der Iraner, des Himingbjör der Germanen, des »Länderberges« der mesopotamischen Tradition, des Berges Tabor in Palästina (sein Name könnte *tabbûr*, das heißt »Nabel«, *omphalos*, bedeuten), des gleichfalls in Palästina sich erhebenden, ausdrücklich als »Nabel der Welt« bezeichneten Berges Garizim und des – nach Meinung der Christen in der Weltmitte befindlichen – Golgatha-Hügels.[10] Aufgrund der Tatsache, daß das Gebiet, die Stadt, der Tempel oder der Königspalast sich im »Mittelpunkt der Welt«, das heißt auf dem Gipfel des Kosmischen Berges, befanden, wurden sie als die am höchsten gelegenen Orte der Welt betrachtet, die einzigen, die nicht von der Sintflut verschlungen wurden. Ein rabbinischer Text sagt: »Das Land Israel ist nicht von der Sintflut verschlungen worden.« Und der islamischen Überlieferung zufolge ist die Kâ'aba der höchste Ort der Erde, weil der Polarstern bezeugt, daß sie dem Mittelpunkt des Himmels gegenüberliegt.[11] Die Namen der heiligen Tempel und Türme Babylons zeigen, daß diese mit dem Kosmischen Berg, das heißt mit dem Weltzentrum verglichen wurden: »Berg des Hauses«, »Haus des Berges aller Erden«, »Berg der Stürme«, »Band zwischen Himmel und Erde« usw. Die *ziqqurat* war im wahrsten Sinn des Wortes ein kosmischer Berg, das heißt ein symbolisches Abbild des Kosmos: ihre sieben Stockwerke stellten die sieben Planetenhimmel dar, mit deren Erklimmung der Priester zum Gipfel des Weltalls gelangte. Die gleiche Symbolik liegt dem Riesenbau des Barabudur-Tempels zugrunde: dieser wurde als ein künstlicher Berg gebaut. Seine Ersteigung kommt einer ekstatischen Reise ins Weltzentrum gleich; gelangt der Pilger auf die oberste Terrasse, so verwirklicht er ein Aufbrechen der Ebene; er läßt den profanen Raum hinter sich, dringt ein in eine »reine

Region«. Wir haben es mit einem »Ritus des Zentrums« zu tun.[12]
Der Gipfel des Kosmischen Berges ist nicht nur der höchste Punkt der Erde; er ist auch der Nabel der Erde, der Punkt, an dem die Schöpfung begonnen hat. »Der Sehr Heilige hat die Welt erschaffen gleich einem Embryo«, sagt ein rabbinischer Text. »Wie der Embryo vom Nabel aus wächst, so hat Gott vom Nabel her begonnen, die Welt zu schaffen, und von dort hat sie sich nach allen Seiten verbreitet.« »Die Schöpfung der Welt begann bei Zion«, sagt ein anderer Text. Dieselbe Symbolik erscheint im alten Indien: im *Rig-Veda* wird das Weltall als aus einem Mittelpunkt seinen Anfang nehmend aufgefaßt.[13]
Die Erschaffung des Menschen – eine Nachbildung der Kosmogonie – fand gleichfalls in einem Mittelpunkt statt: im Weltzentrum. Nach mesopotamischer Überlieferung wurde der Mensch im »Nabel der Welt« gebildet, dort, wo sich auch *Dur-an-ki* befindet, das »Band zwischen Himmel und Erde«. Und Ormuzd schafft den Urmenschen Gajômard im Mittelpunkt der Welt. Das Paradies, in dem Adam aus Lehm gebildet wurde, ist unzweifelhaft im Mittelpunkt des Alls zu finden. Das Paradies war der »Nabel der Erde« und lag nach einer syrischen Überlieferung »auf einem Berg, der höher war als alle andern«. Im syrischen Buch *Die Schatzhöhle* wird gesagt, Adam sei im Mittelpunkt der Erde geschaffen worden, am selben Ort, an dem später Jesu Christi Kreuz sich erheben sollte. Die gleichen Überlieferungen sind auch im Judentum bewahrt worden. Die jüdische Apokalypse und der *Midrash* sagen, Adam sei in Jerusalem erschaffen worden. Da Adam am Ort seiner Erschaffung, das heißt also im Mittelpunkt der Welt, auch begraben wurde, konnte das Blut des Heilands auch ihn erlösen.[14]
Die am weitesten verbreitete Variante der Zentrumssymbolik ist der Kosmische Baum, der sich in der Mitte des Universums befindet und die drei Welten wie eine Achse trägt. Das vedische Indien, das alte China, die germanische Mythologie,

aber auch die »primitiven« Religionen kennen, in verschiedenerlei Gestalten, diesen Kosmischen Baum, dessen Wurzeln bis hinab in die Hölle reichen und dessen Zweige den Himmel berühren. In den Mythologien Zentral- und Nordasiens sind seine sieben bzw. neun Zweige die Symbole der sieben bzw. neun Himmelsebenen, der sieben Planetenhimmel. Hier ist nicht der Ort für eine weitläufige Abhandlung über die komplexe Symbolik des Weltenbaums.[15] Was uns interessiert, ist die Rolle, die diesem Baum innerhalb der »Zentrumsriten« zukommt. Ganz allgemein kann man sagen, daß die geheiligten und rituellen Bäume, die wir in der Religionsgeschichte antreffen, größtenteils nichts anderes sind als unvollkommene Nachbildungen dieses exemplarischen Archetypus: des Weltenbaums. Das bedeutet: von allen heiligen Bäumen wird angenommen, sie hätten ihren Standort im Weltzentrum, und alle rituellen Bäume oder Pfähle, die man vor oder während einer religiösen Zeremonie weiht, werden gleichsam magisch ins Weltzentrum projiziert. Wir wollen uns mit einigen wenigen Beispielen begnügen.
Im vedischen Indien ist der Opferpfahl (*yûpa*) einem Baum entnommen, der dem Allbaum gleichgesetzt wird. Während man diesen Baum fällt, richtet der Opferpriester die Worte an ihn: »Zerreiße nicht mit deinem Wipfel den Himmel, verwunde nicht mit deinem Mittelteil den Raum der Luft...« Wir sehen deutlich, daß wir es hier mit dem Weltenbaum selber zu tun haben. Aus dem Holz dieses Baums verfertigt man den Opferpfahl, der zu einer Art Weltenpfeiler wird: »Erhebe dich, o Herr des Waldes, zum Gipfel der Erde!«, so beschwört ihn der *Rig-Veda* (III, 8, 3). »Mit deinem Gipfel stützest du den Himmel; mit deinem Mittelteil füllst du die Lüfte; mit deinem Fuß trittst du die Erde fest«, verkündet der *Shatapatha-Brâhmana* (III, 7, 1, 4).
Errichtung und Weihung des Opferpfahls bilden einen Zentrumsritus. Nun wird der dem Weltenbaum gleichgesetzte Pfahl seinerseits zu der die drei kosmischen Regionen verbindenden Achse. Die Verbindung zwischen dem Himmel und

der Erde wird durch die Vermittlung dieses Pfeilers ermöglicht. Und wirklich steigt der Opfernde – allein oder mit seiner Gattin – himmelwärts, indem er den rituell zur Weltachse gewordenen Pfahl erklimmt. Eine Leiter aufstellend ruft er seiner Gattin zu: »Komm, laß uns zum Himmel aufsteigen!«, worauf sie erwidert: »Steigen wir!« (*Shatapatha-Brâhmana* V, 2, 1,9). Und sie beginnen die Leiter zu erklettern. Oben angelangt, die Spitze berührend, ruft der Opfernde laut: »Wir haben den Himmel erreicht!« (*Taittirîya-Samhitâ*, *Shatapatha-Brâhmana* usw.) Oder er breitet beim Ersteigen der Stufen des Pfeilers die Hände aus wie ein Vogel die Flügel, um dann beim Erreichen der Spitze zu rufen: »Ich habe den Himmel, die Götter erreicht; ich bin unsterblich geworden!« (*Taittirîya-Samhitâ*, 1, 7, 9) Und wieder versichert *Taittirîya-Samhitâ* (VI, 6, 4, 2): »Wahrlich, der Opferer macht sich eine Leiter und eine Brücke, um die himmlische Welt zu erreichen.«

Die Brücke oder die Leiter zwischen Erde und Himmel haben beide ihre Daseinsgrundlage in dem Umstand, daß sie von einem Weltzentrum aus aufwärts führen. Sie gleichen genau jener Leiter, die Jakob im Traum sah und die bis zum Himmel reichte. »Auf ihr stiegen Engel Gottes auf und nieder«, heißt es in der *Genesis* (28, 12f.). Auch der indische Ritus spielt an auf die durch die Himmelfahrt zu erringende Unsterblichkeit. Wie wir gleich sehen werden, sind auch viele andere rituelle Annäherungen an ein Zentrum gleichbedeutend mit einer Erringung der Unsterblichkeit.

Die Gleichsetzung des rituellen Baumes mit dem Kosmischen Baum erscheint noch deutlicher im zentral- und nordasiatischen Schamanismus. Das vom tatarischen Schamanen vollbrachte Erklimmen eines rituellen Baumes versinnbildlicht seinen Aufstieg zum Himmel. Tatsächlich unterteilt man den Baum in sieben oder neun Einkerbungen, und der Schamane, der an ihnen hinaufklettert, erklärt mit Bestimmtheit, er steige zum Himmel. Er beschreibt den Umstehenden alles, was er in jeder der von ihm durchschrittenen Himmelsebenen erblickt. Im sechsten Himmel bezeugt er dem Mond seine Verehrung, im siebenten der Sonne. Im neunten schließlich wirft er sich auf die Knie vor Bai Ülgän, dem Höchsten Wesen, und bringt ihm die Seele des geopferten Pferdes dar.[16]

Der Schamanenbaum ist nur ein Abbild des Weltenbaumes, der sich in der Mitte des Universums erhebt und auf dessen Wipfel der höchste, mit der Sonne gleichgesetzte Gott wohnt. Die sieben oder neun Einkerbungen im Schamanenbaum symbolisieren die sieben oder neun Zweige des Kosmischen Baumes, das heißt die sieben oder neun Himmel. Der Schamane fühlt sich zudem durch andere mystische Zusammenhänge innig mit diesem Weltenbaum verbunden. In seinen Initiationsträumen nähert sich der werdende Schamane, so glaubt man, dem Kosmischen Baum und empfängt aus Gottes eigener Hand drei Zweige dieses Baumes, die ihm später als Gestelle für seine Trommeln dienen.[17] Wir wissen, welche Rolle die Trommel bei Schamanensitzungen spielt; hauptsächlich mit Hilfe ihrer Trommeln bringen es die Schamanen zur Ekstase. Wenn man sich nun aber daran erinnert, daß *die Trommel eben aus dem Holz des Weltenbaumes verfertigt ist*, versteht man die Symbolik und die religiöse Bedeutung der Töne der Schamanentrommel: *der die Trommel rührende Schamane fühlt sich in der Ekstase in die Nähe des Weltenbaumes geschleudert.*[18] Wir haben es mit einer mystischen Reise zu tun, die ins »Zentrum« und dann in den höchsten Himmel führt. *Ob also der Schamane die zeremonielle Birke mit ihren sieben oder neun Einkerbungen erklimmt oder ob er die Trommel rührt – immer unternimmt er eine Reise zum Himmel.* Doch er vermag das Durchbrechen der kosmischen Ebenen, das ihm den Aufstieg oder den ekstatischen Flug durch die Himmel ermöglicht, nur deshalb zu erreichen, weil er sich im Mittelpunkt der Welt zu befinden meint. Denn wie wir bereits sahen, ist nur innerhalb eines solchen Zentrums die Verbindung zwischen Erde, Himmel und Hölle möglich.[19]

Sehr wahrscheinlich ist zumindest in bezug auf die zentralasiatischen und sibirischen Religionen diese Zentrumssymbolik von den kosmologischen Gedankensystemen indoiranischer, zuletzt auch mesopotamischer Prägung beeinflußt. Dies scheint unter anderem die Bedeutung der Zahl sieben zu bestätigen. Wichtig bleibt es indessen, zwischen der Entlehnung einer – im Umfeld der Zentrumssymbolik entwickelten – *kosmologischen Theorie* (als eine solche stellt sich etwa die Konzeption der sieben Himmelsregionen dar) und der Zentrums-*Symbolik an sich sorgfältig zu unterscheiden. Wir sahen bereits, daß diese Symbolik sehr archaisch und auch den Pygmäen der Halbinsel Malakka bekannt ist. Und selbst wenn ein ferner Einfluß von Indien auf die Semang-Pygmäen zu vermuten wäre, bliebe doch noch die an vorgeschichtlichen Denkmälern anzutreffende Zentrumssymbolik der Erklärung bedürftig (Kosmischer Berg, die vier Ströme, der Baum und die Spirale usw.). Mehr noch: es ließ sich nachweisen, daß die Symbolik einer Weltachse schon den Kulturen der Vorzeit (den Urkulturen* der Schule Graebner-Schmidt) und besonders den arktischen und nordamerikanischen Populationen bekannt war: bei diesen Völkern wird der Mittelpfahl der Behausung der Weltachse gleichgesetzt. Zu Füßen dieses Pfahles legt man die den Himmelsgottheiten zugedachten Opfergaben, denn nur auf dem diese Achse entlang führenden Weg vermögen diese Spenden zum Himmel zu steigen.[20] Ändert sich die Form der Behausung und wird die Hütte durch die *Jurte* ersetzt (wie zum Beispiel bei den entwickelteren zentralasiatischen Hirtenstämmen), so wird die mythisch-rituelle Funktion des Mittelpfeilers durch die für den Rauchabzug bestimmte obere Öffnung gewährleistet. Anläßlich der Opferzeremonien führt man einen Baum, dessen Wipfel aus dieser Öffnung herausragt, in die Jurte ein: dieser Opferbaum mit seinen sieben Zweigen versinnbildlicht die sieben Himmelssphären. So *macht man einerseits das*

Haus dem Weltall gleich, andererseits *sieht man es als im Weltzentrum befindlich* an: das Rauchloch liegt dem Polarstern gegenüber.

Wir werden auf diese symbolische Gleichsetzung der Wohnung mit dem Weltzentrum in Kürze zurückkommen, denn sie offenbart eine der aufschlußreichsten Verhaltensweisen des religiösen Menschen der Urzeit. Vorerst jedoch wollen wir bei den in einem Zentrum stattfindenden Aufstiegsriten verweilen. Wie wir bereits sahen, erklettert der tatarische sowie der sibirische Schamane einen Baum; der Opferpriester des vedischen Indien ersteigt eine Leiter. Beide Riten verfolgen das nämliche Ziel: den Aufstieg zum Himmel. Ansehnlich ist die Anzahl der Mythen, die von einem Baum, einem Schlinggewächs, einem Strick, einem Spinnenfaden oder von einer Leiter berichten, die Erde und Himmel verbinden und durch deren Vermittlung einige bevorzugte Personen wirklich zum Himmel aufsteigen. Diese Mythen haben natürlich rituelle Entsprechungen: so zum Beispiel der Schamanenbaum oder der Pfahl des vedischen Opferpriesters. Ebenso kommt der zeremoniellen Treppe eine wichtige Rolle zu. Begnügen wir uns mit einigen Beispielen: Polynaenos (*Strategematon* VII, 22) erzählt von Kosingas, einem über etliche Völker Thrakiens gebietenden Priester-König, der seinen Untertanen drohte, sie zu verlassen, indem er eine hölzerne Leiter zum Wohnsitz der Göttin Hera hinaufsteige – was das Vorhandensein einer solchen rituellen Treppe beweist, von der man annahm, sie könne den Priester-König bis zum Himmel führen. Wahrscheinlich war eine Himmelfahrt durch zeremonielles Ersteigen einer Leiter Bestandteil der orphischen Initiation. Jedenfalls finden wir sie in der Initiation des Mithraskultes wieder. In den Mithrasmysterien hatte die zeremonielle Leiter (*climax*) sieben Stufen, deren jede aus einem anderen Metall bestand. Nach Celsus (Origines, *Contra Celsum* VI, 22) war die erste Stufe aus Blei und entsprach dem »Himmel« des Planeten Saturn; die zweite war aus Zinn (Venus), die dritte aus Bronze (Jupiter), die vierte aus Eisen

(Merkur), die fünfte aus »Münzlegierung« (Mars), die sechste aus Silber (Mond), die siebente aus Gold (Sonne). Die achte stellt, Celsus zufolge, die Sphäre der Fixsterne dar.[21] Erstieg der Eingeweihte diese zermonielle Leiter, so durchschritt er wirklich die sieben Himmel, er erhob sich bis zum Empyräum. So wie man zum obersten Himmel aufstieg, indem man die sieben Stockwerke der babylonischen *ziqqurat* erklomm oder die verschiedenen kosmischen Regionen durchschritt, indem man die Terrassen des Tempels von Barabudur bestieg, der für sich allein, wie wir bereits sahen, ein *kosmisches Gebirge* und eine *imago mundi* bildete.

Ohne Mühe ist zu verstehen, daß die Initiationstreppe des Mithraskultes eine Weltachse war und sich im Mittelpunkt der Welt befand; andernfalls wäre das Durchbrechen der Ebenen nicht möglich gewesen. »Initiation« heißt bekanntlich Tod und Auferstehung des Neophyten oder – in anderem Zusammenhang – Abstieg in die Unterwelt, auf den der Aufstieg zum Himmel folgt. Mag der Tod zur Initiation gehören oder nicht: er ist das Durchbrechen der Ebene *par excellence*. Daher wird er durch eine Ersteigung symbolisiert, und vielfach gebrauchen die Bestattungsrituale Leitern oder Treppen. Die Seele des Toten erklimmt die Pfade eines Berges oder besteigt einen Baum oder ein Schlinggewächs, bis sie zu den Himmeln gelangt. Dieser Anschauung begegnet man nahezu überall in der Welt, vom alten Ägypten bis nach Australien. Der im Assyrischen für das Wort »sterben« gebräuchlichste Ausdruck heißt »sich an den Berg anklammern«. Ebenso ist im Ägyptischen das Wort *myny*, »sich anklammern« ein euphemistischer Ausdruck für »sterben«. In der mythischen Überlieferung Indiens stieg Yama, der erste Tote, auf das Gebirge und schritt über »die hohen Pässe«, um »vielen Menschen den Weg zu weisen«, heißt es im *Rig-Veda* (X, 14, 1). Der Weg, den die Toten nach dem ural-altaiischen Volksglauben wandern, führt die Berge hinauf. Der karakirgisische Heros Bolot wie auch Kesar, der legendäre König der Mongolen, dringen wie bei einer Initiationsprüfung durch eine

Grotte auf der Höhe der Berge in die jenseitige Welt vor; in gleicher Weise vollzieht sich der Abstieg des Schamanen zur Unterwelt mittels einer Grotte. In ihren Bestattungstexten bewahrten die Ägypter den Ausdruck *asket pet* (*asket* = »Stufe«), womit sie andeuteten, daß die Leiter, über die Rê verfügt, eine wirkliche Leiter ist, die die Erde mit dem Himmel verbindet. »Aufgestellt ist für mich die Leiter, damit ich die Götter sehen kann«, sagt das *Totenbuch*. »Die Götter machen ihm eine Leiter, auf daß er, sich ihrer bedienend, zum Himmel steige«, wiederholt es immer aufs neue das *Totenbuch*. In zahlreichen Gräbern der frühen und mittleren Dynastien hat man Amulette gefunden, die eine Leiter (*maqet*) oder eine Treppe darstellen. Die Verwendung der Begräbnisleiter hat übrigens bis heute überlebt: mehrere primitive Stämme Asiens (zum Beispiel die Lolo, die Karen usw.) versehen ihre Gräber mit rituellen Leitern, die den Abgeschiedenen zum Aufstieg in den Himmel dienen.[22]

Wie wir erkennen, ist die Treppe der Träger einer überaus reichen und dennoch stets vollkommen kohärenten Symbolik: *auf plastische Weise stellt sie das Durchbrechen der Ebene dar, das den Übergang von einer Seinsform zu einer anderen ermöglicht*; oder, wenn wir den Standort der kosmologischen Ebene beziehen: *sie macht den Verkehr zwischen Himmel, Erde und Hölle möglich*. Aus diesem Grunde spielen die Treppe und das Ersteigen sowohl in den Initiationsmythen und -riten wie auch in den Riten der Bestattung eine bedeutende Rolle, ganz zu schweigen von den Riten der Inthronisation eines Königs oder eines Priesters oder den Hochzeitsriten. Man kann auch auf das bekannte Phänomen hinweisen, daß die Symbolik des Ersteigens und der Stufen sehr oft in der psychoanalytischen Literatur auftaucht, ein Phänomen, das uns eindeutig beweist, daß wir es hier mit einem archaischen Verhalten der menschlichen Psyche und nicht mit einer »historischen« Schöpfung zu tun haben, einer Neugestaltung, die einem bestimmten geschichtlichen Moment (etwa dem ältesten Ägypten oder dem vedischen Indien) ihr Entstehen verdanken würde. Ich begnüge mich mit einem einzigen Beispiel für eine intuitive Neuentdeckung dieser Ursymbolik.[23]

Julien Green vermerkt in seinem Tagebuch unter dem 4. April 1933: »In allen meinen Büchern scheint der Gedanke der Angst oder jeder anderen stärkeren Erregung auf unerklärliche Weise mit einer Treppe zusammenzuhängen. Darauf kam ich gestern, als ich in meinen Romanen Umschau hielt ... (Es folgen Angaben darüber.) Ich frage mich, wie ich dieses Motiv so häufig wiederholen konnte, ohne es zu merken. Als Kind träumte ich, man verfolge mich auf einer Treppe. Meine Mutter hat in ihrer Jugend die gleichen Ängste gehabt; vielleicht blieb etwas davon in mir zurück.«

Wir wissen nun, warum sich für diesen französischen Schriftsteller die Idee der Angst mit dem Bild einer Treppe verband und warum alle in seinem Werk gestalteten dramatischen Ereignisse – Liebe, Tod, Verbrechen – auf einer Treppe stattgefunden hatten. Das Ersteigen oder die Auffahrt symbolisiert den Weg *zur absoluten Wirklichkeit*; und die Annäherung an diese Wirklichkeit erweckt im profanen Bewußtsein eine zwiespältige Empfindung aus Furcht und Freude, aus Anziehung und Abstoßung usw. Die Ideen der Heiligung und des Todes, der Liebe und der Erlösung sind in der Treppensymbolik enthalten. Tatsächlich verkörpert eine jede dieser Seinsweisen die Aufhebung des profanen Menschseins, das heißt ein Aufbrechen der ontologischen Ebene: auf dem Weg über die Liebe, den Tod, die Heiligkeit, die metaphysische Erkenntnis wandert der Mensch, laut der *Briharadâranyaka-Upanishad*, »vom Nichtwirklichen zur Wirklichkeit«.

Man darf indessen eines nicht vergessen: die Treppe symbolisiert alle diese Dinge, weil sie, wie man glaubt, sich in einem »Zentrum« erhebt, weil sie die Verbindung zwischen den verschiedenen Ebenen des Seins ermöglicht, weil sie zuletzt nichts anderes ist als eine konkrete Ausdrucksform für die mythische Leiter, für das Schlinggewächs oder für den Spinnenfaden, für den kosmischen Baum oder für den Weltenpfahl, der die drei kosmischen Regionen untereinander verbindet.

Konstruktion eines »Zentrums«

Wir sahen, daß sich nicht allein die Tempel im »Weltzentrum« befanden, sondern daß auch jeder geheiligte, jeder ein Eindringen des Heiligen in den weltlichen Raum offenbarende Ort als ein »Zentrum« aufgefaßt wurde. Derartige heilige Räume wußte man auch zu konstruieren. Doch ihre Konstruktion war gewissermaßen eine Kosmogonie, eine Erschaffung der Welt; was ganz natürlich war, da ja die Welt, wie wir sahen, von einem Embryo, einem »Zentrum« aus erschaffen worden ist. So war zum Beispiel der Bau des vedischen Feueraltars eine Neugestaltung der Weltschöpfung und der Altar selbst ein Mikrokosmos, eine *imago mundi*.
Im *Shatapatha-Brâhmana* wird uns mitgeteilt: Das zum Verrühren des Lehms dienende Wasser ist das Urwasser; der dem Altar zur Grundlage dienende Lehm ist die Erde; die Seitenwände stellen die Atmosphäre dar usw. (Vielleicht wäre dem noch hinzuzufügen, daß diese Konstruktion auch die Konstruktion der kosmischen Zeit in sich schließt. Doch ist hier zur Erörterung dieses Problems nicht der Ort.[24])
Wir brauchen also nicht ausdrücklich zu betonen, daß die Religionsgeschichte eine bedeutende Zahl ritueller Konstruktionen eines »Zentrums« kennt. Weisen wir nur auf eine einzige, uns bedeutsam erscheinende Tatsache hin: in dem Maße, wie die alten heiligen Orte, Tempel oder Altäre ihre religiöse Wirksamkeit einbüßen, entdeckt und verwendet man andere geomantische, architekturale oder ikonographische Formeln, die letztlich in mitunter erstaunlicher Weise die gleiche Symbolik des »Zentrums« darstellen. Wir wollen ein einziges Beispiel anführen: die Konstruktion und die Funktion des *mandala*.[25] Dieser Terminus bedeutet wörtlich

»Kreis«. Die tibetanischen Übertragungen geben es bald mit »Zentrum«, bald mit »das Umgebende« wieder. Tatsächlich stellt ein *mandala* immer eine Reihe konzentrischer oder auch nichtkonzentrischer Kreise in einem Viereck dar. In diesem – auf dem Erdboden mittels farbiger Fäden oder gefärbtem Reismehl abgebildeten – Diagramm nehmen die verschiedenen Gottheiten des tantrischen Pantheons Platz. So verkörpert das *mandala* eine *imago mundi* und zugleich ein symbolisches Pantheon. Die Initiation des Neophyten besteht unter anderem darin, in die verschiedenen Zonen einzudringen und zu den verschiedenen Ebenen des *mandala* zu gelangen. Dieser Durchdringungsritus läßt sich als Entsprechung des wohlbekannten Tempelumwanderungsritus, *pradakshina*, auffassen – oder auch als Entsprechung des allmählichen Aufstiegs von Terrasse zu Terrasse bis zu den »reinen Gefilden« der höchsten Ebene des Tempels. Andererseits kann das Eintreten des Neophyten in ein *mandala* auch mit jener Initiation gleichgesetzt werden, die man durch das »Eindringen in ein Labyrinth« erringt; gewisse *mandala haben übrigens einen ausgeprägt labyrinthischen Charakter. Genau so wie die Funktion des Labyrinths läßt sich die des mandala* als zumindest doppeldeutig auffassen: auf der einen Seite kommt das Eintreten in ein auf den Boden gezeichnetes *mandala* einer Initiation gleich; andererseits »schützt« das *mandala* den Neophyten vor jeder äußeren schädlichen Kraft und hilft ihm zugleich, sich zu konzentrieren, sein eigenes »Zentrum« zu finden.

Doch jeder indische Tempel, ob aus der Höhe oder in flächenhafter Projektion gesehen, ist ein *mandala*. Jeder indische Tempel ist, so wie das *mandala*, Mikrokosmos und Pantheon in einem. Warum also ein *mandala* konstruieren? Wozu ist ein neues »Weltzentrum« nötig? Einfach darum, weil sich für manche frommen Menschen, die die Notwendigkeit einer wahrhaftigeren, tieferen religiösen Erfahrung fühlten, das überlieferte Ritual als erstarrt erwies: für sie war die Errichtung eines »Feueraltares« oder die Ersteigung der

Terrassen eines Tempels nicht mehr das geeignete Mittel, ihr »Zentrum« wiederzufinden. Im Unterschied zum archaischen Menschen oder zum Menschen der Veden bedurfte der »tantrische« Mensch einer *persönlichen Erfahrung*, wenn er in seinem Bewußtsein gewisse ursprüngliche Symbole zu neuem Leben erwecken wollte. Daher haben übrigens verschiedene tantrische Schulen auf ein äußerlich sichtbares *mandala* verzichtet und zu verinnerlichten *mandala* Zuflucht genommen. Diese können in zweierlei Gestalt auftreten: 1. In einer rein geistigen Konstruktion, der die Rolle einer »Stütze« der Meditation zukommt; 2. in einer Identifizierung des *mandala* im eigenen Körper. Im ersten Fall lenkt sich der Yogi mit Hilfe geistiger Kräfte selber ins Innere des *mandala*, womit er einen Akt der Konzentration und zugleich der Verteidigung gegen Zerstreuungen und Versuchungen vollzieht. Das *mandala* »konzentriert«: es bewahrt vor Ablenkung und Zerstreuung. Die Identifizierung des *mandala* im eigenen Körper verrät den Wunsch, die eigene mystische Physiologie mit einem Mikrokosmos zu identifizieren. Eine ins einzelne gehende Darlegung des von Yogatechniken getragenen Eindringens in das Innere dessen, was sich als sein »mystischer Leib« bezeichnen ließe, würde uns zu weit ab führen. Uns genügt es zu sagen: Die sukzessive Neubelebung der *cakras*, »Räder« (Kreise), die als Schnittpunkte des kosmischen und des geistigen Lebens betrachtet werden, ist gleichwertig mit dem Eindringen ins Innere eines *mandala* während der Initiation. Das Erwachen der *Kundalînî* hat die Bedeutung des Aufbrechens einer Seinsebene, das heißt die Bedeutung der vollständigen und bewußten Verwirklichung der Symbolik des »Zentrums«.

So kann also das *mandala*, sowohl gleichzeitig als auch sukzessiv, der Träger eines konkreten Rituals oder einer Technik mystischer Physiologie sein. Diese Mehrwertigkeit, diese Fähigkeit, sich auf vielfältigen, aber einander gleichsetzbaren Ebenen zu manifestieren, ist ganz allgemein ein hervorstechendes Merkmal der Zentrumssymbolik. Und das läßt sich leicht verstehen: denn jedes menschliche Wesen strebt, sogar in seinem Unbewußten, dem Zentrum sowie seinem eigenen Zentrum zu, das ihm die ganze Wirklichkeit, die »Heiligkeit« verleiht. Dieser tief im Menschen verwurzelte Wunsch, sich im Herzen des Wirklichen, im Weltzentrum zu befinden, dort, wo die Verbindung mit dem Himmel zustande kommt, liefert die Erklärung für die übermäßige Inanspruchnahme von »Weltzentren«. Wie wir bereits oben sahen, wurde die menschliche Wohnstätte mit dem Weltall gleichgesetzt, der Herd oder das Rauchloch mit dem Weltzentrum. Auf diese Art befanden sich schließlich alle Häuser – wie auch alle Tempel, Paläste und Städte – in ein und demselben gemeinsamen Punkt: im Mittelpunkt des Universums.

Doch verrät sich hier nicht ein gewisser Widerspruch? Ganze Gruppen von Mythen, Symbolen und Ritualen betonen doch übereinstimmend, wie *schwierig* es sei, *in ein Zentrum einzudringen*, während gleichzeitig mit solcher Auffassung eine Reihe von Mythen und Riten behauptet, *dieses Zentrum sei zugänglich*. So ist beispielsweise das Pilgern zu den Heiligen Stätten schwierig, und doch kommt jeder Besuch einer beliebigen Kirche einer Pilgerfahrt gleich. Einerseits läßt der Weltenbaum sich nicht ersteigen, andererseits kann er sich in jeder Jurte befinden. Der zum Zentrum führende Pfad ist mit Hindernissen übersät, und doch *befindet sich* jede Stadt, jeder Tempel, jeder Wohnraum im Zentrum der Welt. Die von Odysseus durchlittenen Schmerzen und »Prüfungen« sind »sagenhaft«, und dennoch hat jedwede *Heimkehr zum häuslichen Herd* den gleichen Wert wie Odysseus' Rückkehr nach Ithaka.

All dies scheint deutlich zu machen, daß der Mensch *nur in einem geheiligten Raum*, im »Zentrum« *leben kann*. Man macht die Beobachtung, daß eine Gruppe von Überlieferungen die Sehnsucht des Menschen, sich *mühelos* im »Weltzentrum« befinden zu können, beglaubigt – während eine andere die *Schwierigkeit* und somit auch das *Verdienst* betont, in dieses Zentrum einzudringen. Hier interessiert uns nicht die

Geschichte jeder einzelnen dieser Überlieferungen. Die Tatsache, daß die erste von ihnen fast überall vorkommt – diejenige, die die Konstruktion des »Zentrums« in des Menschen eigenem Haus zuläßt, die »leichte« Lösung –, bestärkt uns darin, in ihr die charakteristischere der beiden zu erblicken. Sie läßt eine bestimmte menschliche Situation hervortreten, die wir »*Heimweh nach dem Paradies*« nennen könnten. Darunter verstehen wir die Sehnsucht, *stets* und *ohne Mühe* im Weltzentrum, im Herzen der Wirklichkeit zu sein und kurzerhand auf natürliche Art die menschliche Seinsweise hinter sich zu lassen und die göttliche wiederzugewinnen: den Zustand vor dem Sündenfall, wie ein Christ sagen würde.[26]

Wir möchten diese Darlegung nicht enden lassen, ohne vorher an einen europäischen Mythos zu erinnern, der – wenn auch auf indirekte Art – in bezug auf die Zentrumssymbolik und die Zentrumsriten dazu beiträgt, beide im Rahmen einer noch umfassenderen Symbolik zusammenzuschließen. Es handelt sich um ein Detail aus der Legende des Parsifal und des Sündigen Königs.[27] Man entsinnt sich der rätselhaften Krankheit, die den alten König und Bewahrer des Gralsgeheimnisses lähmte. Indes war es nicht er allein, der Leid trug; rings um ihn fiel alles in Trümmer, zerbröckelte: der Palast, die Türme, die Gärten; die Tiere blieben ohne Nachkommenschaft, die Bäume ohne Frucht, die Quellen versiegten. Viele Ärzte hatten versucht, den Sündigen König zu heilen – ohne den geringsten Erfolg. Tag und Nacht kamen Ritter, die alle gleich nach des Königs Gesundheitszustand fragten. Ein einziger Ritter – arm, unbekannt, ja ein wenig lächerlich – erlaubte es sich, Zeremoniell und Höflichkeit zu mißachten. Sein Name war Parsifal. Ohne Rücksichtnahme auf das höfische Zeremoniell wandte er sich geradewegs an den König; auf ihn zutretend fragte er ihn ohne irgendeine Einleitung: »Wo ist der Gral?« Im selben Augenblick wandelt sich alles: der König erhebt sich von seinem Schmerzenslager, die Flüsse und Quellen beginnen von neuem zu strömen, die

Vegetation lebt wieder auf, auf wunderbare Weise ist das Königsschloß wiederhergestellt. Die wenigen Worte Parsifals hatten ausgereicht, die gesamte Natur zu regenerieren. Diese wenigen Worte nämlich hatten die zentrale Frage enthalten, das einzige Problem, das nicht nur den Sündigen König, sondern den ganzen Kosmos zu interessieren vermochte: wo befand sich das Wirkliche *par excellence*, das Heilige, das Zentrum des Lebens, der Quell der Unsterblichkeit? Wo befand sich der Heilige Gral? Vor Parsifals Ankunft hatte niemand daran gedacht, diese zentrale Frage zu stellen – und die Welt verdarb an dieser metaphysischen, religiösen Gleichgültigkeit: sie verdarb, weil die Imagination und Sehnsucht nach dem Wirklichen fehlte.

Dieses kleine Detail aus einem erhabenen Mythos Europas enthüllt uns zumindest eine vernachlässigte Seite der Zentrumssymbolik: daß nämlich nicht bloß eine innige Verbundenheit zwischen dem Leben des Weltalls und dem Heil des Menschen besteht – sondern daß es *genügt, sich die Frage nach dem Heil zu stellen*, das zentrale Problem, *das* Problem aufzuwerfen, damit das kosmische Leben sich immer aufs neue regeneriert. Denn oft ist der Tod – wie dieses mythische Fragment zu zeigen scheint – nichts anderes als das Ergebnis unserer Gleichgültigkeit gegenüber der Unsterblichkeit.

KAPITEL II
INDISCHE SYMBOLIK DER ZEIT UND DER EWIGKEIT

Die Funktion der Mythen

Die indischen Mythen sind, ehe ihnen das Merkmal des »Indischen« eignet, einfach »Mythen«, das heißt, sie sind Teil einer besonderen Klasse von Geistesschöpfungen der urzeitlichen Menschheit; und daraus ergibt sich ihre Vergleichbarkeit mit jeder beliebigen anderen Gruppe traditioneller Mythen. Bevor wir die indische Mythologie der Zeit darstellen, wollen wir kurz an die engen Beziehungen erinnern, die zwischen dem Mythos als solchem, als ursprünglicher Geistesform und der *Zeit* bestehen. Denn abgesehen von den spezifischen Aufgaben, die er in den archaischen Gesellschaften erfüllt und bei welchen zu verweilen wir uns hier ersparen können, hat der Mythos auch Bedeutung als Träger von Enthüllungen, die er uns bezüglich der Struktur der Zeit vermittelt. Wie man heute allgemein annimmt, berichtet ein Mythos Geschehnisse, die sich *in principio* ereigneten, das heißt »zu Beginn«, in einem uranfänglichen und zeitlosen Augenblick, innerhalb einer Spanne *sakraler Zeit*. Diese mythische oder sakrale Zeit unterscheidet sich qualitativ von der profanen Zeit, der fortlaufenden, nie umkehrbaren Dauer, in die unser alltägliches, entheiligtes Dasein sich einordnet. Indem man einen Mythos erzählt, reaktualisiert man gewissermaßen die sakrale Zeit, in der sich die Ereignisse vollzogen, die man zur Sprache bringt. (Aus diesem Grunde übrigens darf man in den überlieferungstreuen Gesellschaften die Mythen nicht zu beliebiger Zeit noch auf beliebige Art erzählen: nur während der geheiligten Zeiten des Jahres darf man sie vortragen, im Busch und im Lauf der Nacht oder wenn man vor oder nach Ritualen einen Kreis um ein Feuer bildet usw.) Mit einem Wort, der Mythos ereignet sich, so glaubt man, in einer – man gestatte uns den Ausdruck – zeitlosen Zeit, in einem Moment ohne Dauer, so wie sich gewisse Mystiker und Philosophen die Ewigkeit vorstellen.

Diese Feststellung ist wichtig, denn aus ihr ergibt sich, daß der Vortrag der Mythen weder für den Vortragenden noch für die Hörer ohne Folgen bleibt. Aufgrund der schlichten Tatsache, daß ein Mythos erzählt wird, ist – zumindest in symbolischer Weise – die profane Zeit ausgeschaltet: Sprecher und Hörerschaft sind in eine heilige, mythische Zeit versetzt. Wir haben an anderer Stelle zu zeigen versucht[1], daß die Aufhebung der profanen Zeit durch das Nachahmen beispielhafter Vorbilder und die Wiedererweckung der mythischen Ereignisse ein spezifisches Merkmal jeder überlieferungstreuen Gesellschaft ist, und daß allein schon dieses Merkmal ausreicht, den Unterschied zwischen der archaischen Welt und unseren modernen Gesellschaften zu verdeutlichen. In den überlieferungstreuen Gesellschaften bemühte man sich bewußt und willentlich, die Zeit periodisch aufzuheben, die Vergangenheit auszulöschen und die Zeit durch eine Reihe von Ritualen zu regenerieren, die in gewisser Weise die Weltschöpfung reaktualisierten. Wir dürfen hier von einer Betrachtung der Einzelentwicklungen, die uns allzuweit von unserem Thema abbrächten, absehen. Begnügen wir uns damit, daran zu erinnern, daß ein Mythos den Menschen aus seiner eigenen individuellen, chronologischen, »historischen« Zeit herausreißt, um ihn – zumindest symbolisch – in die Große Zeit zu versetzen, in einen paradoxen Augenblick, der sich nicht messen läßt, weil es keine Dauer gibt, die ihn bildet. Das bedeutet, daß der Mythos einen Bruch der Zeit und der umgebenden Welt impliziert; er verwirklicht eine Öffnung zur Großen Zeit, zur heiligen Zeit.

Die einfache Tatsache, daß der Mensch einem Mythos lauscht, läßt ihn seine weltliche Bedingtheit vergessen, seine »historische Situation«, wie man heute zu sagen pflegt. Es ist nicht unbedingt notwendig, an einer historischen Zivilisation teilzuhaben, um von jemandem sagen zu können, er befinde sich in einer »historischen Situation«. Auch der von Insekten und Wurzeln sich ernährende Australier befindet sich in einer »historischen Situation«, das heißt in einer genau begrenzten Situation, die sich in einer bestimmten Ideologie ausdrückt und von einem bestimmten Typ wirtschaftlicher und gesellschaftlicher Organisation getragen wird. Im vorliegenden Fall stellt die Daseinsform des Australiers höchstwahrscheinlich eine Variante jener historischen Situation dar, in der sich der Mensch des Paläolithikums befand. Denn der Ausdruck »historische Situation« begreift nicht notwendig die »Geschichte« im eigentlichen Sinn des Wortes in sich; er impliziert nur die menschliche Bedingtheit als solche: eine Bedingtheit, die von einem bestimmten System von Verhaltensweisen beherrscht wird. Anders gesagt: sowohl ein Australier wie ein Mitglied einer viel höher entwickelten Zivilisation – beispielsweise ein Chinese oder ein Hindu oder ein Bauer irgendeines europäischen Landes – vergißt beim Vernehmen eines Mythos gewissermaßen seine besondere Situation und wird versetzt in eine andere Welt, in ein Universum, das nicht mehr sein armseliges, kleines, alltägliches Universum ist.

Erinnern wir daran, daß für jedes dieser Individuen – für den Australier wie für den Chinesen, den Hindu, den europäischen Bauern – die Mythen *wahr* sind, weil sie *heilig* sind, weil sie von heiligen Wesen und Geschehnissen sprechen. Das hat zur Folge, daß man im Vortragen oder im Anhören eines Mythos den Kontakt mit dem Heiligen und mit der Wirklichkeit wiederaufnimmt und damit die weltliche Bedingtheit, die »historische Situation« überwindet. Mit anderen Worten, man überwindet die zeitliche Bedingtheit, die stumpfe Genügsamkeit, die das Schicksal eines jeden Menschen ist infolge der simplen Tatsache, daß jeder Mensch »unwissend« ist, das heißt dadurch, daß er sich selber, wie auch das Wirkliche, mit seiner eigenen besonderen Situation gleichsetzt. Denn die Unwissenheit besteht in erster Linie in dieser falschen Gleichsetzung des Wirklichen mit dem, was jeder von uns *scheinbar ist* oder *scheinbar besitzt*. Da glaubt ein Politiker, die alleinige und wahre Wirklichkeit sei die politische Macht; ein Millionär ist der Überzeugung, allein der Reichtum sei real; ein Gelehrter hegt denselben Gedanken in bezug auf seine Forschungen, Bücher und Laboratorien, und so fort. Die gleiche Tendenz findet sich auch bei den minder Zivilisierten, bei den »Primitiven« und den »Wilden«. Jedoch mit dem Unterschied, daß bei ihnen die Mythen noch lebendig sind und sie darum davon abhalten, sich restlos und unausgesetzt mit der Nichtwirklichkeit zu identifizieren. Der periodisch wiederkehrende Vortrag der Mythen reißt die Mauern ein, welche die Illusionen des profanen Daseins errichtet hatten. Der Mythos reaktualisiert fortwährend die Große Zeit und entrückt dabei die Zuhörenden auf eine übermenschliche, übergeschichtliche Ebene, die es ihnen unter anderem erlaubt, sich einer Wirklichkeit zu nähern, zu der sie auf der Ebene des individuellen, profanen Daseins keinen Zugang finden könnten.

Indische Zeitmythen

Gewisse indische Mythen veranschaulichen auf eine besonders geglückte Art diese grundlegende Funktion, die individuelle und historische Zeit zu »zerbrechen« und die Große Zeit des Mythos zu aktualisieren. Wir wollen dafür ein berühmtes Beispiel aus dem *Brahmavaivarta-Purâna anführen, das Heinrich Zimmer in seinem Buch Myths and Symbols in Indian Art and Civilization* zusammengefaßt und erläutert hatte.[2] Diesem Text gebührt das Verdienst, daß er mit einem Schlag die Große Zeit einführt, als ein Werkzeug der Erkenntnis und mithin der Befreiung von den Banden der Mâyâ.

Nachdem er den Drachen Vritra bezwungen hat, faßt Indra den Entschluß zum Umbau und zur Verschönerung der Götterresidenz. Vishvakarman, der göttliche Zimmermann, hat nach einem Jahr der Arbeit den Bau eines großartigen Palastes vollbracht. Doch Indra zeigt sich nicht befriedigt: noch weiter vergrößern will er den Bau, noch majestätischer will er ihn erstellen; nichts, was ihm gleiche, soll es in der Welt geben. Durch die Anstrengung erschöpft, führt Vishvakarman Klage beim Schöpfergott Brahma. Dieser verspricht ihm, er werde ihm helfen, und bringt das Anliegen vor Vishnu, das Höchste Wesen, dessen einfaches Werkzeug Brahma selber nur war. Und Vishnu übernimmt die Aufgabe, Indra zur Realität zurückzubringen.

Eines Tages empfängt Indra in seinem Palast den Besuch eines in Lumpen gekleideten Knaben. Es ist Vishnu selbst: er hatte diese Gestalt angenommen, um den König der Götter zu demütigen. Ohne ihm gleich zu enthüllen, wer er ist, nennt er ihn »mein Kind« und hebt an, ihm von den unzähligen Indras zu sprechen, die bis zum gegenwärtigen Augenblick die unzähligen Welten bevölkert haben. »Das Leben und die Königsherrschaft eines Indra«, tut er ihm kund, dauern 71 Äonen (ein Zyklus, *mahâyuga*, umfaßt 12000 Götterjahre, das sind 4320000 Jahre); ein Tag und eine Nacht von Brahma entsprechen dem Dasein von 28 Indras. Mißt man indessen das Dasein eines Brahma mit dem Maß solcher Brahma-Tage und Brahma-Nächte, dann währt es nur 108 Jahre. Auf einen Brahma folgt der nächste; einer begibt sich zur Ruhe, ein anderer erhebt sich. Man kann sie nicht zählen. Kein Ende ist abzusehen in dieser Reihe der Brahmas – von denen der Indras ganz zu schweigen.

»Wer aber wird die Zahl der Welten schätzen, deren jede ihren Brahma und ihren Indra besitzt? Jenseits der allerfernsten Vision, jenseits von jedem vorstellbaren Raum ereignen sich die Geburten und die Untergänge der Welten in unendlicher Reihe. Leichten Schiffen gleich treiben diese Welten auf dem reinen und grundlosen Wasser, das den Körper Vishnus formt. Aus jeder Pore dieses Körpers steigt für einen Augenblick eine neue Welt auf, um wieder zu zerstieben. Hättet Ihr etwa den übermütigen Glauben, Ihr könntet sie zählen? Oder glaubt Ihr, die Gottheiten aller dieser Welten zählen zu können – die der gegenwärtigen Welten und die der gewesenen?«

Während der Knabe dies sprach, hatte eine Prozession von Ameisen ihren Einzug in den großen Saal des Palastes gehalten. In einer zwei Meter breiten Heersäule paradierte die Masse der Ameisen auf dem Fußboden. Der Knabe wird ihrer gewahr, er hält inne im Sprechen; dann, völlig verdutzt, bricht er plötzlich in Lachen aus. »Warum lachst du?« fragte ihn Indra. »Ich habe, o Indra, die Ameisen in einer langen Parade vorbeiziehen sehen. Eine jede von ihnen ist vor Zeiten ein Indra gewesen. Gleich Euch war eine jede von ihnen ehemals erhoben gewesen in den Rang eines Königs der Götter. Doch nun, nach vielfältigen Wanderschaften, ist jede von ihnen wieder zu einer Ameise geworden. Dieses Ameisenheer ist ein Heer ehemaliger Indras ...«

Nach dieser Enthüllung begreift Indra die Nichtigkeit seines Stolzes und seiner ehrgeizigen Absichten. Er ruft den bewunderungswürdigen Baumeister Vishvakarman zu sich, spendet ihm königlichen Lohn und entsagt für alle Zeit dem Plan, den Götterpalast zu vergrößern.

Die Zielrichtung dieses Mythos ist mühelos zu durchschauen. Die schwindelerregende Heraufbeschwörung der ungezählten, aus Vishnus Körper aufsteigenden und wieder zerrinnenden Welten reicht allein schon aus, Indra erwachen zu lassen: nämlich ihn zu nötigen, seinen begrenzten, streng an Bedingtheiten gebundenen Horizont seiner »Situation, ein König der Götter« zu sein, zu überschreiten. Man wäre versucht, hinzuzufügen: seiner »historischen Situation«; denn Indra befindet sich, als der große Kriegsherr der Götter, in einem bestimmten historischen Augenblick, in einer bestimmten Etappe des gewaltigen kosmischen Dramas. Aus Vishnus eigenem Mund hört Indra eine *wahre Geschichte*: die wahrhaftige Geschichte der ewigen Erschaffung und Vernichtung der Welten, neben der seine eigene Geschichte, die zahllosen, im Sieg über den Vritra ihre Krönung findenden heroischen Abenteuer in der Tat »falsche Geschichten« zu sein scheinen, das heißt Geschehnisse ohne transzendenten Sinn. Die *wahre Geschichte* ist es, die ihm die Große Zeit offenbart, die mythische Zeit, welche die wahrhaftige Quelle allen Seins und allen kosmischen Geschehens ist. Weil er seine historisch bedingte »Situation« zu überwinden vermag, weil es ihm gelingt, den illusorischen Schleier zu zerreißen, den die profane Zeit, das heißt seine eigene »Geschichte« erzeugte, wird Indra geheilt von seinem Hochmut und seiner Unwissenheit; er wird, christlich gesprochen, »erlöst«. Und diese Erlösungsfunktion des Mythos spielt ihre Rolle nicht nur für Indra, sondern auch für jedes menschliche Wesen, das seinem Abenteuer lauscht. Die profane Zeit transzendieren, die Große Zeit des Mythos wiederfinden, kommt einer Offenbarung der höchsten Wirklichkeit gleich. Einer Wirklichkeit, die streng metaphysisch ist und uns auf keinem anderen Weg nahegebracht werden kann als durch die Mythen und die Symbole.

Dieser Mythos hat eine Fortsetzung, auf die wir noch zurückkommen werden. Im Augenblick wollen wir präzisieren, daß die Konzeption der zyklischen und unendlichen Zeit, wie sie auf so eindrucksvolle Art von Vishnu vergegenwärtigt wird, die panindische Konzeption der kosmischen Zyklen ist. Der Glaube an die periodische Schöpfung und Vernichtung des Weltalls findet sich bereits im *Arthava-Veda* (X, 8, 39-40). Er gehört übrigens auch zur Weltanschauung aller archaischen Gesellschaften.

Die Lehre von den »Yuga«

Indien hat jedoch eine Lehre der kosmischen Zyklen erarbeitet und dabei in immer schreckenerregenderen Proportionen die Zahl der periodischen Schöpfungen und Vernichtungen des Weltalls anwachsen lassen. Die Maßeinheit des kleinsten Zyklus ist das *yuga*, das »Zeitalter«. Einem *yuga* gehen voraus und folgen eine »Morgenröte« und eine »Abenddämmerung«, die die »Zeitalter« miteinander verbinden. Ein vollständiger Zyklus oder *mahâyuga* setzt sich aus vier »Zeitaltern« ungleicher Dauer zusammen, deren längstes am Beginn des Zyklus und dessen kürzestes an seinem Ende

steht. Die Namen dieser *yuga* entlehnt man den Bezeichnungen, die für die Würfe beim Würfelspiel gelten. *Krta yuga* (abgeleitet vom Zeitwort *kr*, »tun, vollenden«) bedeutet das »vollendete Zeitalter«, das heißt den Wurf, der beim Würfelspiel gewinnt, den Vierpunktewurf. Denn in der indischen Überlieferung symbolisiert die Zahl vier die Totalität, die Fülle, die Vollkommenheit. Das *krta yuga* ist das vollkommene Zeitalter; aus diesem Grund heißt es auch *satya yuga*, das »wirkliche Zeitalter«, das wahre, das authentische, das vollkommene. Es ist in jeder Hinsicht das Goldene Zeitalter, die glückselige Epoche, in der die Gerechtigkeit herrscht, das Glück, der Überfluß. Während des *krta yuga* wird die sittliche Ordnung des Weltalls, das *dharma*, ohne jede Einschränkung respektiert. Noch mehr: Achtung erweisen ihm spontan und ohne Zwang alle Wesen, denn während des *krta yuga* identifiziert sich das *dharma* gewissermaßen mit dem menschlichen Dasein. Der vollkommene Mensch des *krta yuga* verkörpert die kosmische Norm und folglich auch das Sittengesetz. Sein Dasein ist beispielgebend, von archetypischer Art. In anderen, außerindischen Überlieferungen ist dieses Goldene Zeitalter gleichbedeutend mit der ursprünglichen paradiesischen Epoche.
Das folgende Zeitalter, das *tretâ yuga*, die »Trias« – so benannt aufgrund des Dreierwurfes im Würfelspiel –, bezeichnet bereits einen Rückschritt. Die Menschen befolgen nur noch drei von den vier Gegebenheiten des *dharma*. Die Arbeit, das Leiden und der Tod sind nunmehr das Los der Menschen. Die Erfüllung der Pflicht erfolgt nicht mehr spontan, sie muß erlernt werden. Die den vier Kasten eigentümlichen Seinsweisen beginnen Veränderungen zu erleiden. Mit dem *dvâpara yuga* – dem durch den Zweierwurf gekennzeichneten Zeitalter – besteht auf Erden nur noch die Hälfte des *dharma* weiter. Die Laster und die Übel nehmen zu, die Lebenszeit der Menschen verkürzt sich. Im *kali yuga* schließlich, dem »schlechten Zeitalter«, ist nur noch ein Viertel des *dharma* übriggeblieben. Der Begriff *kali* bezeichnet den nur

durch einen einzigen Punkt charakterisierten Wurf des Würfels, folglich den Wurf des im Spiel Verlierenden (überdies personifiziert in einem bösen Geist); *kali* bedeutet auch »Auseinandersetzung, Entzweiung« und ganz allgemein den in einer Gruppe von Lebewesen oder von Dingen Minderwertigsten. Im *kali yuga* erreichen der Mensch und die Gesellschaft den äußersten Punkt des Zerfalls. Laut *Vishnu-Purana* kommt das Syndrom des *kali yuga* darin zum Ausdruck, daß im Verlauf dieser Epoche nur der Besitz es ist, der gesellschaftlichen Rang verleiht; daß der Reichtum zur alleinigen Quelle der Tugenden wird; daß Leidenschaft und Begierde nun die einzigen Bindeglieder zwischen Ehepartnern bilden; daß die Falschheit, die Lüge die einzige Vorbedingung für erfolgreiches Leben, die Geschlechtlichkeit das einzige Mittel des Genusses ist und daß man die veräußerlichte, nur noch im Praktizieren der Riten bestehende Religion mit der Geistigkeit verwechselt. Seit mehreren Jahrtausenden leben wir natürlich schon im *kali yuga*.

Die Ziffern vier, drei zwei und eins bezeichnen sowohl die sich verkürzende Dauer jedes *yuga* wie die fortschreitende Minderung des noch vorhandenen *dharma*; ihr entspricht überdies eine Verringerung der menschlichen Lebensdauer, die, wie wir sahen, von einem zunehmenden Verfall der Sitten und einem dauernden Absinken der Intelligenz begleitet wird. Manche der indischen philosophischen Schulen – wie etwa die des Pâncarâtra – verknüpft zudem mit der Zyklentheorie eine Lehre vom »Zusammenbruch der Erkenntnis« (*jnâna bramsha*).

Die relative Dauer eines jeden dieser vier *yuga* läßt sich auf verschiedene Art berechnen: alles hängt von dem Wert ab, den man den Jahren beimißt, das heißt, ob man es mit Menschenjahren oder mit »göttlichen Jahren«, deren jedes 360 menschliche Jahre beträgt, zu tun hat. Einige Beispiele mögen genügen. Nach einigen Quellen (*Manu* I, 69f.; *Mahâbhârata* III, 12, 826) währt *krta yuga* 4000 Jahre, wozu noch 400 Jahre der »Morgenröte« und ebenso viele der »Abenddämmerung«

hinzukommen; dann folgen *tretâ yuga* mit 3000 Jahren, *dvâpara* mit 2000 und *kali yuga* mit 1000 Jahren (selbstverständlich ergänzt durch die »Morgenröten« und »Abenddämmerungen«). Folglich umfaßt ein vollständiger Zyklus, ein *mahâyuga*, 12000 Jahre. Der Übergang von einem *yuga* zum anderen vollzieht sich im Laufe einer »Abenddämmerung«, die auch innerhalb eines jeden *yuga* ein Decrescendo darstellt, da jedes in eine Etappe der Finsternis endet. Je mehr man sich dem Ende eines Zyklus, das heißt dem vierten und letzten *yuga*, nähert, um so dichter werden die »Finsternisse«. Das letzte *yuga*, in dem wir uns gegenwärtig befinden, wird übrigens als das »Zeitalter der Finsternis« *par excellence* betrachtet, denn mit Hilfe eines Wortspiels setzt man es mit der Göttin Kâlî, der »schwarzen« Göttin, in Beziehung. Kâlî lautet einer der vielen Namen der Großen Göttin, der Shakti, der Gemahlin des Gottes Shiva. Man hat diesen Namen der Großen Göttin auch dem Sanskritausdruck *kâla*, »Zeit«, angeglichen: Kâlî wäre nicht bloß die »schwarze« Göttin, sondern auch die Personifikation der Zeit.[3] Wie immer es sich mit dieser Etymologie verhalten mag, der Vergleich zwischen *kâla*, »Zeit«, der Göttin, Kâlî und dem *kali yuga* ist auf struktureller Ebene berechtigt: die Zeit ist »schwarz«, weil sie irrational, hart und ohne Mitleid ist – und Kâlî ist gleich den anderen Großen Göttinnen die Herrin der Zeit und der Geschicke, die sie prägt und vollendet.

Ein vollständiger Zyklus, ein *mahâyuga*, endet mit einer »Auflösung«, einem *pralaya*, das sich auf radikalere Art (*mahâpralaya*, die »Große Auflösung«) am Ende des tausendsten Zyklus wiederholt. Denn die spätere Spekulation hat den uranfänglichen Rhythmus erweitert und unendlich wiederholt: »Schöpfung – Zerstörung – Neuschöpfung«, indem sie die Maßeinheit, das *yuga*, auf immer ausgedehntere Zyklen übertrug. Die 12000 Jahre eines *mahâyuga* betrachtete man als »göttliche Jahre«, deren jedes 360 menschliche Jahre währte, was für einen einzigen kosmischen Zyklus die Gesamtsumme von 4320000 Jahren ergibt. Tausend solcher *mahâyuga* bilden ein *kalpa* (»Form«), 14 *kalpa* ein *manvantâra*. (Man wählt diesen Namen, weil man meint, jedes *manvantâra* werde von einem Manu, dem mythischen Ahnenkönig, regiert.) Ein *kalpa* entspricht einem Tag im Leben Brahmas, ein anderes *kalpa* einer Nacht. Hundert solcher »Jahre« Brahmas – das sind 311 000 Milliarden menschlicher Jahre – bilden das Leben des Gottes. Aber auch diese ansehnliche Lebensdauer Brahmas kann die Zeit nicht ausschöpfen, denn die Götter sind nicht ewig, und die Schöpfungen und Zerstörungen des Kosmos folgen einander *ad infinitum*.

Was man aus dieser Zahlenlawine festhalten muß, ist der zyklische Charakter der kosmischen Zeit. In der Tat erleben wir die unendliche Wiederholung des immer gleichen Phänomens (Schöpfung – Zerstörung – Neuschöpfung), wie sie in jedem *yuga* (mit »Morgenröte« und Abenddämmerung«) vorweggenommen, aber vollständig erst in einem *mahâyuga* verwirklicht wird. Das Leben Brahmas umfaßt somit 2 560 000 solcher *mahâyuga*, deren jedes die gleichen Etappen (*krta, tretâ, dvâpara* und *kali*) wiederholt, um in einem *pralaya* zu enden, einem *ragnarök* (der »endgültigen« Zerstörung im Sinne der totalen Auflösung des kosmischen Eies, die am Ende eines jeden *kalpa* im *mahâpralaya* stattfindet. Präzisieren wir, daß das *mahâpralaya* die Regression aller »Formen« und aller Seinsweisen in die uranfängliche, undifferenzierte *prakrti* impliziert. Auf mythischer Ebene besteht nichts weiter fort als der Urozean, auf dessen Oberfläche der Große Gott, Vishnu, schläft).

Unsere Aufmerksamkeit verdient nicht nur die metaphysische Abwertung *des menschlichen Lebens als Geschichte*[4] – das allein schon durch seine Dauer und im Verhältnis zu ihm eine *Erosion* aller *Formen* mit sich bringt, indem sie seine ontologische Substanz erschöpft; unser Interesse wird auch nicht nur durch den Mythos von der *Vollkommenheit der Anfänge* gefesselt, dem wir hier begegnen und der ebenfalls eine universelle Überlieferung ist (der Mythos vom Paradies, das schrittweise verlorengeht, einfach weil *es sich verwirk-*

licht, Gestalt annimmt und *dauert*). Unsere besondere Beachtung in dieser Zahlenorgie verdient die *ewige Wiederholung* des fundamentalen Rhythmus des Kosmos: seine periodische Zerstörung und Neuschöpfung. Aus diesem Kreis ohne Anfang und Ende (er verkörpert die kosmische Sichtbarwerdung der *mâyâ*) kann sich der Mensch nur loslösen durch einen Akt geistiger Freiheit (denn alle soteriologischen Lösungen Indiens beschränken sich auf die vorläufige Befreiung von der kosmischen Illusion und auf die geistige Freiheit).
Die beiden großen Heterodoxien, der Buddhismus und der Jainismus, übernehmen in großen Zügen die gleiche panindische Lehre von der zyklischen Zeit und vergleichen sie mit einem Rad mit zwölf Speichen (dieses Bild wird schon in den vedischen Texten gebraucht, vgl. *Atharva-Veda* X, 8, 4), *Rig-Veda* I, 164, 115, usw.). Der Buddhismus nimmt als Zeiteinheit für die kosmischen Zyklen das *kalpa* an (Pâli: *kappa*), das in eine wechselnde Anzahl von »Unberechenbaren« (*asamkhyeya*; Pâli: *asankheyya*) eingeteilt wird. Die Pâli-Quellen sprechen im allgemeinen von vier *asankheyya* und hunderttausend *kappa* (siehe zum Beispiel *Jâtaka* I, S. 2). In der Literatur des Mahâyâna schwankt die Zahl der »Unberechenbaren« zwischen 3, 7 und 33, und man setzt sie in Verbindung mit der Laufbahn des Boddhisattva in jedem einzelnen Kosmos. Der fortschreitende Verfall des Menschen zeigt sich in der buddhistischen Überlieferung durch eine fortgesetzte Verkürzung der menschlichen Lebensdauer an. So betrug nach *Dîghanikâya* (II, 2-7) in der Epoche des ersten Buddha, Vipassi, der vor 91 000 *kappa* erschien, die Dauer des menschlichen Lebens 80 000 Jahre; zur Zeit des zweiten Buddha, Sikhi (vor 31 *kappa*) 70 000 Jahre, usw. Der siebte Buddha, Gautama, erscheint zu einer Zeit, da das Leben des Menschen nur noch 100 Jahre dauert, das heißt seine unterste Grenze erreicht hat. (Wir werden das gleiche Motiv in den iranischen Apokalypsen wiederfinden.) Und doch ist für den Buddhismus, wie für das gesamte indische Denken, die Zeit

unbegrenzt; und der Boddhisattva wird sich, um allen Wesen die frohe Botschaft vom Heil zu verkünden, *in aeternum* verkörpern. Die einzige Möglichkeit, der Zeit zu entrinnen und den eisernen Kreis der Existenzen zu sprengen, ist die Vernichtung der menschlichen Situation und die Erlangung des Nirvana. Übrigens haben alle diese »Unberechenbaren« und alle diese zahllosen Äonen auch eine soteriologische Funktion: die einfache Betrachtung ihres Panoramas erschreckt den Menschen und zwingt ihn zu der Einsicht, daß er dieses selbe flüchtige Dasein milliardenmal neu beginnen und dieselben Leiden ohne Ende erdulden muß. Das stachelt seinen Willen zum Entrinnen an, das heißt, es treibt ihn, endgültig seine Situation als »Existierender« zu transzendieren.

Kosmische Zeit und Geschichte

Verweilen wir einen Augenblick bei diesem Punkt: der Vision einer unendlichen Zeit, eines niemals endenden Zyklus von Schöpfungen und Zerstörungen der Welt; letzten Endes dem Mythos der ewigen Wiederkehr, bewertet als »Werkzeug der Erkenntnis« und Mittel der Befreiung. In der Perspektive der Großen Zeit ist jede Existenz ungewiß, illusorisch. Nicht nur das menschliche Dasein und die Geschichte selbst – mit allen ihren zahllosen Imperien, Dynastien, Revolutionen und Gegenrevolutionen – erweisen sich auf der Ebene der großen kosmischen Rhythmen, das heißt der *mahâyuga*, der *kalpa*, der *manvantâra*, als rasch vergänglich, als gewissermaßen irreal; sogar das Weltall wird seiner Realität entkleidet; denn wie wir sahen, werden die Welten aus den zahllosen Poren des Körpers Vishnus ständig geboren, und ebenso schnell, wie eine Luftblase auf einer Wasserfläche zerplatzt, verschwinden sie wieder. Das Dasein *in* der Zeit ist ontologisch ein Nicht-Dasein, eine Unwirklichkeit. Eben in diesem Sinne hat man die Aussage des indischen Idealismus, vor allem des Vedânta zu verstehen, daß nämlich die Welt illusorisch ist, daß es ihr an Realität mangelt: es mangelt ihr an Realität, weil ihre Dauer begrenzt ist, weil sie in der Perspektive der ewigen Wiederkehr eine Nicht-Dauer ist. Dieser Tisch hier ist unwirklich, nicht deswegen, weil er im eigentlichen Sinn des Wortes nicht existieren würde, weil er ein Trugbild unserer Sinne wäre; denn er ist ja keine Sinnestäuschung, in diesem bestimmten Augenblick gibt es ihn. Nein, dieser Tisch ist Täuschung, weil er in zehntausend oder hunderttausend Jahren nicht mehr existieren wird. Die historische Welt, die Gesellschaften, die Zivilisation, die dem Bemühen tausender Generationen ihren Aufbau verdanken – sie alle sind trügerisch, weil die historische Welt auf der Ebene der kosmischen Rhythmen nur einen kurzen Augenblick dauert. Der Mensch der Vedânta-Zeit, der Buddhist, der *Rshi*, der Yogi, der Sâdhu – sie alle ziehen aus der Lehre der unendlichen Zeit und der ewigen Wiederkehr die logischen Schlußfolgerungen: sie entsagen der Welt und richten ihr Trachten nach der absoluten Wirklichkeit; denn allein die Erkenntnis des Absoluten hilft ihnen, sich von der Illusion zu befreien, den Schleier der Mâyâ zu zerreißen.

Indes ist der Verzicht auf die Welt nicht die einzige Konsequenz, die der Inder aus der Entdeckung der unendlichen zyklischen Zeit abzuleiten berechtigt ist. Wie man heute besser zu verstehen beginnt, kannte Indien nicht nur die Verneinung der Welt und den Verzicht auf sie. Indem die indische Geistigkeit stets das Dogma der grundsätzlichen Irrealität des Kosmos zum Ausgang nahm, hat sie zugleich einen Weg erarbeitet, der nicht zwangsläufig zur Askese, zum Verzicht auf die Welt hinleitet. Dies gilt beispielsweise von jenem Weg, den Krishna in der *Bhagavad-Gîtâ* predigt[5]: von *phalatrsnavairâgya*, das heißt vom »Verzicht auf die Früchte seiner Handlungen«, vom Verzicht auf die Vorteile, die man seinen Handlungen abgewinnen könnte, nicht aber auf das Handeln selbst. Es ist der Weg, den die Fortsetzung des Mythos von Indra und Vishnu, deren Abenteuer wir oben erzählten, beleuchtet.

Indra, von der Offenbarung Vishnus gedemütigt, verzichtet nämlich auf seinen Beruf als Kriegsgott und zieht sich ins Gebirge zurück, um dort die schrecklichste Askese zu betreiben. Anders ausgedrückt: er schickt sich an, der vor ihm entdeckten Irrealität und Eitelkeit der Welt das zu entnehmen, was ihm als die einzige Konsequenz erscheint. Er befindet sich in der gleichen Situation wie der Prinz Siddhârtha in dem Augenblick, da er seinen Palast und seine Frauen in Kapilavastu verlassen und seine mühevollen Abtötungen auf sich genommen hat. Man darf sich jedoch fragen, ob ein König der Götter, ein Ehemann, wirklich berechtigt war, derartige Schlußfolgerungen aus einer Offenbarung zu ziehen, die dem Reich der Metaphysik angehörte, und ob seine Entsagung, seine Askese nicht das Gleichgewicht der Welt in Gefahr brachten. In der Tat erfleht – nur kurze Zeit danach – seine Frau, die über ihre Verlassenheit untröstliche Königin Shacî, den Beistand ihres priesterlichen Beraters Brihaspati. Da nimmt dieser sie bei der Hand, begibt sich in Indras Nähe und bespricht sich lange mit ihm: nicht nur über die Tugenden des kontemplativen Lebens, sondern auch über die Wichtigkeit des tätigen Lebens, jenes Lebens, das seine Erfüllung in der diesseitigen Welt findet. Damit empfängt Indra eine zweite Offenbarung: er begreift, daß jedes Wesen den ihm gemäßen Weg gehen und seine Berufung verwirklichen muß, das heißt letzten Endes seine Pflicht zu erfüllen hat. Da nun aber Indras Pflicht und Berufung darin bestanden, Indra zu bleiben, nimmt er erneut seine Identität auf sich und setzt seine heroischen Abenteuer fort, doch nun ohne Hochmut und Dünkel, da er die Nichtigkeit einer jeden »Situation«, sogar der Situation eines Königs der Götter, erfaßt hat...

Dieses Stadium des Mythos stellt das Gleichgewicht wieder her: nicht immer besteht das Wesentliche darin, seiner historischen Situation zu entsagen, indem man sich vergeblich bemüht, zum universellen Sein zu gelangen, sondern eher darin, daß man die Perspektiven der Großen Zeit dauernd im Geist festhält und dabei fortfährt, seine Pflicht in der geschichtlichen Zeit zu erfüllen. Genau dies ist die Lehre, die in der *Bhagavad-Gîtâ* aus Krishnas Mund dem Arjuna zuteil wird. In Indien wie fast überall in der archaischen Welt ermöglicht diese Öffnung auf die Große Zeit – eine Öffnung, die sich dem periodischen Rezitieren der Mythen verdankt – die unendliche Fortdauer einer bestimmten *Ordnung*, einer metaphysischen, ethischen und sozialen Ordnung, die in keiner Weise einer Vergötzung der Geschichte zusteuert; denn die Perspektive der mythischen Zeit macht jedes wie immer geartete Bruchstück der historischen Zeit zur Illusion.

Wie wir sahen, offenbart der Mythos von der zyklischen und unendlichen Zeit, indem er die von den geringeren Rhythmen der Zeit, das heißt von der historischen Zeit erzeugten Trugbilder zerreißt, sowohl die Ungewißheit und letztlich die ontologische Unwirklichkeit des Weltalles als auch den Weg zu unserer Befreiung. Den Banden der Mâyâ vermag man sich in der Tat zu entwinden: entweder auf dem Weg der Kontemplation, indem man der Welt entsagt und sich der Askese und den entsprechenden mystischen Techniken verschreibt, oder auf aktivem Weg, indem man weiterhin in der Welt bleibt, ohne jedoch die »Früchte seiner Handlungen« zu genießen (*phalatrsnavairâgya*). Im einen wie im anderen Fall ist es entscheidend, daß man nicht *ausschließlich* an die Wirklichkeit der in der Zeit entstehenden und versinkenden Gestalten glaubt: nie darf man aus dem Auge verlieren, daß solche Gestalten nur in ihrem eigenen Bezugsrahmen »wahr«, ontologisch jedoch substanzentleert sind. Wie wir schon oben sagten: die Zeit kann ein Werkzeug der Erkenntnis werden, und zwar im folgenden Sinn: projizieren wir ein Ding oder ein Sein auf die Ebene der kosmischen Zeit, so genügt dies, daß wir uns seiner Irrealität unverzüglich bewußt werden. Die gnoseologische und soteriologische Funktion eines solchen Wandels der Perspektive, den die Öffnung zu größeren kosmischen Rhythmen bewirkt, wird in wunderbarer Art von gewissen Mythen klargelegt, die auf die Mâyâ des Vishnu Bezug nehmen.

Hier einer dieser Mythen in der modernen und volkstümlichen Version, in der ihn Sri Ramakrishna erzählt.[6] Ein berühmter Asket namens Nârada hat infolge seiner ungezählten Kasteiungen bei Vishnu Gnade gefunden. Der Gott erscheint ihm und verspricht ihm, daß er ihm jeden Wunsch erfüllen werde. »Zeige mir die magische Macht deiner *mâyâ*«, erbittet Nârada von ihm. Vishnu willigt ein und bedeutet ihm, ihm zu folgen. Kurze Zeit danach befinden sie sich auf einem verlassenen Pfad, in glühender Sonnenhitze; Vishnu leidet Durst und bittet den Nârada, einige hundert Meter weiterzugehen, an eine Stelle, wo eine kleine Ortschaft zu sehen ist, und ihm von dort Wasser zu bringen. Nârada macht sich eilends auf und klopft an das Tor des ersten Hauses, zu dem er kommt. Ein sehr schönes Mädchen öffnet ihm. Der Asket schaut es lange an und vergißt, weshalb er gekommen war. Er tritt in das Haus ein, und die Eltern des Mädchens empfangen ihn mit der Hochachtung, die einem Heiligen geziemt. Die Zeit vergeht. Schließlich vermählt sich Nârada mit dem Mädchen und lernt die Freuden des Ehestandes und die Härte des Bauernlebens kennen. Zwölf Jahre gehen dahin: Nârada hat jetzt drei Kinder, und nach dem Tod seines Schwiegervaters wird er der Eigentümer des Anwesens. Doch im Verlauf des zwölften Jahres überfluten schließlich wolkenbruchartige Regenfälle die Gegend. Innerhalb einer Nacht sind die Herden ertrunken, das Haus stürzt ein. Mit einer Hand stützt Nârada seine Gattin, an der anderen Hand führt er seine zwei Kinder, auf der Schulter trägt er das jüngste; so bahnt er sich durch die Wassermassen mühsam den Weg. Doch die Last ist zu schwer. Er rutscht aus, und das jüngste Kind fällt ins Wasser. Nârada läßt die beiden anderen Kinder los und müht sich, das verlorene wiederzufinden. Doch es ist zu spät: die Flut hat es abgetrieben. Während er das jüngste sucht, verschlingen die Wassermassen die zwei anderen Kinder und wenig später auch seine Frau. Nârada selbst stürzt nieder; die Flut trägt ihn, der kein Bewußtsein mehr hat, weiter, als wäre er ein Stück Holz. Als er dann, gegen einen Felsen geschleudert, erwacht, erinnert er sich seines Unglücks und bricht in Schluchzen aus. Doch plötzlich vernimmt er eine vertraute Stimme: »Mein Kind! Wo ist das Wasser, das du mir bringen solltest? Ich warte schon über eine halbe Stunde auf dich!« Nârada wendet den Kopf und schaut. Statt der alles verschlingenden Flut sieht er die menschenleeren Gefilde, brütend in der Sonnenglut. »Verstehst du jetzt das Geheimnis meiner *mâyâ*?« fragt ihn der Gott.

Natürlich konnte Nârada nicht behaupten, er habe alles verstanden; aber er hatte etwas Wesentliches gelernt: er wußte nun, daß die kosmische Mâyâ des Vishnu sich im Reich der Zeit offenbart.

Der »Schrecken der Zeit«

Der Mythos der zyklischen Zeit, das heißt der kosmischen Zyklen, die sich unendlich wiederholen, ist keine neue Entdeckung der indischen Spekulation. Wie wir an anderer Stelle zeigten[7], veranschaulichen sich die überlieferungstreuen Gesellschaften – deren Zeitvorstellungen so schwer zu fassen sind, gerade weil sie sich in Symbolen und Ritualen ausdrükken, deren tiefer Sinn uns manchmal unzugänglich bleibt – die zeitliche Existenz des Menschen nicht bloß als eine *ad infinitum* fortschreitende Wiederholung bestimmter Archetypen und exemplarischer Handlungen; sie veranschaulichen es sich auch als einen *ewigen Neubeginn*. Im Symbol und im Ritus wird die Welt in der Tat periodisch immer wieder von neuem erschaffen. Mindestens einmal im Jahr wiederholt man die Kosmogonie, und in gleicher Art dient der Weltschöpfungsmythos einer ansehnlichen Reihe von Handlungen als Vorbild: zum Beispiel der Eheschließung oder den Heilungen.

Welches ist der Sinn aller dieser Mythen und Riten? Nur dieser: die Welt wird geboren, dann verbraucht sie sich, sie geht unter, um neu geboren zu werden in einem sehr viel schnelleren Rhythmus. Das Chaos und der kosmogonische Akt, der durch eine neue Schöpfung dem Chaos ein Ende setzt, werden periodisch reaktualisiert. Das Jahr – oder was man darunter versteht – entspricht der Erschaffung, der Dauer und der Vernichtung einer Welt, eines Kosmos. Sehr wahrscheinlich ist diese Konzeption der periodischen Schöpfung und Zerstörung der Welt, obwohl durch das Schauspiel des Todes und der periodischen Auferstehung der Pflanzenwelt bestätigt, keine Erfindung der Ackerbau treibenden Gesellschaften. Wir finden sie auch in den Mythen der noch nicht mit der Landwirtschaft vertrauten Gesellschaften, und sie ist mit großer Wahrscheinlichkeit eine Konzeption lunarer Struktur. In der Tat mißt der Mond die am deutlichsten wahrzunehmenden Periodizitäten, und die Termini, die sich auf den Mond bezogen, haben als erste dazu gedient, die Zeitmessung auszudrücken. Die Mondrhythmen kennzeichnen stets eine »Erschaffung« (Neumond), gefolgt von einem Anwachsen (Vollmond), einem Schwinden und einem »Tod« (die drei mondlosen Nächte). Das Bild dieser ewigen Mondgeburt und dieses ewigen Mondtodes hat wahrscheinlich dazu beigetragen, die Anschauungen der ersten Menschen über die Periodizität des Lebens und des Todes zu kristallisieren, und später zu dem Mythos von der periodischen Erschaffung und Zerstörung der Welt geführt. Die ältesten Sintflutmythen verraten eine lunare Struktur und Herkunft. Nach einer jeden Sintflut ruft ein mythischer Ahne eine neue Menschheit ins Leben. Und meistens nimmt dieser mythische Ahne die Züge eines Mondtieres an. (Mit diesem Namen bezeichnet man in der Ethnologie jene Tiere, deren Leben einen gewissen Wechsel, vor allem ein periodisches Erscheinen und Verschwinden erkennen läßt.)

Daraus ergibt sich, daß für den »primitiven Menschen« die Zeit zyklisch ist, daß die Welt periodisch erschaffen und zerstört wird und daß sich die um »Geburt, Tod und Wiedergeburt« konzentrierte Mondsymbolik in zahlreichen Mythen und Riten manifestiert. Aus diesem uralten Erbe hat sich die panindische Lehre von den Weltzeitaltern und den kosmischen Zyklen entwickelt. Naturgemäß erfuhr das archetypische Bild der ewigen Geburt, des ewigen Sterbens und Wiederauferstehens des Mondes im indischen Denken beträchtliche Abänderungen. Hinsichtlich des astronomischen Aspekts der *yuga* ist es wahrscheinlich, daß er von den kosmologischen und astrologischen Spekulationen der Babylonier beeinflußt wurde. Doch mit diesen im Laufe der Geschichte eventuell aufgetretenen Einflüssen Mesopotamiens auf Indien wollen wir uns hier nicht befassen. Uns kommt es darauf an, folgendes zu verdeutlichen: daß nämlich der Inder, als er immer kühner sowohl die Dauer wie die Anzahl der kosmischen Zyklen anwachsen ließ, zugleich ein soteriologisches Ziel vor Augen hatte. Entsetzt über die niemals endende Zahl der Geburten und Wiedergeburten der Welt, die von einer ebenso hohen Zahl menschlicher Geburten und Wiedergeburten begleitet wurden, die alle dem Gesetz des *karma unterstanden, war er gewissermaßen gezwungen*, einen Ausweg aus diesem kosmischen Räderwerk und diesen unendlichen Wanderungen zu suchen. Die mystischen Lehren und Techniken, die die Befreiung des Menschen vom Leid und vom teuflischen Kreislauf »Leben – Tod – Wiedergeburt« anstreben, machen sich die mythischen Bilder der Weltzyklen zu eigen; sie erweitern sie und stellen sie in den Dienst der Verbreitung ihres Glaubens. Für die Inder des nachvedischen Zeitalters, das heißt für die mit dem »Schmerz des Daseins« vertraut gewordenen indischen Menschen, entspricht die ewige Wiederkehr dem unendlichen, vom *karma* regierten Kreislauf der Wanderungen. Diese diesseitige Welt, illusorisch und vergänglich zugleich, die Welt des *samsâra*, die Welt des Leidens und der Unwissenheit, die unter dem Zeichen der *Zeit* steht. Die Befreiung von der diesseitigen Welt und die Erringung des Heils bedeuten zugleich die Befreiung von der kosmischen Zeit.

Im Sanskrit wird der Terminus *kâla* sowohl im Sinn der Zeitperioden und der unendlichen Dauer als auch im Sinn eines genau bestimmten Augenblickes verwendet – genauso wie in den europäischen Sprachen (zum Beispiel: »What *time* is *now*?«). In den ältesten Texten betont man den zeitlichen Charakter aller möglichen Welten und Seinsweisen: »Die Zeit hat alles geschaffen, was gewesen ist und was sein wird« (*Atharva-Veda* XIX, 54, 3). In den Upanishaden wird Brahman, der weltumfassende Geist, das absolute Wesen, sowohl als Zeitüberwinder wie als Urquell und Grund für alles in der Zeit Erscheinende aufgefaßt: »Herr des Gewesenen wie des Künftigen – heute und morgen ist er zugleich« (*Kena-Upanishad* IV, 13). Und Krishna, der sich dem Arujuna als ein kosmischer Gott zeigt, verkündet: »Ich bin die Zeit, die durch ihr Fortschreiten die Welt zerstört« (*Bhagavad-Gîtâ* XI, 32).

Wie wir wissen, unterscheiden die Upanishaden zwei Aspekte des Allwesens Brahman: »den körperlichen und den körperlosen, den sterblichen und den unsterblichen, den feststehenden (*sthita*) und den beweglichen« und so weiter (*Brhadâranyaka-Upanishad* II, 3, 1). Was heißt, daß sowohl das Weltall mit seinen sichtbaren und unsichtbaren Aspekten als auch der Geist mit seinen bedingten und nichtbedingten Aspekten im All-Einen ruhen, in Brahman, der alle Polaritäten und alle Gegensätze in sich vereint. Nun unterscheidet jedoch die *Maitri-Upanishad* (VII, 11, 8), die diese Bipolarität des Allwesens auf zeitlicher Ebene verdeutlicht, die »zwei Gestalten« (*dve rupe*) von Brahman (das heißt die Aspekte der »zwei Naturen« (*dvaitibhâva*) einer einzigen Wesenheit (*tad ekam*), nämlich »Zeit« und »Ohne-Zeit« (*kâlac – câkalac-ca*). Mit anderen Worten: die Zeit und die Ewigkeit sind die zwei Aspekte ein und desselben Prinzips: im Brahman werden das *nunc fluens* und das *nunc stans* zur Einheit. Die *Maitri-Upanishad* fährt fort: »Das, was der Sonne vorhergeht, ist »Ohne-Zeit« (*akâla*) und nicht-geteilt (*akala*); was aber mit der Sonne beginnt, ist die Zeit, die Teile (*sakala*) hat, und deren Gestalt ist das Jahr ...«

Der Ausdruck »was der Sonne vorausgeht« könnte auch für die kosmologische Ebene gelten; er bezöge sich dann auf die der Schöpfung vorhergegangene Periode – denn in den Intervallen zwischen den *mahâyuga* oder den *kalpa*, während der großen kosmischen Nächte, gibt es nichts mehr, was einer Dauer gliche. Indessen findet der Ausdruck hauptsächlich Anwendung im metaphysischen und im soteriologischen Raum, das heißt, er kennzeichnet die paradoxe Situation jenes Menschen, der die Erleuchtung erringt, der ein *jîvanmukta* wird, ein »im Leben Befreiter«, und aus diesem Grunde die Zeit überwindet, in dem Sinne, daß er nicht mehr an der Dauer teilhat. Tatsächlich versichert die *Chândogya-Upanishad* (III, 11), daß für den Weisen, für den Erleuchteten die Sonne stillsteht. »Nach ihrem Aufstieg zum Zenit jedoch wird sie (die Sonne) nicht mehr aufgehen noch untergehen. Sie wird sich nur noch im Mittelpunkt festhalten« (*ekala eva madhyhe stâtâ*). Daher der Vers: »Nie und nimmer ging sie hier (nämlich in der transzendentalen Welt des *brahman*) unter, und nimmer ging sie hier auf« ... Sie geht nicht auf und nicht unter; ein für allemal (*sakrt*) steht sie im Himmel fest für den, der die Lehre des *brahman* kennt.

Hier geht es selbstverständlich um ein sinnliches Bild der Transzendenz: im Zenit, also am höchsten Gipfel des Himmelsgewölbes, im »Weltenzentrum«, dort, wo das Aufbrechen der Ebenen und die Kommunikation zwischen den drei kosmischen Zonen möglich wird, steht die Sonne (die Zeit) unbeweglich still für »den, der weiß«; das *nunc fluens* verwandelt sich paradoxerweise in *nunc stans*. Die Erleuchtung, die Einsicht läßt das Wunder des Heraustretens aus der Zeit Wirklichkeit werden. Der paradoxe Augenblick der Erleuchtung wird in den Texten der Veden und der Upanishaden mit dem Blitz verglichen. Brahman begreift sich plötzlich als ein Blitz (*Kena-Upanishad* IV, 4, 5. Bekanntlich ist dasselbe

Bild: Blitz – geistige Erleuchtung, auch in der griechischen Metaphysik und in der christlichen Mystik anzutreffen).

Verweilen wir einen Augenblick bei diesem mythischen Bild: dem Zenit, der der Weltengipfel und zugleich das »Zentrum« *par excellence* ist, der unendlich kleine Punkt, durch den die kosmische Achse (*axis mundi*) führt. Wir haben im vorhergehenden Kapitel auf die Wichtigkeit hingewiesen, die dieser Symbolik für das archaische Denken zukommt. Ein »Zentrum« verkörpert einen idealen Punkt, der nicht dem profanen, geometrischen, sondern dem sakralen Raum angehört und in dem sich die Verbindung zum Himmel oder zur Unterwelt zu verwirklichen vermag; anders gesagt: ein »Zentrum« ist der paradoxe Ort des Aufbrechens der Ebenen, der Punkt, an dem die sinnlich wahrnehmbare Welt transzendiert werden kann. Jedoch eben dadurch, daß man das Universum, die geschaffene Welt transzendiert, transzendiert man auch die Zeit, die Dauer, und erlangt die *stasis*, die ewige, zeitlose Gegenwart.

Der Akt der Durchbrechung des Raumes und der Akt der Durchbrechung des Zeitverlaufs gehören zusammen, und ihre Gemeinsamkeit erhellt aus einem Mythos, der sich auf die Geburt des Buddha bezieht. Im *Majjhima-Nikâya* (III, S. 123) wird erzählt: »Sowie er geboren wird, setzt der Boddhisattva seine Füße flach auf den Erdboden und schreitet, gen Norden gewandt, unter dem Schutze eines weißen Sonnenschirmes siebenmal weit aus. Er betrachtet alle ihn umgebenden Bereiche und spricht mit der Stimme eines Stieres: ›Ich bin der Höchste der Welt, ich bin der Beste der Welt, ich bin der Älteste der Welt; dies ist meine letzte Geburt; von nun an werde ich in kein neues Dasein mehr treten.‹« Dieser mythische Zug der Geburt des Buddha wird mit gewissen Varianten in der späten Literatur der Nikâya-Agama, der *Vinaya* sowie in den Lebensbeschreibungen des Buddha wiederaufgenommen.[8] Die *sapta padâni*, die sieben Schritte, die den Buddha zum Weltengipfel hinführen, fanden sogar in der Kunst und der Ikonographie des Buddhismus ihre Darstellung. Die

Symbolik der »Sieben Schritte« ist recht durchsichtig.[9] Der Ausdruck »Ich bin der Höchste der Welt« (*aggo'ham asmi lokassa*) bedeutet die *räumliche Transzendenz* des Buddha. Er hat in der Tat »den Gipfel der Welt« (*lokagge*) erreicht, indem er die sieben Stockwerke des Weltalls durchschritt, denen bekanntlich die sieben Planetenhimmel entsprechen. Doch eben damit transzendiert er auch die Zeit, denn in der indischen Kosmologie ist der Punkt, von dem aus die Schöpfung ihren Anfang nahm, der Gipfel und somit auch der »älteste« Ort. Daher ruft Buddha aus: »Ich bin der Älteste der Welt« (*jettho'ham asmi lokassa*). Denn mit der Erreichung des Weltengipfels wird Buddha *ein Zeitgenosse des Weltbeginns*. Auf magische Weise hat er die Zeit und die Schöpfung ausgelöscht; er befindet sich in jenem Zeitaugenblick, der der Kosmogonie vorausgeht. Die Nichtumkehrbarkeit der kosmischen Zeit, dieses für alle jene so schreckliche Gesetz, die in der Illusion leben, hat für Buddha keine Geltung mehr. Für ihn ist die Zeit umkehrbar, und man kann sie sogar durch Antizipation erkennen: denn der Buddha kennt nicht nur die Vergangenheit, sondern auch die Zukunft. Was wir hervorheben wollen, ist die Tatsache, daß der Buddha nicht nur die Fähigkeit erlangt, die Zeit aufzuheben, sondern sie auch rückwärts zu durchlaufen (»gegen den Strich«, *patiloman*, skr. *pratiloman*), und dies gilt auch für die buddhistischen Mönche und die Yogis: bevor sie ihr *nirvâna* oder ihr *samâdhi* erreichen, gehen sie »zurück«, was es ihnen ermöglicht, ihre früheren Existenzen zu erkennen.

Das »aufgestoßene Ei«

Neben diesem Bild der Transzendierung des Raumes und der Zeit mittels der Durchquerung der sieben kosmischen Ebenen, die den Buddha ins »Zentrum« der Welt versetzt und ihn gleichzeitig den zeitlosen Augenblick erreichen läßt, der der Weltschöpfung vorausgeht, gibt es noch ein anderes Bild, das auf glückliche Weise die Symbolik des Raumes mit jener der Zeit vereint. In einer hervorragenden Denkschrift hat Paul Mus auf folgenden Text des *Suttavibhanga* aufmerksam gemacht[10]: »So spricht der Buddha: Hat eine Henne Eier gelegt, acht oder zehn oder zwölf an der Zahl, und hat sie sich auf die Eier niedergelassen, ihnen ihre Wärme gespendet und sie ausreichend bebrütet, und zerbricht dann eines der Küken, das erste, mit der Krallenspitze oder mit dem Schnabel die Schale und findet mit Glück aus dem Ei heraus – wie wird man dann dieses Küken nennen, das älteste oder das jüngste?« – »Man wird es das älteste nennen, verehrungswürdiger Gautama, denn unter seinesgleichen ist es das älteste.« – »Ebenso, o Brahmane, verhält es sich mit jenen Wesen, die in der Unwissenheit leben und gleichsam in einem Ei eingesperrt und gefangen sind; ich aber habe sie aufgestoßen, die Schale der Unwissenheit, und allein in der Welt die selige, allumfassende Würde eines Buddha erlangt. So bin ich, o Brahmane, das älteste, das edelste unter den Wesen.«

Paul Mus spricht hier von einer »Bildersprache von trügerischer Einfachheit«. »Um sie richtig zu verstehen, muß man sich daran erinnern, daß die brahmanische Initiation als eine zweite Geburt betrachtet wurde. Der für die Eingeweihten am häufigsten gebrauchte Name war *dvija*, ›zweimal geboren‹. Doch auch Vögel, Schlangen und andere aus einem Ei geborene Tiere erhielten diesen Namen: Das Legen eines Eies wurde der ›ersten Geburt‹ gleichgesetzt, das heißt der natürlichen Geburt des Menschen. Sein Aufbrechen entsprach der übernatürlichen Geburt der Initiation. Zudem versäumen die brahmanischen Gesetzbücher nicht, den Grundsatz aufzustellen, daß der Eingeweihte gesellschaftlich höher steht und älter ist als der Nichteingeweihte, unabhängig von ihren tatsächlichen Alters- oder Verwandtschaftsbeziehungen.«[11]

Doch mehr noch. »Wie hätte man denn, auch wenn es nur als Gleichnis gemeint gewesen wäre, des Buddha übernatürliche Geburt beschreiben können als Aufstoßung jenes Eies, darin der ›Erstgeborene‹ (*jyeshta*) des Weltalls keimt – wie hätte man sie so beschreiben können, ohne daß den Zuhörern zwangsläufig das ›kosmische Ei‹ der brahmanischen Überlieferungen in den Sinn gekommen wäre, das Ei, dem am Morgen der Zeiten der Urgott der Schöpfung entsteigt; man nennt ihn bald den Goldenen Embryo (Hiranyagarbha), bald den Vater oder Lehrmeister der Schöpfer (Prajâpati), bald Agni (Feuergott oder rituelles Feuer), bald das *brahman* (Prinzip der Opfer, ›Gebet‹, Text der Hymnen usw., die vergöttlicht wurden). Wir wissen nun aber, daß das ›kosmische Ei‹ formal gleichgesetzt wurde mit dem Jahr, dem symbolischen Ausdruck der kosmischen Zeit: der *samsâra*, ein anderes Bild der zyklischen Dauer, entspricht also genau dem mythischen Ei.«[13]

Damit wird der die Zeit transzendierende Akt durch eine sowohl kosmologische wie räumliche Symbolik formuliert. Das Durchstoßen der Eischale kommt im Gleichnis des Buddha einem Durchstoßen des *samsâra*, des Rades der Existenzen, gleich, also *einer Transzendierung sowohl des kosmischen Raums wie der zyklischen Zeit*. Auch in diesem Fall verwendet der Buddha Bilder, die das gleiche aussagen wie jene, an die uns die Veden und die Upanishaden gewöhnt hatten. Die im Zenit stillstehende Sonne der *Châandogya-Upanishad* ist ein räumliches Symbol, das den paradoxen Akt des Ausbrechens aus dem Weltall mit derselben Kraft ausdrückt, wie das buddhistische Bild vom aufgestoßenen Ei es tut. Wir werden noch Gelegenheit finden, solchen archetypischen Bildern, die zur Versinnbildlichung der Transzendenz verwendet werden, zu begegnen, wenn wir einige Aspekte der yogisch-tantrischen Praktiken vorstellen.

Die Philosophie der Zeit im Buddhismus

Die Symbolik der Sieben Schritte des Buddha und des kosmischen Eies schließt die *Umkehrbarkeit der Zeit* mit ein, und wir werden auf diesen paradoxen Prozeß noch zurückkommen. Doch zuvor müssen wir die Grundlinien der vom Buddhismus, besonders vom Mahâyâna-Buddhismus erarbeiteten Philosophie der Zeit vorstellen.[14] Auch für die Buddhisten wird die Zeit durch einen kontinuierlichen Fluß (*samtâna*) verkörpert, und eben aufgrund des flüssigen Zustands der Zeit ist jede Form, die sich in der Zeit offenbart, nicht allein vergänglich, sondern ontologisch auch unwirklich. Die Denker des Mahâyâna haben ausgiebige Betrachtungen über den »Momentcharakter« der Zeit angestellt, das heißt über das In-Fluß-Sein und letztlich die Nichtwirklichkeit des gegenwärtigen Augenblicks, der sich unaufhörlich in Vergangenheit, in Nichtsein umwandelt. Stcherbatzky schreibt: »Für die buddhistische Philosophie sind das Dasein und das Nichtsein nicht etwa verschiedenartige Erscheinungsformen ein und derselben Sache, sondern *die Sache* an sich.« Dazu bemerkt Shantaraksita: »Die Natur eines jeden Seienden ist sein ihm eigentümliches Zerteiltsein in eine Fülle von Momenten des Stehens und der Zerstörung.«[15] Die Zerstörung, auf die Shantaraksita anspielt, ist nicht die empirische Zerstörung, wie wenn beispielsweise ein Gefäß zerbricht, das zu Boden fällt, sondern die jedem in der Zeit sich befindenden Seienden innewohnende und ständige »Nichtung«. Aus diesem Grunde schreibt Vasubandhu: »Da die Nichtung augenblicklich und ununterbrochen ist, gibt es keine reale Bewegung.«[16] Zwar ist die Bewegung und folglich die Zeit an sich, die Dauer, ein pragmatisches Postulat, genauso wie für den Buddhismus das individuelle Ich ein pragmatisches Postulat ist; doch als Begriff hat die Bewegung keine Entsprechung in einer äußeren Wirklichkeit, da sie »etwas« von uns selber Konstruiertes ist. Das Im-Fluß-Sein und die Augenblicklichkeit der wahrnehmbaren Welt sowie ihre unaufhörliche Vernichtung sind die Elemente der mahâyânischen Formulierung als Ausdruck für die Irrealität der zeitlichen Welt. Aus der mahâyânischen Auffassung der Zeit hat man gelegentlich geschlossen, daß für die Philosophen des Großen Fahrzeugs die Bewegung der Stetigkeit ermangelt und daß daher die

Bewegung aus einer Reihe »von Unbewegtheiten besteht« (Stcherbatzky). Doch wie Coomaraswamy mit vollem Recht feststellt[17], besteht eine Linie niemals aus einer unendlichen Reihe von Punkten, sondern stellt sich als ein Kontinuum dar. Vasubandhu selber sagt es: »Das Emporsteigen der Augenblicke ist ununterbrochen (*nirantara ksana-utpâda*). Der Terminus *samtâna*, von Stcherbatzky durch »Reihe« wiedergegeben, bedeutet etymologisch »Kontinuum«.

All dies ist nicht neu. Was die Logiker und die Metaphysiker des Großen Fahrzeugs leisteten, war nichts weiter als die zu ihren äußersten Grenzen fortentwickelte Steigerung der panindischen Auffassung, der zufolge allem in der Zeit Seienden ontologische Irrealität zukommt. Das Im-Fluß-Sein verhüllt die Irrealität. Die einzige Hoffnung und der einzige Weg zum Heil ist der Buddha, der die absolute Wirklichkeit, das *dharma*, geoffenbart und den zum *nirvâna* führenden Pfad gewiesen hat. In unermüdlicher Stetigkeit greifen die Reden des Buddha immer wieder das zentrale Thema seiner Botschaft auf: alles, was bedingt ist, ist unwirklich; doch nie vergißt er, hinzuzufügen: »Doch dies bin ich nicht« (*na me so attâ*). Denn er, der Buddha, ist dem Dhamma wesensgleich; folglich ist er »einfach, nicht zusammengesetzt« (*asamkhata*) und »außerzeitlich, ohne Zeit« (*akâliko*, wie es im *Anguttara-Nikâya* IV, 359-406, heißt). Viele Male erinnert Buddha daran, daß er »Die Äonen überschreitet« (*kappâtito ... vipumatto*), daß er »kein Mensch der Äonen« ist (*akkapiyo*), das heißt, daß er sich nicht wirklich im zyklischen Fluß der Zeit befindet, daß er die kosmische Zeit überwunden hat.[18] Für ihn, sagt der *Samyutta-Nikâya* (I, 141), »existiert weder die Vergangenheit noch die Gegenwart« (*na tassa paccha na purattham atthi*). Für den Buddha verwandelten sich sämtliche Zeiten in Gegenwart (*Visuddhi Magga*, 411): das bedeutet, daß er die Nichtumkehrbarkeit der Zeit aufgehoben hat.

Die totale, die ewige Gegenwart der Mystiker ist die Stasis, die Nichtdauer. Überträgt man sie ins Gebiet der Raumsymbolik, dann ist die Nichtdauer, die ewige Gegenwart identisch mit der Bewegungslosigkeit. Und tatsächlich verwendet der Buddhismus – wie übrigens auch der Yoga –, wenn er das Herausgelöstsein des Buddha aus der Bedingtheit, seine Befreitheit bezeichnen will, Ausdrücke die sich auf die Bewegungslosigkeit beziehen, die Stasis. »Er, dessen Gedanke feststehend ist« (*thita-citto; Dîgha-Nikâya* II, 156); »er, dessen Geist feststehend ist« (*thit'attâ*; ebd. I, 57), »feststehend, unbewegt« usw. Vergessen wir nicht, daß die erste und einfachste Definition des Yoga jene ist, mit der Pantanjali selbst seine *Yoga-Sûtra* einleitet (I, 2): *yogah cittavrttinirodhah*, das bedeutet: »Yoga ist die Aufhebung der Bewußtseinszustände.« Doch die Aufhebung ist nur der Endzweck. Der Yogin beginnt damit, seine Bewußtseinszustände, den Fluß seiner Seelen- und Verstandeskräfte »anzuhalten«, zu »immobilisieren«. (Überdies ist die gebräuchlichste Bedeutung des Wortes *nirodha* die von »Einengung, Hemmung«, die Tatsache des Einsperrens, des Verschließens usw.) Wir werden auf die Konsequenzen zurückkommen, die ein solches Anhalten, ein solches »Unbeweglich-Machen« der Bewußtseinszustände für die Zeiterfahrung der Yogin haben können.

Jener, »dessen Gedanke feststehend ist« und dem die Zeit nicht mehr etwas Fließendes ist, lebt in einer ewigen Gegenwart, im *nunc stans*. Der Augenblick des Jetzt, der gegenwärtige Moment, das *nunc*, heißt im Sanskrit *ksana*, im Pâli *khana*.[19] Mittels des *ksana*, mittels des »Augenblicks« läßt sich die Zeit messen. Nun hat aber dieser Terminus auch die Bedeutung »günstiger Augenblick«, *opportunity*, und für den Buddha kann man mittels eines solchen »günstigen Augenblicks« aus der Zeit heraustreten. Tatsächlich gibt der Buddha den Rat, man solle »den Augenblick nicht verlieren«, denn »in Klagen werden jene ausbrechen, die den Augenblick verlieren«. Er preist die Mönche glücklich, die sich »ihres Augenblickes bemächtigten« (*khano vo patiladdho*), und beklagt jene, für die »der Augenblick vorüberging« (*khanâ-*

titâ; Samyutta-Nikâya IV, 126). Das heißt: nach der Durchschreitung des langen Weges innerhalb der kosmischen Zeit, nach dem Hindurchgehen durch die zahllosen Existenzen ist die Erleuchtung ein Augenblicksgeschehen (*eka-ksana*). Die »augenblickliche Erleuchtung« (*eka-ksanâbhisambodhi*), wie die Mahâyâni-Autoren sie nennen, besagt, daß das Erfassen der Wirklichkeit *plötzlich* geschieht, wie ein *Blitz*. Und gerade jene wortgewordene Bilderwelt, die sich auf die Symbolik des Blitzes gründet, entdeckten wir schon in den Upanishadentexten. Irgendein Moment, irgendein *ksana* kann der »günstige Augenblick« werden, der paradoxe Augenblick, der die Dauer aufhebt und den buddhistischen Mönch in das *nunc stans*, in eine ewige Gegenwart entrückt. Und diese ewige Gegenwart gehört nicht mehr der Zeit, der Dauer an; sie ist qualitativ verschieden von unserer profanen »Gegenwart«, dieser prekären Gegenwart, die sich kraftlos inmitten zweier Nicht-Entitäten erhebt – der Vergangenheit und der Zukunft – und mit unserem Tod zum Stillstand kommen wird. Der »günstige Augenblick« der Erleuchtung ist zu vergleichen mit dem die Offenbarung bringenden Blitz oder mit der mystischen Ekstase, und er setzt sich, paradoxerweise, noch außerhalb der Zeit fort.

Bilder und Paradoxien

Halten wir fest, daß alle diese Bilder, mittels derer man den paradoxen Akt des »Aus-der-Zeit-Heraustretens« auszudrücken bemüht ist, gelten auch als Ausdruck für den *Übergang* von der *Unwissenheit zur Erleuchtung* (oder, mit anderen Worten, für den Übergang vom »Tod« zum »Leben«, vom Bedingten zum Unbedingten usw.). *Grosso modo* kann man diese Bilder in drei Klassen einteilen: 1. jene Bilder, die die Aufhebung der Zeit und damit die Erleuchtung durch ein *Aufbrechen der Ebenen* bezeichnen (das »aufgestoßene Ei«, der Blitz, die Sieben Schritte des Buddha usw.); 2. jene Bil-

der, die eine *unbegreifliche Situation* zum Ausdruck bringen (die Bewegungslosigkeit der Sonne im Zenit, das Aufhalten des Flusses der Bewußtseinsvorgänge, das restlose Abbrechen der Atmung in der Yogapraxis usw.) und 3. das mit ihnen in Widerspruch stehende Bild des »günstigen Augenblicks«, eines Zeitbruchstücks, das sich in einen »Augenblick der Erleuchtung« verwandelt hat.
Aber auch die beiden zuletzt genannten Klassen von Bildern enthalten den Hinweis auf ein Aufbrechen der Ebenen, denn sie erhellen den paradoxen Übergang von einem »normalen« Zustand auf der profanen Ebene (Sonnenbahn, Fluß des Bewußtseins usw.) in einen »paradoxen« Zustand (Stillstand der Sonne usw.), oder sie implizieren die Substanzverwandlung, die innerhalb des Zeitmomentes selber geschieht. (So weiß man, daß der durch ein Ritual in Gang gebrachte Übergang von der profanen Dauer in die sakrale Zeit gleichfalls durch ein »Aufbrechen der Ebenen« zustande kommt: die liturgische Zeit setzt nicht die profane Dauer fort, in die sie sich einfügt, sondern paradoxerweise jene Zeit, in der das letzte Ritual zelebriert worden war.[20])
Die Struktur dieser Bilder kann uns nicht überraschen. Jede Symbolik der Transzendenz ist paradox und auf profaner Ebene undenkbar. Das Symbol, das am häufigsten verwendet wird als Ausdruck für das Aufbrechen der Ebenen und den Vorstoß in die »andere Welt«, in die Welt des Übersinnlichen (sei es nun die der Toten oder die der Götter), ist der »schwierige Übergang«, die Schneide des Rasiermessers. »Es ist ungut, auf der scharfen Schneide des Rasiermessers zu wandeln, sagen die Dichter, um die Schwierigkeit des Weges, der zur höchsten Erkenntnis führt, auszudrücken«, versichert die *Katha-Upanishad* (III, 14). Man entsinnt sich des Textes im Evangelium Matthäus (7, 14): »Aber das Tor, das zum Leben führt, ist eng.« Das enge Tor, die Schneide des Rasiermessers, die schmale und gefährliche Brücke erschöpfen jedoch nicht den Reichtum dieser Symbolik. Andere Bilder zeigen uns eine Situation offenkundiger Ausweglosigkeit.

Der Held einer Einweihungslegende muß dorthin gehen, wo »Nacht und Tag einander begegnen«, oder ein Tor in einer Mauer finden, die keines aufweist, oder auf einem Weg zum Himmel steigen, der sich nur für einen Augenblick auftut, zwischen zwei sich ständig bewegenden Mühlsteinen hindurchgehen, zwischen zwei Felsen, die sich jeden Moment berühren, oder zwischen den Kiefern eines Ungeheuers.[21] Alle diese mythischen Bilder bringen die *Notwendigkeit* zum Ausdruck, *die Gegensätze zu überwinden, die Polarität, die den Zustand des Menschen kennzeichnet, abzuschaffen, um zur letzten Realität zu gelangen.* Wie *A. Coomaraswamy* sagt: »Wer sich von dieser Welt in die andere begeben oder von dort zurückkehren will, muß dies in dem eindimensionalen, außerzeitlichen Intervall tun, das zwei gegensätzliche Kräfte trennt, zwischen denen man immer nur einen Augenblick lang hindurch kann.«[22]

Wird für das indische Denken das Los des Menschen bestimmt durch das Vorhandensein von Gegensätzen, so deckt sich die Befreiung (die Abschaffung des menschlichen Loses) mit einem unbedingten, die Gegensätze überwindenden Zustand oder, was auf dasselbe hinausläuft, mit einem Zustand, in dem die Gegensätze zusammenfallen. Man erinnert sich, daß die *Maitri-Upanishad*, wenn sie von den sichtbaren und nicht sichtbaren Aspekten des Seins handelt, die »zwei Gestalten« des Brahman als »Zeit und Ohne-Zeit« unterscheidet. Für den Weisen spielt Brahman die Rolle des exemplarischen Vorbildes: die Befreiung ist eine »Nachahmung des Brahman«. Das heißt, daß »für den Wissenden« also »Zeit« und »Ohne-Zeit« ihre gegeneinanderstrebende Spannung verlieren: sie sind in dieser Phase nicht mehr voneinander unterschieden. Um diese paradoxe, durch die Aufhebung der »Gegensatzpaare« gewonnene Situation zu veranschaulichen, gebraucht das indische Denken, wie jedes archaische Denken, Bilder, deren Struktur selbst den Widerspruch einschließt (Bilder vom Typus: ein Tor in einer Mauer finden, die keines aufweist).

Noch deutlicher wird das Zusammenfallen der Gegensätze im Bilde vom »Augenblick« (*ksana*), der sich in einen »günstigen Augenblick« verwandelt. Allem Anschein nach gibt es *keinerlei Merkmal, um einen beliebigen Ausschnitt der profanen Zeit von dem durch die Erleuchtung errungenen außerzeitlichen Augenblick zu unterscheiden*. Um die Struktur und die Funktion eines solchen Bildes richtig zu verstehen, sollte man sich an die Dialektik des Heiligen erinnern: ein beliebiger Gegenstand wird paradoxerweise zu einer Hierophanie, zu einem Behältnis von Sakralem, und bleibt dennoch Teil seiner kosmischen Umwelt (ein *heiliger* Stein hört nicht auf, ein beliebiger *Stein* zu bleiben).[23] So betrachtet, findet sich im Bild des »günstigen Augenblicks« ein weitaus wirksamerer Ausdruck für das Paradox der *Coincidentia oppositorum*, des Zusammenfallens der Gegensätze (Typus: Stillstand der Sonne usw.).

Techniken des »Heraustretens aus der Zeit«

Die Erleuchtung innerhalb eines Augenblicks sowie der paradoxe Sprung außerhalb der Zeit werden nach lang anhaltender Übung errungen, die ebenso eine Philosophie wie eine mystische Technik in sich begreift. Wir wollen an einige Techniken erinnern, die es sich zum Ziel setzen, den Fluß der Zeit zum Stillstand zu bringen. Die verbreitetste und tatsächlich in ganz Indien ausgeübte ist die des *prânâyâma*, der Rhythmisierung des Atmens. Hier scheint uns gleich zu Beginn eine Bemerkung wichtig zu sein: obwohl das letzte Ziel der Yogapraxis in der Überwindung der menschlichen Lage besteht, beginnt sie damit, eben diese menschliche Lage wiederherzustellen und zu verbessern, indem sie ihm eine Weite und eine Würde verleiht, die den profanen Menschen unerreichbar erscheint. Wir denken dabei noch nicht gleich an den Hathayoga, dessen ausdrückliches Ziel darin besteht, eine absolute Beherrschung von Leib und Seele zu erreichen.

Denn sämtliche Formen des Yoga enthalten zu Anfang eine Umformung des profanen Menschen – dieses schwächlichen und zerstreuten, zum Sklaven seines Körpers erniedrigten, einer wahrhaftigen Geistesbemühung unfähigen Wesens – in einen Menschen, der des Ruhmes würdig ist: in einen Menschen von vollkommener physischer Gesundheit, der Herr ist über seinen Körper wie über sein seelisch-geistiges Leben, der Konzentrierung fähig und seiner selbst bewußt. Und ein solch vollkommener Mensch ist es, den der Yogi sich letztlich zu überwinden bemüht, nicht nur den profanen, den alltäglichen Menschen.

In kosmologischen Termini ausgedrückt (denn um in das indische Denken einzudringen, muß man sich immer dieses Schlüssels bedienen): ausgehend von *einem vollendeten Kosmos bemüht sich der Yogin, die kosmische Lage als solche zu überwinden* – nicht ausgehend von einem Chaos. Nun sind aber die Physiologie sowie das Seelen- und Verstandesleben des profanen Menschen einem Chaos sehr ähnlich. Die Yogapraxis beginnt damit, dieses Chaos zu organisieren, es zu »kosmisieren«. Die Rhythmisierung des Atmens, *prânâyâma*, verwandelt den Yogin nach und nach in einen Kosmos[24]: die Atmung ist nicht mehr unrhythmisch, der Gedanke nicht mehr zerstreut, der Kreislauf der psychisch-geistigen Kräfte nicht mehr anarchisch. Wenn nun der Yogin in dieser Art an seiner Atmung arbeitet, arbeitet er unmittelbar an der gelebten Zeit. Es gibt keinen Yoga-Adepten, der nicht während seiner Atemübung eine ganz andere Qualität der Zeit erfahren hätte. Man hat vergeblich versucht, diese während des *prânâyâma* gemachte Erfahrung gelebter Zeit zu beschreiben; man hat sie verglichen mit jener beseligenden Zeit, die beim Hören schöner Musik verfließt, mit der Verzückung der Liebe, mit der Heiterkeit oder mit der Erfülltheit während des Betens. Eines steht fest: während er den Atmungsrhythmus allmählich verlangsamt, Ein- und Ausatmung mehr und mehr in die Länge zieht und ein möglichst langes Intervall zwischen den beiden Atmungsmomenten

verstreichen läßt, erlebt der Yogin eine andere Zeit als unsere.[25]
Zwei Punkte scheinen uns in der Praxis des *prânâyâma* wichtig zu sein: 1. der Yogin beginnt damit, seinen Leib sowie das Leben seines Geistes und seiner Seele zu »kosmisieren«; 2. mit Hilfe des *prânâyâma* gelingt es dem Yogin, sich den verschiedenen Rhythmen der gelebten Zeit einzufügen. Patanjali empfiehlt in seiner überaus prägnanten Manier »die Kontrolle über die Augenblicke und über ihre Kontinuität« (*Yoga-Sûtra* 3, 52). Die yogisch-tantrischen Traktate späterer Zeit geben in bezug auf diese »Kontrolle« der Zeit noch mehr Einzelheiten. Beispielsweise geht der *Kâlacakra-Tantra* ziemlich weit: er bringt Ein- und Ausatmung in Beziehung zu Tag und Nacht, ferner zu den Zweiwochenperioden, zu den Monaten, zu den Jahren, und gelangt allmählich bis zu den großen kosmischen Zyklen.[26] Das heißt, daß der Yogin mit Hilfe seines eigenen Atmungsrhythmus die Große Kosmische Zeit, die periodisch wiederkehrenden Schöpfungen und Zerstörungen der Welten wiederholt und aufs neue durchlebt. Das Ziel dieser Übung ist ein doppeltes: einerseits wird der Yogin angeleitet, seine eigenen Atmungsaugenblicke mit den Rhythmen der Großen Kosmischen Zeit zu identifizieren, und damit gewahrt er die Relativität der Zeit und letzten Endes ihre Irrealität. Andererseits jedoch erringt er die Umkehrbarkeit der dahinfließenden Zeit (*sâra*), in dem Sinn, daß er nach rückwärts geht, seine früheren Existenzen wiedererlebt und, wie die Texte es nennen, die Folgen seiner früheren Taten »verbrennt«, daß er diese Taten auslöscht, um ihren karmischen Folgen zu entrinnen.
Man ahnt in einer solchen *prânâyâma*-Übung den Willen, die Rhythmen der Großen Kosmischen Zeit neu zu leben: in gewissem Sinn ist es die Erfahrung von Nârada, die wir schilderten, diesmal jedoch eine Erfahrung, die freiwillig und bewußt gemacht wird. Daß dies auf Wahrheit beruht, beweist die Gleichsetzung der beiden »mystischen Adern *ida* und *pingala* mit der Sonne und mit dem Mond.[27] Wir wissen, daß in

der mystischen Physiologie des Yoga *ida* und *pingala* die beiden Kanäle sind, durch welche die seelenbelebende Energie im Innern des menschlichen Körpers kreist. Die Gleichsetzung dieser beiden mystischen Adern mit Sonne und Mond vollendet die Operation, die wir die »Kosmisierung« des Yogin nannten. Sein mystischer Körper wird ein Mikrokosmos. Seine Einatmung entspricht dem Lauf der Sonne, das heißt dem Tag; seine Ausatmung entspricht dem Mond, das heißt der Nacht. Aus diesem Grunde mündet der Atmungsrhythmus des Yogin schließlich in vollkommener Weise in den Rhythmus der Großen kosmischen Zeit.

Und doch, diese Einmündung in die Große Kosmische Zeit hebt die Zeit als solche nicht auf; nur die Rhythmen haben sich verändert: der Yogin durchlebt eine kosmische Zeit, dennoch lebt er weiterhin in der Zeit. Doch sein letztes Ziel ist das Heraustreten aus der Zeit. Und gerade dies vollzieht sich in der Tat, wenn es dem Yogin gelingt, die beiden Energieströme, die durch *ida* und pingala kreisen, zu vereinen. Mit Hilfe eines Verfahrens, das in wenigen Worten darzulegen zu schwierig wäre, bringt der Yogin seine Atmung zum Stillstand, und indem er die beiden Ströme vereint, konzentriert er sie und zwingt sie, durch die dritte »Ader« zu kreisen, *susumna*, die Ader, die sich im »Zentrum« befindet. Nun sagt aber die *Hathayoga-Pradîpikâ*: »*Susumna* verschlingt die Zeit.« Diese paradoxe Vereinheitlichung der zwei mystischen Adern *ida* und *pingala*, der beiden polaren Ströme, entspricht der Vereinheitlichung von Sonne und Mond, das heißt Vernichtung des Weltalles, der Versöhnung der Gegensätze, was heißt, daß der Yogin sowohl das erschaffene Weltall wie die Zeit, von der es regiert wird, überwindet. Erinnern wir uns an das mythische Bild des Eies, dessen Schale vom Buddha durchstoßen wird. Dasselbe widerfährt dem Yogin, der seinen Atem »konzentriert«: er durchstößt das Gehäuse seines Mikrokosmos, er transzendiert die bedingte Welt, die in der Zeit existiert. Eine ansehnliche Zahl yogischer und tantrischer Texte spielt auf diesen nicht bedingten und außerzeitlichen Zustand an, in dem es »weder Tag noch Nacht gibt«, in dem es »weder Alter noch Krankheit mehr gibt – naive und approximative Formulierungen für das »Heraustreten aus der Zeit«. »Den Tag und die Nacht« transzendieren heißt *die Gegensätze transzendieren*; und das entspricht auf der zeitlichen Ebene dem Durchschreiten der »engen Pforte« auf der räumlichen Ebene. Diese yogisch-tantrische Erfahrung bereitet den *samâdhi* vor und beschleunigt ihn zugleich: einen Zustand, den man gewöhnlich mit »Ekstase« übersetzt, den wir jedoch eher mit »Enstase« wiedergeben möchten. Der Yogin wird am Ende ein *jivan-mukta*, ein »im Leben Befreiter«. Wir können uns seine Existenz nicht vorstellen, denn sie ist paradox. Wenn wir es glauben dürfen, dann lebt der *jivan-mukta* nicht mehr in der Zeit, in *unserer* Zeit, sondern in einer ewigen Gegenwart, im *nunc stans* (mit diesem Begriff hat Boethius die Ewigkeit definiert).

Indessen erschöpft das yogisch-tantrische Verfahren, das wir soeben andeuteten, durchaus nicht die indische Technik des »Heraustretens aus der Zeit«. Von einem bestimmten Gesichtspunkt aus ließe sich sogar sagen, daß der Yogin als solcher um die Befreiung von der Sklaverei der Zeit ringt. Jede im Yoga-Sinn vollzogene Übung der Konzentration oder der Meditation »isoliert« den Praktikanten, entreißt ihn dem Dahinfließen des seelisch-geistigen Lebens und vermindert damit den Druck der Zeit. Mehr noch: die »Zerstörung des Unbewußten«, die »Verbrennung« der vom Yogin angestrebten *vâsanâ*. »Die *vâsanâ* haben ihren Ursprung im Gedächtnis«, schreibt Vyâsa (zu *Yoga-Sûtra* IV, 9), doch es handelt sich nicht allein um das individuelle Gedächtnis, das für den Hindu sowohl die Erinnerung an die gegenwärtige Existenz als auch die karmischen Überreste der zahllosen früheren Existenzen umfaßt. Die *vâsanâ* verkörpern außerdem das gesamte kollektive Gedächtnis, das sich mittels der Sprache und der Überlieferungen fortpflanzt: in gewisser Weise sind sie identisch mit C. G. Jungs kollektivem Unbewußten.

Indem sich der Yogin bemüht, das Unbewußte zu verändern und es schließlich zu »reinigen«, zu »verbrennen« und zu »vernichten«[28], will er sich zugleich *vom Gedächtnis befreien*, das heißt *das Werk der Zeit vernichten*. Dies ist im übrigen keine Besonderheit der indischen Techniken. Bekanntlich wiederholt auch ein Mystiker von der Bedeutung eines Meister Eckart immer wieder, daß »kein Hemmnis sich der Vereinigung mit Gott mehr widersetzt als die Zeit«, daß die Zeit den Menschen daran hindert, Gott zu erkennen, usw. Und hier mag man sich daran erinnern, daß die archaischen Gesellschaften die Welt periodisch »zerstören«, um sie »neu erbauen« und folglich in einem »neuen« Weltall leben zu können, in einem Weltall ohne »Sünde«, das heißt ohne »Geschichte«, ohne Gedächtnis. In zahlreichen Fällen erstreben die periodisch wiederkehrenden Rituale gleichfalls die kollektive »Reinigung« von den »Sünden« (öffentliche Beichten, Sündenbock usw.), also letzten Endes die *Tilgung der Vergangenheit*. All dies beweist, wie uns scheint, daß es zwischen dem Menschen der archaischen Gesellschaften und dem Mystiker der großen geschichtlichen Religionen keinen Bruch gibt: der eine wie der andere kämpft mit der gleichen Kraft, wenn auch mit anderen Mitteln gegen das *Gedächtnis* und die *Zeit*.

Diese metaphysische Abwertung der Zeit und dieser Kampf gegen das »Gedächtnis« erschöpfen jedoch nicht die Haltung der indischen Geistigkeit gegenüber der Zeit und der Geschichte. Rufen wir uns die Lehre der Mythen von Indra und Nârada in Erinnerung: die Mâyâ offenbart sich im Rahmen der Zeit, doch die Mâyâ selbst ist nichts anderes als die Schöpferkraft, besonders die kosmogonische Kraft des absoluten Seins (= Shiva, Vishnu): das heißt letztlich, daß *die Große Kosmische Illusion eine Hierophanie ist*. Und diese in den Mythen durch eine Reihe von Bildern und »Geschichten« geoffenbarte Wahrheit findet eine systematischere Darlegung in den Upanishaden und bei den Philosophen der späteren Zeit: daß nämlich den letzten Grund der Dinge *sowohl die*

Mâyâ wie der absolute Geist bildet, die Illusion wie die Wirklichkeit, die Zeit wie die Ewigkeit. Gewisse Mahâyâna-Philosophen (beispielsweise Nâgârjuna) und vor allem die verschiedenen buddhistischen und tantrischen (Vajrayâna) und hinduistischen Schulen sind dadurch, daß sie alle »Gegensätze« in derselben und einzigen universellen Leere vereinigten, zu ganz ähnlichen Schlußfolgerungen gekommen. Das alles kann nicht überraschen, wenn man weiß, wie sehr es die indische Geistigkeit danach verlangt, die Gegensätze und die polaren Spannungen zu überwinden, das Wirkliche zu vereinen, das uranfängliche Eine wiederzuerlangen. Ist die Zeit, als Mâyâ, ebenfalls eine Manifestation der Gottheit, dann ist auch das Leben in ihr an sich keine »böse Tat«: *die »böse Tat« ist, zu glauben, es existiere nichts außerhalb der Zeit.* Nicht weil man in der Zeit lebt, wird man von der Zeit verschlungen, sondern deshalb, weil man an die *Realität* der Zeit glaubt und daher die Ewigkeit vergißt oder verachtet.

Diese Folgerung ist nicht ohne Bedeutung; allzuoft ist man geneigt, die indische Geistigkeit ausschließlich auf ihre radikalsten Positionen zu reduzieren, auf die in hohem Maße »spezialisierten«, die daher nur den Weisen und den Mystikern zugänglich sind, und man vergißt die in ganz Indien vorhandenen, vor allem durch die Mythen veranschaulichten Geisteshaltungen. In der Tat kommt das vom *jivan-mukta* errungene »Heraustreten aus der Zeit« einer Enstase oder einer Ekstase gleich, zu der die Mehrzahl der Menschen keinen Zugang hat. Doch auch wenn das »Heraustreten aus der Zeit« der wahre Königsweg der Befreiung bleibt (man erinnere sich der Symbole der augenblicklichen Erleuchtung), so heißt das nicht, daß alle diejenigen, die ihn nicht erreicht haben, ohne Erbarmen zur Unwissenheit und Sklaverei verdammt sind. Wie die Mythen von Indra und Nârada zeigen, genügt es, sich der ontologischen Irrealität der Zeit bewußt zu werden und die Rhythmen der Großen Kosmischen Zeit zu verwirklichen, um sich von der Illusion zu befreien.

Wir fassen zusammen: Der Inder kennt nicht nur zwei mögliche Situationen angesichts der Zeit: die des Unwissenden, der ausschließlich in der Dauer und der Illusion lebt, und die des Weisen oder des Yogin, der sich bemüht, »aus der Zeit herauszutreten«; er kennt noch eine dritte, dazwischen liegende Situation: die des Menschen, der zwar in seiner eigenen (der geschichtlichen) Zeit zu leben fortfährt, aber eine Tür offen läßt, die in die Große Zeit hinausführt und niemals das Wissen um die Irrealität der geschichtlichen Zeit aus dem Auge verliert. Diese Situation, die Indra nach seiner zweiten Offenbarung veranschaulicht, wird in der *Bhagavad-Gîtâ* ausführlich erläutert. Dargelegt ist sie vor allem in der für die Laien bestimmten geisteswissenschaftlichen Literatur sowie von den Lehrern des modernen Indien. Und es sollte unserem Interesse nicht entgehen, daß wir in dieser zuletzt genannten indischen Geisteshaltung gewissermaßen eine Fortführung des Verhaltens erkennen, das der »primitive Mensch« einnahm in bezug auf die Zeit.

KAPITEL III
DER »BINDENDE GOTT« UND DIE SYMBOLIK DER KNOTEN

Man weiß um die Rolle, die G. Dumézil dem Schrecklichen Herrscher der indoeuropäischen Mythen zuerkennt: einerseits steht er, sogar innerhalb der Funktion der Herrschaft, dem Höchsten Richter entgegen (Varuna steht dem Mitra, Jupiter der Fides entgegen); andererseits hat der Schreckliche Herrscher, im Unterschied zu den kriegerischen, stets mit militärischen Mitteln kämpfenden Göttern, gewissermaßen das Monopol über eine andere Waffe, die Magie. »Es gibt in der Sphäre des Varuna keinen Mythos eines Kampfes, obwohl Varuna der unbesiegbarste unter den Göttern ist! Seine starke Waffe ist seine *›mâyâ d'Asura‹*, seine Magie als Herrscher, die Formen und Blendwerke erschafft und ihm überdies erlaubt, die Welt zu verwalten und im Gleichgewicht zu erhalten. Meistens läßt übrigens diese Waffe die Form einer Schlinge, eines Knotens, eines Bandes oder mehrerer Bänder (*pâshâh*) erkennen, die entweder stofflich vorhanden oder bildlich dargestellt sind. Im Gegensatz dazu ist Indra der Kriegsgott, der kämpferische Gott, der den Blitz zur Hand hat, der Held zahlloser Zweikämpfe, der den Gefahren trotzt und Siege erringt, die man ihm streitig machen wollte.« Denselben Gegensatz beobachtet man im griechischen Raum: Zeus kämpft und hält beschwerlichen Kriegen stand; »Uranus dagegen kämpft nicht, es gibt nicht die geringste Spur einer kriegerischen Handlung in der von ihm kündenden Überlieferung, obwohl er doch der schrecklichste, der am wenigsten leicht zu entthronende unter den Königen ist: mit einem unfehlbaren Griff macht er seine möglichen Nebenbuhler, obwohl sie die stärksten unter allen sind, unbeweglich: er ›bindet‹ sie, er kettet sie an die Unterwelt.« In den nordischen Mythologien »ist der Gott Odin zwar der Herr und Gebieter über die Krieger in dieser wie in der anderen Welt. Doch weder in der Prosafassung der *Edda* noch in deren Gedichten kämpft er jemals in eigener Person ... Er hat eine ganze Reihe magischer ›Gaben‹, die Gabe der

Allgegenwart oder zumindest des augenblicklichen Ortswechsels, die Kunst, sich unkenntlich zu machen, die Gabe der uneingeschränkten Metamorphose und zuletzt vor allem die Fähigkeit, seine Feinde blind, taub und lahm zu machen und ihren Waffen jede Wirkungskraft zu rauben...«[1] Endlich stellen sich, in der römischen Überlieferung, den magischen Werken Jupiters, der in die Schlacht eingreift wie ein allgewaltiger Zauberer, die gewöhnlichen, rein militärischen Kampfmittel des Mars entgegen.[2] Ein Gegensatz, der sich in Indien manchmal in noch eindeutigerer Weise äußert: hier wird beispielsweise Indra, der die von Varuna »gebundenen« Opfer »entbindet«, deren Retter.[3]

Wie zu erwarten war, hat Dumézil für diese Polarität »*Binder*« – »*Entbinder*« in den konkreteren Bereichen der Riten und Bräuche den Wahrheitsbeweis angetreten. Romulus, »der durch Zaubergewalt schreckliche Tyrann, ein Bindender, der allmächtige Bande verwendet, der Begründer der wilden Luperkalien- und der besessenen Celeres-Bruderschaften«[4], ist auf der »historisierten« Ebene der römischen Mythologie das Äquivalent von Varuna, Jupiter und Uranus. Seine ganze »Geschichte« sowie die gesellschaftlichen und religiösen Einrichtungen, die er gegründet haben soll, sind erklärbar aus dem gewissermaßen in ihm fleischgewordenen Archetypus: dem »magischen Herrscher« der Indogermanen, dem Meister der »Bande«. Dumézil erinnert an einen Text des Plutarch (*Romulus*, 26), wo gesagt wird: »Immer schritten dem Romulus Männer voraus, die mit Gerten bewehrt waren. Sie vertrieben die Volksmenge, und sie waren mit Riemen gegürtet, damit sie sofort jene binden könnten, die zu binden ihnen ihr Herr befahl.«[5] Die von Romulus gestiftete magisch-religiöse Bruderschaft der Luperkalien gehört dem Stande der *Ritter* an: als Zeichen ihrer Standeswürde tragen sie einen Ring am Finger. Im Gegensatz zu ihnen darf der Amtsträger der würdigen, rechtlich verankerten, statischen Religion, der *flamen dialis*, weder ein Pferd besteigen (»*equo dialem flaminem vehi religio est*«, Aulus

Gellius X, 15) noch einen Ring tragen, ausgenommen der Ring wäre mit einer Ajour-Fassung versehen oder hohl (»*item annulo uti, nisi pervio cassoque, fas non est*«). Kommt ein Mensch in Fesseln zum Flamen Dialis, so muß man ihn befreien; seine Bande müssen durch das *impluvium* auf das Dach gebracht und von dort auf die Straße geworfen werden. Der Flamen trägt weder an der Kopfbedeckung noch am Gürtel noch anderswo einen Knoten (»*nodum in apice neque in cinctu neque in alia parte ullum habet*«). »Wird ein Mensch, der mit Ruten gestäupt werden soll, vorbeigeführt und wirft sich dieser Mensch flehend dem Flamen zu Füßen, so wäre es ein Frevel, ihn an diesem Tag zu geißeln« (Aulus Gellius, *Noctes Atticae* X, 15, Übersetzung von M. Mignon).[6]

Hier kann eine Neubearbeitung der von Dumézil erbrachten und wunderbar analysierten Tatsachensammlung nicht in Frage kommen. Unsere Absicht ist eine ganz andere: wir wollen auf einer noch breiteren Ebene des Vergleichs die Motive des »bindenden Gottes« und der Magie des »Bindens« aufspüren, indem wir versuchen, ihre Bedeutungen herauszuarbeiten und auch ihre Funktionen in anderen Religionsgruppen zu bestimmen, die nicht dem magisch-religiösen Herrschertum der Indogermanen verhaftet sind. Man wird nicht den Anspruch erheben, diese ungeheure Materie erschöpfen zu wollen, die bereits in einer Reihe von Monographien ihren Niederschlag gefunden hat.[7] Unser Bestreben ist eher methodischer Art: indem wir einerseits Nutzen ziehen aus dem reichen Tatsachenmaterial, das die Ethnologen und Religionshistoriker zusammengetragen haben, und andererseits die Ergebnisse der von Dumézil unternommenen Forschungen über das besondere Gebiet des magischen Herrschertums der Indogermanen auswerten, wollen wir uns fragen: 1. in welchem Sinn der Begriff des »bindenden Herrschers« spezifisch und charakteristisch ist für das indogermanische religiöse System; 2. welches der magisch-religiöse Gehalt all der Mythen, Riten und abergläubischen Vorstellungen ist, die um das Motiv der »Bindung« kreisen. Wir verkennen nicht die Gefahren, die ein solches Vorgehen in sich trägt, in erster Linie den von Dumézil so glänzend hervorgehobenen »Konfusionismus«.[8] Doch es geht hier weniger darum, die indogermanischen Tatsachen durch heteroklite Parallelen zu erklären, als vielmehr summarisch die Landkarte der magisch-religiösen »Komplexe« des gleichen Typus zu skizzieren und im Rahmen des Möglichen die Zusammenhänge der indogermanischen Symbolik des »Bindens« mit den ihr morphologisch nahestehenden Systemen zu verdeutlichen. Damit wäre man in der Lage, zu beurteilen, ob eine solche Gegenüberstellung für die allgemeine Religionsgeschichte, vornehmlich für die Geschichte der indogermanischen Religionen, von Interesse sein kann.

Die Symbolik des Varuna

Nach Bergaigne und Güntert hat Dumézil an die magische Gewalt des Varuna erinnert. Dieser Gott ist ein wahrer »Meister der Bande«, und viele Hymnen und Zeremonien haben kein anderes Ziel, als den Menschen vor »Varunas Schlingen« zu schützen oder aus ihnen zu befreien (beispielsweise *Rig-Veda* I, 24, 15; VI, 74, 4; VII, 65, 3; X, 85, 24 usw.) Sâyana erklärt an der Stelle, an der er den Rig-Veda-Vers I, 89, 3, erläutert, Varunas Namen mit der Tatsache, daß er »die bösen Menschen mit seinen Schlingen einhüllt, das heißt einfängt« (*vrnoti, pâpakrtah svakîyaih pâcair âvrnoti*). »Mögest du jene aus ihren Banden befreien, die gebunden sind!« (*bandhân muncâsi baddhakam; Atharva-Veda* VI, 121, 4). Varunas Schlingen kommen auch Mitra und Varuna zu, wenn von beiden zusammen die Rede ist (*Rig-Veda* VII, 65, 3: »Sie haben viele Schlingen ...« usw.) und sogar der gesamten Gruppe der Adityas (z.B. *Rig-Veda* II, 27, 16: »Eure Schlingen, die bereit sind, den Treulosen zu fangen, den Betrüger ...«). Doch vor allem ist es Varuna, der die magische Kraft besitzt, über Entfernungen hinweg die Menschen zu binden und zu entbinden.[9] Und das gilt so sehr als Wahrheit, daß man sogar seinen Namen aus dieser seiner Kraft, zu binden, erklärt hat; denn unter Verzicht auf die herkömmliche Etymologie (varvrnoti, »zudecken«, »einschließen«), die Varunas uranischen Charakter hervorhob, folgt man heute eher der Interpretation, die H. Petersson anregte und die von Güntert[10] und von Dumézil[11] anerkannt wurde, und nimmt zu einer anderen indogermanischen Sprachwurzel Zuflucht: **uer*, »binden« (Sanskrit *varatrâ*, »Riemen«, »Schnur«; lettisch *wéru, wert*, »einfädeln«, »sticken«; russisch *verenica*, »ununterbrochener Faden«).[12] Varuna wird mit einer Schnur in der Hand dargestellt[13], und in den Zeremonien wird alles, was bindet – von den Knoten angefangen – auf Varuna bezogen.[14] Diesen dem Meister des Bindens zugeschriebenen magischen Nimbus sieht Dumézil durch die Herrschereigenschaft des Varuna gerechtfertigt. »Varunas Bande sind ebenso magisch wie das Herrschertum selbst; sie sind das Symbol für jene mystischen Kräfte, die der Meister besitzt und die den Namen tragen: Gerechtigkeit, Regierung, königliche Sicherheit, Sicherheit des öffentlichen Lebens, alle ›Gewalten‹. *Danda* und *pâshâ*, Zepter und Bande, teilen sich in Indien und anderswo das Privileg, dies alles darzustellen.«[15]

Die Richtigkeit dieser Feststellung ist über jeden Zweifel erhaben. Und dennoch erschöpft die »gebieterische«, ja sogar »magisch-gebieterische« Seite nicht die komplexe Natur, die Varuna schon in den ältesten Veden-Texten aufweist. Auch wenn man ihn nicht ausschließlich den »Himmelsgöttern« zuordnen kann, besitzt er doch den typisch *uranischen* Gottheiten eigentümliche Züge. Er ist *vishva-darshata*, »überall sichtbar« (*Rig-Veda* VIII, 41, 3); er »hat die beiden Welten voneinander geschieden« (VII, 86, 1); der Wind ist sein Atem (VII, 87,2), und man verehrt Mitra und ihn als »die beiden mächtigen und erhabenen Himmelsherrscher«, die »mit den in bunter Vielfalt sich malenden Wolken erscheinen beim anhebenden Grollen des Donners und dem Himmel zu reg-

nen gebieten kraft eines göttlichen Wunders« (V, 63, 2-5), usw. Diese kosmische Struktur setzte den Varuna frühzeitig in den Stand, Merkmale des Monds[16] und des Regens zu erwerben, so daß er allmählich zu einer Ozeangottheit geworden ist.[17] Und diese kosmisch-uranische Struktur Varunas erklärt auch seine sonstigen Funktionen und Machtbereiche: beispielsweise seine Allwissenheit (*Atharva-Veda* IV, 16, 2-7) oder seine Unfehlbarkeit (*Rig-Veda* I, 35, 7f.). Er ist »tausendäugig«, *sahasrâksa*, (*Rig-Veda* VII, 34, 10), eine mythische Formel, die auf die Sterne anspielt und die – zumindest in ihrem Ursprungsstadium – nichts anderes bezeichnen konnte als eine uranische Gottheit.[18] Der Nimbus des Herrschertums ist dann noch gewachsen und hat die himmlischen Machtsphären erweitert: Varuna *sieht* und *weiß* alles, denn von seiner Sternenwohnung aus beherrscht er das Weltall; gleichzeitig *vermag* er auch alles, denn er ist Gebieter über den Kosmos und bestraft die Menschen, die das Gesetz verletzen, indem er sie »bindet« (durch Krankheit, Unvermögen). Denn er ist der Hüter der universellen Ordnung. Es besteht also bemerkenswerte Symmetrie zwischen den beiden Lagerstätten des Varuna, seinem »himmlischen Lager« und seinem »königlichen Lager«, die einander entsprechen und ergänzen: der Himmel ist transzendent und einzigartig, genau wie der Allherrscher es ist; die Tendenz zur Passivität, die bei allen höchsten Himmelsgöttern hervortritt[19], entspricht durchaus den »magischen« Machtsphären der Herrschergötter, die »handeln, ohne zu handeln«, unmittelbar wirken kraft ihrer »Geistesmacht«.
Varunas Struktur ist komplex, aber immer hat er eine Struktur, das heißt: zwischen seinen verschiedenen Seinsweisen besteht immer ein enger Zusammenhang. Ob Varuna der Allherrscher, ob er der »Uranische« ist – stets ist er der Alles-Schauende, der Allmächtige und – wenn es darauf ankommt – der kraft seiner »geistigen Macht«, seiner Magie »Bindende«. Doch darüber hinaus weist sein kosmischer Aspekt noch weitere Züge auf: wie wir sahen, ist er nicht allein ein Himmels-

gott, sondern auch ein lunarer und aquatischer Gott. In Varuna gab es, vielleicht schon in sehr früher Zeit, eine gewisse »nächtliche« Dominante, die zu betonen Bergaigne und, in jüngster Zeit, Ananda Coomaraswamy[20] nicht vergaßen. So brachte Bergaigne einen Hinweis auf den Kommentator der Stelle I, 8, 16, 1 der *Taittirîya-Samhitâ*.[21] Dieser Stelle zufolge bezeichnet Varuna: »jenen, der einhüllt wie die Dunkelheit«. Diese »nächtliche« Seite ist nicht ausschließlich im uranischen Sinn von »Nachthimmel« zu deuten, sondern in einem noch tieferen, in Wahrheit kosmologischen, ja sogar metaphysischen Sinn. Auch die Nacht *ist* Virtualität, Keim, Nichtgeoffenbartes[22], und genau diese »nächtliche« Modalität Varunas ist es, die ihn zu einem Gewässergott hat werden lassen[23] und seiner Gleichsetzung mit dem »Dämon« Vritra den Weg geebnet hat. Es ist hier nicht der Ort, das Problem »Vritra – Varuna« näher zu beleuchten; wir werden uns darauf beschränken, daran zu erinnern, daß diese beiden Wesenheiten mehr als bloß einen Charakterzug gemeinsam haben. Doch selbst wenn man die etymologische Verwandtschaft zwischen ihren beiden Namen nicht erwähnt[24], sollte man sich bewußt bleiben, daß beide zu Gewässern in Beziehung stehen, und zwar vor allem zu den »zurückgehaltenen Gewässern« (»Der große Varuna hat das Meer versteckt...«, *Rig-Veda* IX, 73, 3), und daß Vritra, so wie Varuna, manchmal *mâyin*, Magier, genannt wird (z.B. II, 11, 10).[25] In einer bestimmten Perspektive entsprechen und rechtfertigen diese verschiedenartigen Gleichsetzungen zwischen Vritra und Varuna einander, wie übrigens alle anderen Seinsformen und Funktionen des Varuna. Die Nacht (das Nichtgeoffenbarte), die Gewässer (das Potentielle, Keimende), die »Transzendenz« und das »Nichthandeln« (Merkmale der Himmels- und Herrschergötter) sind sowohl mythisch wie metaphysisch; einerseits mit allen wie immer gearteten »Banden« und andererseits mit dem Vritra eng verbunden, der die Gewässer »zurückgehalten«, »angehalten« oder »ankettet« hat.[26] Auf kosmischer Ebene ist auch Vritra ein »Bindender«. Wie alle großen Mythen ist auch der von Vritra vieldeutig, und man erschöpft seine Deutung nicht, wenn man ihm nur einen einzigen Sinn gibt. Man darf sogar behaupten, daß eine der Hauptfunktionen des Mythos darin besteht, die Ebenen des Wirklichen, die sich für das unmittelbare Bewußtsein wie für das Denken als vielfältig und verschiedenartig erweisen, zur Einheit zusammenzufassen. So bemerkt man im Vritra-Mythos neben anderen Bedeutungen auch die einer Rückkehr zum Nichtgeoffenbarten, eines »Anhaltens«, eines »Bandes«, das die Entfaltung der »Formen«, das heißt des kosmischen Lebens hemmt. Man ist ganz offenbar nicht berechtigt, den Vergleich zwischen Vritra und Varuna zu weit zu treiben. Doch läßt sich die strukturelle Verwandtschaft nicht bestreiten, die zwischen dem »Nächtlichen«, dem »Nichthandelnden«, dem »Magier« Varuna, der auf weite Entfernungen hin die Schuldigen bindet[27], und dem Vritra besteht, der die Gewässer »an die Kette legt«. Das Wirken des einen wie des anderen erfüllt sich im »Anhalten« des Lebens, in der Heranführung des Todes – im einen Fall auf individueller, im anderen auf kosmischer Ebene.

»Bindende Götter« in Altindien

Im vedischen Indien ist Varuna nicht der einzige »bindende« Gott. Im Kreis der Gottheiten, die sich dieser magischen Waffe bedienen, treffen wir Indra, Yama, Nirrti. Beispielsweise wird von Indra berichtet, daß er für Vritra ein Band (*sina*) mitgebracht habe (*Rig-Veda* II, 30, 2) und daß er ihn gebunden habe, ohne von Stricken Gebrauch zu machen (II, 13, 9). Jedoch hat Bergaigne, der auf diese Texte hinwies, die folgende Beobachtung gemacht: »Hier ist offensichtlich nur eine Nebenentwicklung jenes Mythos gegeben, dessen Sinn es ist, daß Indra wider den Dämon dessen eigene Listen in Anschlag bringt.« Denn nicht allein Vritra und Varuna haben ihre *mâyâ*, sondern auch die anderen göttlichen Wesen: so etwa Marut (*Rig-Veda* V, 53, 6), Tvashtri (X, 53, 9), Agni (I, 144, 1; usw.), Soma (IX, 73, 5 usw.) sowie selbst die Ashvins (V, 78, 6).[28] Indessen hat man es in diesen Fällen einerseits oft mit ambivalenten göttlichen Wesen zu tun, und zwar in dem Sinn, daß in ihnen (Tvashtri, Marut) ein dämonisches Element neben ihren göttlichen Elementen besteht; andererseits ist das Attribut »Magier« nicht spezifisch, da es den göttlichen Personen bloß als zusätzliches Element der Huldigung hinzugegeben wird: das Prestige des *mâyin* ist so groß, daß die Menschen ein Bedürfnis fühlen, es jeder Gottheit zuzusprechen, die sie ehren wollen. Es ist eine in der Geschichte der Religionen, besonders aber der indischen Religion, wohlbekannte Erscheinung, daß die »imperialistische« Tendenz die siegreiche religiöse Form dazu drängt, sich alle möglichen anderen göttlichen Attribute einzuverleiben und ihre Herrschaft auf die verschiedenen Bezirke des Sakralen auszudehnen. Und diese Tendenz zur Eingliederung der ihrem Gottheitsbereich wesensfremden Machtsphären und Kräfte ist in unserem Fall um so interessanter, als es sich um eine archaische religiöse Struktur handelt, nämlich um das Prestige des »Magiers«. Und derjenige, der davon am meisten profitiert hat, ist Indra. »Er hat über die *mâyin* mit Hilfe der *mâyâ* triumphiert«: das ist das Leitmotiv zahlreicher Texte.[29] Unter den »Magien« Indras nimmt seine Macht, die Gestalt zu verändern, den ersten Rang ein[30]; doch dürfte es angebracht sein, einen Unterschied zu machen zwischen seinen vielfachen besonderen Epiphanien, die als beglaubigt gelten (Stier usw.), und der unbegrenzten magischen Fähigkeit, die es einem beliebigen (göttlichen, dämonischen oder menschlichen) Wesen ermöglicht, eine beliebige Tiergestalt anzunehmen. Naturgemäß gibt es in der zwischen der Sphäre der mythisch-religiösen Epiphanie und der der Metamorphose Überschichtungen, Entlehnungen; und in einem so unbeständigen Bereich wie der vedischen Mythologie ist es nicht immer leicht zu unterscheiden, was zur einen und was zur anderen gehört. Doch eben diese Ungenauigkeit und Unbeständigkeit sind in phänomenologischer Hinsicht aufschlußreich, da sie deutlich die Tendenz der religiösen »Form« bloßlegen, sich gegenseitig zu durchdringen und aufzusaugen; und diese dialektische Perspektive kann für das Verständnis der archaischen religiösen Erscheinungen nur hilfreich sein.

Kehren wir zu Indra zurück. Er ist nicht bloß, in gewissen Fällen, ein »Magier«. Auch er »bindet«, ganz so wie Varuna und Vritra. Die Atmosphäre ist seine Schlinge, und mit dieser Schlinge umwickelt er seine Feinde (*Atharva-Veda* VIII, 8, 5-8 usw.). Der ihm bei den Iraniern entsprechende *Verethragna* bindet die Hände seiner Gegner (*Yasht*, 14, 63). Doch dies sind zweitrangige Züge, die vielleicht dadurch zu erklären sind, daß in vorgeschichtlicher Zeit die Schlinge als Waffe gebraucht wurde.[31] Es stimmt zwar, daß im archaischen Denken eine Waffe immer ein *magisches Instrument* darstellt; doch ändert dies nichts daran, daß ein im eigentlichen Sinn kriegerischer Gott wie Indra dieses magische Instrument in echten Kämpfen benutzt, während Varuna, niemals kämpfend, niemals handelnd, sich seiner »Bande« ausschließlich auf magische Weise bedient.[32]

Noch aufschlußreicher ist das Beispiel der anderen bindenden Götter, Nirrti und Yama, beide Todesgottheiten. Die Bande des Yama (*yamasya padbîsha*, *Atharva-Veda* VI, 96, 2 und VIII, 7, 28) heißen ganz allgemein »Todesbande« (*mritypâshâh*, VII, 112, 2 und VIII, 2, 2 usw.).[33] Was Nirrti angeht, so kettet er die Menschen an, die er verderben will (*Atharva-Veda* VI, 63, 1-2; *Taîttirîya-Samhitâ* V, 2, 4, 3; *Shatapatha-Brâhmana* VII, 2, 1, 15), und man betet zu den Göttern, »Nirrtis Bande« zu entfernen (*Atharva-Veda* I, 31, 2), so wie die Menschen zu Varuna flehen, er möge sie vor seinen Banden »erretten«. So wie in gewissen Fällen Agni, Soma oder Rudra angerufen werden[34], sie möchten Befreiung »aus Varunas Banden« gewähren, so soll Indra nicht allein »aus Varunas Banden«, sondern auch von der »Bindung« der Todesdämonen befreien können (z.B. *Atharva-Veda* IX, 3, 2-3), wo es darum geht, mit Indras Hilfe der Bande des Dämons *Vishva-*

vâra zu durchschneiden, usw.). Die Krankheiten sind »Schlingen«, und der Tod ist nichts anderes als das stärkste »Band«. Darin liegt die Erklärung dafür, daß bei Yama und bei Nirrti diese Attribute nicht nur wichtig, sondern wahrhaft konstitutiv sind.

Krankheit und Tod: sie sind die beiden Elemente des magisch-religiösen Komplexes der »Bindung«, die fast überall auf der Welt die größte Popularität genossen, und man müßte nachforschen, ob ihre Ausbreitung nicht geeignet wäre, einige Aspekte des uns hier beschäftigenden Problems zu erhellen. Doch bevor wir den indischen Kulturkreis verlassen, wollen wir versuchen, die wichtigsten Begriffsgruppen, die wir hier beobachtet haben, zu schematisieren:

1. Varuna, der Große Asura, bindet auf magische Art die Schuldigen, und man bittet ihn, nicht zu binden oder zu »entbinden«; 2. Vritra kettet die Gewässer an, und einige Aspekte seines Mythos entsprechen der nächtlichen lunaren, aquatischen Seite des Varuna: insofern, als diese drei Seinsweisen des großen Gottes das »Nichtgeoffenbarte« und das »Blokkierte« ausdrücken; 3. Indra befreit, wie Agni und Soma, die Menschen aus den Banden des Varuna wie aus den Ketten der Gräbergottheiten: er »zerschneidet« oder er »zerbricht« diese »Bande« ganz so, wie er im Mythos den Leib des Vritra zerschneidet, zerstückelt usw.; neben den ihm gemäßen, ja ausschließlich ihm zukommenden kriegerischen Mitteln verwendet er also auch »magische Mittel« zur Bezwingung des Magiers Vritra: auch wenn die Schlinge als eine seiner Waffen anzusehen ist, bilden die »Bande« doch keines seiner Grundzüge; 4. die Schlingen, die Schnüre, die Knoten dagegen charakterisieren die Todesgottheiten (Yama, Nirrti) sowie die Dämonen der verschiedenen Krankheiten; 5. schließlich sind die in den »volkstümlichen« vedischen Büchern wider die Bande dieser Dämonen gerichteten Zaubermittel nicht minder zahlreich als die gegen die menschlichen Feinde in Anschlag gebrachten »bindenden« Zauber.

Man sieht, daß die Dinge selbst in dieser Zusammenfassung

nicht einfach sind. Dennoch zeichnen sich bestimmte Kraftlinien ab: auf der mythischen Ebene der göttlichen Großtaten einerseits das magische Nichthandeln des Varuna und des Vritra, andererseits das Handeln des Indra; auf der menschlichen Ebene der Krankheiten und des Todes die Bedeutung der Schlingen und Knoten in den Händen der Grabgötter oder der Dämonen sowie die magische Anwendung des »Bindens« sowohl in der Volksmedizin wie in den Zauberbräuchen. So bleibt, von den Zeiten der Veden an, der Komplex des »Bindens« charakteristisch, ein Bestandteil des Reichs der magischen Herrschaft; zugleich aber überragt er es sowohl nach oben (kosmologische Ebene: Vritra) wie nach unten (Ebene der Gräber: Yama, Nirrti; Ebene der »Zauberei«). Versuchen wir nun zu ermitteln, welche neuen Farbtöne ein Vergleich mit den anderen indogermanischen Kulturen diesem Bild hinzufügen kann.

Thraker, Germanen, Kaukasier

Wahrscheinlich ist der durch Inschriften bezeugte Name des thrakischen Gottes Darzales, so wie Güntert darlegte[35], aus einem Stammwort zu erklären, das den Begriff des »Bindens« in sich schließt (av. *darəzeiti*, »binden«; *dərəz*, »Schnur, Schlinge«). Wir wissen jedoch so gut wie überhaupt nichts über diesen Gott.[36] Zweifellos gilt die gleiche Etymologie auch für den Namen des getisch-thrakischen Gottes Derzélates, der in Odessa wohlbekannt war[37], wo man die fürs Gedeihen der Ernten anberaumten *darzaleia* zelebrierte[38], und auch in Tomi durch Ringe mit der Aufschrift *Derzo* bezeugt ist[39]; ebenso gilt sie für die thrakisch-phrygische Göttin Bendis[40], für den litauischen Gott Bentis[41] sowie für den illyrischen Gott Bindus[42]. Bedauerlicherweise besitzen wir von den beiden letzteren sehr wenig; wurde vielleicht das von den Illyrern ausgeübte Menschenopfer dem Gott Bindus dargebracht?

Aufschlußreicher sind einige Rituale sowohl aus dem germanischen Raum wie im thrakisch-phrygischen und kaukasischen Gebiet. Tacitus bemerkt (*Germania*, 39), als er die alljährliche große religiöse Feier der Semnonen schildert, daß die Umstehenden nur dann daran teilnehmen durften, wenn sie sich zuvor gebunden hatten (»*nemo nisi vinculo ligatus ingreditur*«). Cloß, der diesen Ritus ausführlich erläutert und zahlreiche Parallelen zitiert hat[43], sieht in ihm ein Zeugnis der Unterwerfung gegenüber der nationalen Gottheit, während Pettazzoni ihn eher unter die Gottesurteile einreiht.[44] Wie dem auch sei, man ist berechtigt, einen Vergleich zwischen dem Ritus und den Einweihungszeremonien des Mithraskultes anzustellen, in denen die Hände des Mysten mit einer Schnur auf dem Rücken zusammengebunden waren.[45] Auch an den Eisenring könnte man hier denken, den die Chatten »gleich einer Kette« trugen, bis sie den ersten Feind getötet hatten (*Germania*, 31), ferner an den Ankettungsritus der Albaner (Strabo XI, 503) wie auch an jene Ketten, die von den Jüngern des »Weißen Georg« bei den Georgiern getragen wurden[46], an die »Bindungs«-Rituale der armenischen Könige (Tacitus, *Annales* XII, 45) sowie an gewisse noch heute geübte Gebräuche in Albanien.[47] Was bei allen diesen Riten in die Augen springt, ist die sklavische Haltung: der Gläubige zeigt sich wie ein Sklave oder ein Gefangener vor seinem Herrn. Somit konkretisiert sich die »Bindung« in einem Merkmal des Vasallentums.[48] Vielleicht hat Cloß recht, wenn er das Ritual der Semnonen dem illyrischen Einfluß zuschreibt und wenn er meint, es gehöre einer chthonisch-lunaren Kulturstufe an, deren Schwerpunkt in südlicheren Gegenden zu suchen ist.[49] Man begegnet jedoch bei den Germanen nicht nur diesem Ritual, sondern auch anderen Elementen, die sich in denselben »Bindungs«-Komplex einfügen: so erklärt beispielsweise die rituelle Tötung durch Erhängen Odins Beinamen »der Gott mit der Schnur« (*Haptagud*)[50]; desgleichen ziehen die germanischen Grabgöttinnen die Toten an einem Seil[51], und die Göttinnen des Krieges (altskandinavisch *Disir*, althochdeutsch *Idisi*) binden die Männer, deren Tod in der Schlacht sie bewirken wollen, mit Fäden.[52] Das sind Wesenszüge, die man im Bewußtsein zu behalten hat: sie erinnern an die Technik, die Yama und Nirrti anwendeten; zudem werden sie durch Tatsachen erhellt, auf die wir nun zu sprechen kommen.

Iran

Die iranischen Gegebenheiten sind von zweierlei Art: 1. einige Anspielungen auf den Dämon Astôvïdhôtush, der ebenfalls den todgeweihten Menschen bindet[53]; 2. die Taten der Kriegsgötter und der Helden Irans: so bindet beispielsweise Frêdûn den Dämon Azdahâk, den er an den Berg Dimâvand ankettet (*Dinkard* IX, 21, 103); der Gott Tishtrya bindet mit zwei oder drei Schnüren die Pairika-Zauberer (*Yasht*, 8, 55); wie wir oben sahen, fesselt Verethragna die Arme seines Feindes (*Yasht*, 14, 63); Scheftelowitz wies darauf hin, daß Ahriman in einigen Episoden des *Shah-Nameh* eine Schlinge besitzt[54], und es ist auch die Rede von den Banden des Schicksalsgottes. Daß es keinen bindenden Herrscher gibt, der die iranische Entsprechung zu Varuna bilden würde, ist nicht schwer zu erklären: ob nun – diese Vermutung ist allgemein verbreitet – der dem Varuna in Iran entsprechende Platz nur von dem höchsten Gott Ahura Mazdah eingenommen wird oder aber, wie G. Dumézil[55] meint, auch von Amesha Spenta Asha – in beiden Fällen hat man es mit Wesen zu tun, die kraft der zoroastrischen Reform gereinigt und in die Sphäre des Sittlichen erhoben worden waren; Wesen, in deren Natur die »Magie« des Varuna zu finden einfach unvorstellbar wäre. Die in Ahura Mazdah fortlebenden »Herrscher«-Elemente[56] lassen in keiner Weise mehr die Natur eines »Schrecklichen Herrschers« vermuten; und ist er manchmal ein Schicksalsgott (*Yasna* 1, 1, Pehlevi-Übersetzung), so ist dies ein Charakterzug, der bei höchsten und uranischen Gottheiten viel zu alltäglich ist, als daß sich irgendeine Schlußfolgerung daraus ableiten ließe. Doch da wir so gut wie nichts darüber wissen, wie die dem Varuna der Vedenzeit in Iran entsprechende Göttergestalt vor der zoroastrischen Reform ausgesehen haben mag, wäre es unklug und gewiß auch falsch, wenn wir folgern wollten, der »bindende« Charakter Varunas in Indien leite sich von einem außerarischen Einfluß her. Auch der griechische Uranos *bindet* seine Nebenbuhler, und wie G. Dumézil gezeigt hat[57], gibt es gute Gründe, in dem Mythos von Uranos und den Uraniden die Spuren eines bereits indoeuropäischen Schemas zu suchen. Wie dem auch sei, die in Iran bezeugten Fakten bringen bloß zwei der Motive, die wir in der gesamten Kultur Indiens aufspürten: 1. den Gott oder den Helden, der als Binder der Dämonen auftritt; 2. den Grabdämon, der den Menschen mit Fäden bindet, bevor er ihn zur Cinvat-Brücke forträgt. Vielleicht hat die zoroastrische Reform bewirkt, daß die beiden anderen wichtigen Motive des gesamtindischen Bereiches – Varunas »Magie« und die kosmologische »Bindung« – nicht mehr erscheinen.

Ethnographische Parallelen

Es wäre vergebens, irgendeine allgemeine Schlußfolgerung bezüglich der indoeuropäischen Tatsachen zu formulieren, bevor wir nicht, wie wir schon ankündigten, unsere geschichtliche und kulturelle Perspektive erweitert und den »Bindungs«-Komplex in eine umfangreichere Gruppe von artverwandten oder wesensgleichen Symbolbildungen eingebettet haben. Wir können jedoch von jetzt an einige der indoeuropäischen Gruppe »totenbindender« Götter und Dämonen parallel laufende ethnographische Phänomene hervorheben. Die dem iranischen Paar Vâyu-Astôvïdhôtush am nächsten stehende Gestalt ist keine andere als die des chinesischen Wind- und Wasserstrahlgottes, Pauhi, der mit der

Schlangengöttin Nakura in unmittelbarer Beziehung steht, was seine Zugehörigkeit zu einer chthonisch-lunaren Kulturstufe beweist.[58] Was die Schlingen des Yama, des Nirrti, des Astôvïdhôtush und der germanischen Göttinnen betrifft, so finden wir ihre genauesten Entsprechungen im pazifischen Raum. Bei den Aranda in Australien verschnüren die *tjimbarkna*-Dämonen nachts die Seelen der Menschen und töten sie, indem sie die Schnur heftig anziehen.[59] Auf den Danger-Inseln bindet der Todesgott Vaerua die Verstorbenen mit Schnüren, um sie dann ins Totenreich zu befördern.[60] Auf den Hervey-Inseln steigt die Seele des Toten am Stamm eines Wunderbaumes in die Unterwelt hinab und bemerkt bei diesem Abstieg den Faden des Gottes Akaanga, der sie erwartet und dem sie nicht zu entrinnen vermag.[61] Auf San Cristobal fischt, auf einer Klippe sitzend, der »Fisher of Soul« die Seelen.[62] Auf den Salomoninseln sind es die Verwandten des Verstorbenen, die seine Seele fischen, um sie in eine Schachtel zu legen, die irgendeine Körperreliquie birgt (Schädel, Kiefer, Zahn usw.).[63] Die Zauberer der Hervey-Inseln sind im Besitz magischer Fallen, in denen sie die Seelen jener, die sie verderben wollen, einfangen.[64] Man begegnet dem gleichen Brauch auch in anderen Kulturkreisen[65], aber es ist wichtig, anzumerken, in welch großem Ausmaß die vom Todesgott in Melanesien angewandte Methode des »Fischens« und »Verschnürens« der Seelen der mörderischen Technik der Zauberer gleicht. Diese Gemeinsamkeit zwischen den zwei Magien trägt zur Aufhellung des »Bindungs«-Problems bei.

Wir haben bereits festgestellt, daß die bei den Indoeuropäern anzutreffenden Bänder-, Knoten- und Schlingenmotive sich auf mehrere voneinander unterschiedene Gruppen verteilen: auf bestimmte Götter, Helden oder Dämonen; auf gewisse Rituale, gewisse Bräuche. Ganz anders ist das Bild, das dieses Problem im Raum der Semiten bietet: hier bilden alle die vielerlei magischen Bande eine beinahe allumfassende göttliche (und dämonische) Machtsphäre. Da gibt es Herrschergötter wie Enlil und seine Gattin Ninkhursag (= Ninlil) oder auch

Mondgötter wie En-zu (= Sin), die jene in ihren Netzen fangen, die sich des Meineids schuldig machen.[66] Aber auch Shamash, der Sonnengott, ist mit Schlingen und Schnüren bewaffnet, und auch ihn fleht man an, den zu befreien, der gebunden wurde; die Göttin Nisaba bindet die Krankheitsdämonen; auch die Dämonen selber sind im Besitz von Schlingen, vor allem die Krankheitsdämonen (man ruft den Pestdämon an, indem man zu ihm sagt: »Mit dem Faden binde die Babylonier und vernichte sie!«[67] Und zu Bêl (= Enlil) spricht man: »O Vater Bêl, du wirfst die Schlingen aus; und da ist jede Schlinge eine Feindesschlinge!«[68] Tammuz führt den Namen »Herr der Schlingen«[69], und doch ist er im Mythos selber »gebunden« und bittet, aus den Schlingen befreit zu werden.[70] Zu Marduk betet man, er möge Befreiung aus Ketten und Schlingen gewähren, denn auch er ist ein Meister im Binden. Gleich Indra gebraucht er die Schlinge und die Schnüre in der Eigenschaft eines streitbaren Gottes: auf »heldische« Art. Im *Enuma Elish*, dem Weltschöpfungsgedicht, werden zwei Arten des »Bindens« unterschieden, die an das vedische Diptychon Varuna – Indra erinnern. Ea, der Gott der Gewässer und der Weisheit, kämpft seinen Kampf mit den Ungeheuern der Urzeit Apsû und Mummu nicht als »Held«: mittels magischer Zauberformeln »bindet« er sie, um sie dann zu töten (*Enuma Elish* I, 60-74). Und nachdem der Gott Marduk von der Götterversammlung mit den Vorrechten des unumschränkten Herrschertums beschenkt worden ist (das bis zu diesem Augenblick Eigentum des Himmelsgottes Anu gewesen war, IV, 4 und 7) und nachdem er auch das Zepter, den Thron und den Königsmantel erhalten hat (IV, 29), bricht er zum Kampf mit dem Meerungeheuer Tiamat auf; und diesmal wohnen wir wirklich einem »Heldenkampf« bei. Doch bleibt Marduks Hauptwaffe das »Netz«, »Gabe seines Vaters Anu« (IV, 49).[71] Marduk »bindet« Tiamat (IV, 95), er »legt ihn an die Kette« und raubt ihm das Leben (IV, 104). Dann kettet er alle Götter und Dämonen an, die Tiamat Hilfe gewährt hatten; von ihnen sagt das Gedicht: »Sie wurden in Netze geworfen, blieben in Reusen hängen, wurden in Höhlen gedrängt« (IV, 111-114, 117, 120). Marduk erringt die Herrschermacht durch seinen Heldenkampf; doch zugleich bewahrt er die Vorrechte des magischen Herrschertums. Berücksichtigt man außerdem den magischen Wert der Schnüre, Knoten und Schlingen in der Zauberei und in der Volksmedizin (siehe unten), dann ist der allgemeine Eindruck, der sich aus unserer flüchtigen Durchforschung des mesopotamischen Raumes herausschält, der eines fast totalen Durcheinanders. Hier scheint die »Bindung« eine magisch-religiöse Machtsphäre zu bilden, der sich alle religiösen »Formen« gleich gut assimilieren. Es wäre von Interesse, wenn ein Fachmann für mesopotamische Religionen das Problem neu aufgriffe, um zu entscheiden, ob sich hinter diesem Durcheinander doch so etwas wie eine »Geschichte« ermitteln ließe.

Magie der Knoten

Betrachten wir jetzt die in der Praxis der Magie anzutreffende Morphologie der Bande und der Knoten in ihrer Gesamtheit. Wir könnten die wichtigsten Tatbestände auf zwei große Gattungen verteilen: 1. die magischen »Bande«, die gegen Feinde in Menschengestalt (im Krieg, in der Zauberei) Verwendung finden, mit der gegenteiligen Operation des »Durchschneidens der Bande«; 2. die segenbringenden Knoten und Bänder, Mittel der Verteidigung gegen wilde Tiere, Krankheiten, Verhexungen, gegen die Dämonen und den Tod. Begnügen wir uns mit einigen Beispielen. Als zur ersten Kategorie gehörig kann man die gegen Feinde gerichteten magischen Schlingen nennen (*Atharva-Veda* II, 12, 2; VI, 104; VIII, 8, 6), die Schnüre, die der Herrscher auf die Marschroute der feindlichen Heere wirft (*Kaushîtaki-Samhitâ* XVI, 6), die Schnur, die in der Nähe des Hauses eines Feindes vergraben oder in seinem Boot versteckt wird, damit es kentere[72], endlich noch

jene Knoten, die sowohl in der Magie der Antike[73] wie in den abergläubischen Praktiken unserer Gegenwart[74] alle möglichen Übel entstehen lassen. Was die »Durchschneidung der Bande« anbelangt, so findet sie sich schon im *Atharva-Veda* (z.B. VI, 14, 2ff.); und in der ethnographischen Literatur liest man häufig, daß die Menschen – als vorbeugende Maßnahme, die ein Bestandteil eben dieses Denkens ist – in gewissen kritischen Phasen (Geburt, Eheschließung, Tod) keinerlei Knoten an sich haben dürfen.[75]
In die zweite Kategorie kann man alle jene Bräuche einreihen, die den Knoten und den Banden eine Funktion der Heilung, der Verteidigung gegenüber den Dämonen oder der Sicherung der magischen Lebenskraft zuschreiben. Schon im Altertum[76] »band« man, zum Zweck der Heilung, den erkrankten Körperteil, und diese Technik ist noch in unseren Tagen in der Volksmedizin sehr gebräuchlich.[77] Noch weiter verbreitet ist der Brauch, daß man sich gegen die Krankheiten und die Dämonen mit Hilfe von Knoten, Fäden und Schnüren verteidigt[78], besonders während des Wochenbettes.[79] Nahezu überall in der Welt trägt man Knoten an der Stelle von Amuletten.[80] Es ist bezeichnend, daß man Knoten und Fäden im Vermählungsritual verwendet: sie sollen die Jungvermählten schützen[81], obwohl es doch, wie wir wissen, gerade die Knoten sind, die den Vollzug der Ehe zu verhindern drohen. *Aber diese Ambivalenz gehört zu jenen, die man in allen magisch-religiösen Anwendungen der Knoten und der Bande beobachtet.* Die Knoten erregen die Krankheit, sie vertreiben sie aber auch oder heilen den Kranken; die Fäden und die Knoten bewirken Verzauberung, schützen aber auch gegen den Zauber; sie behindern die Entbindung und erleichtern sie zugleich; sie halten die Neugeborenen am Leben, bringen ihnen aber auch Krankheit; sie lassen den Tod herankommen und halten ihn auch fern. Fassen wir zusammen: das in allen diesen magischen sowie magisch-religiösen Riten Wesentliche ist die Richtung, die man der in irgendeiner »Bindung«, in jeder »bindenden« Handlung beschlosse-

nen Kraft aufzwingt. Nun kann aber die *Richtung positiv* oder *negativ* sein, je nachdem, ob man diesen Gegensatz nun im Sinn von »segenbringend« oder »unheilbringend« oder aber im Sinn von »Verteidigung« oder »Angriff« versteht.

Magie und Religion

Gewiß führen uns alle diese Glaubensinhalte, alle diese Riten in den Bereich der *magischen* Denkart. Doch ist man aufgrund der Tatsache, daß diese Volkspraktiken der Magie unterstehen, berechtigt, die allgemeine »Bindungs«-Symbolik so zu betrachten, als wäre sie eine allein der magischen Denkart entsprungene Schöpfung? Dieser Meinung sind wir nicht. Selbst wenn die »Bindungs«-Riten und -Symbole bei den Indogermanen chthonisch-lunare Elemente enthalten und folglich starke magische Einflüsse erkennen lassen sollten – was nicht mit Sicherheit feststeht –, blieben noch andere Dokumente der Erklärung bedürftig, die nicht nur eine authentische religiöse Erfahrung, sondern darüber hinaus eine allgemeine Auffassung vom Menschen und von der Welt ausdrücken, die wahrhaft *religiös*, nicht aber magisch ist. Beispielsweise lassen sich die mesopotamischen Fakten, die wir an unserem Auge vorüberziehen ließen, nicht gänzlich in den Rahmen einer magischen Deutung einengen. Noch klarer liegen die Dinge bei den Hebräern: zwar spricht die Bibel von den »Schlingen des Todes« (z. B.: »Die Bande der Unterwelt umstrickten mich, über mich fielen die Schlingen des Todes«, 2. *Samuel*, 22, 6; vgl. *Psalm* 18, 6; »Mich umfingen die Fesseln des Todes, mich befielen die Ängste der Unterwelt, mich trafen Bedrängnis und Kummer. Da rief ich den Namen des Herrn an: ›Ach Herr, rette mein Leben!‹«, Psalm 116, 3-4). Der schreckliche Meister dieser Bande ist hier aber Jahwe selber, und die Propheten stellen ihn mit Netzen in den Händen dar, die zur Bestrafung der Schuldigen dienen: »Während sie laufen, werfe ich mein Netz über sie, ich hole sie herunter wie die Vögel des Himmels« (*Hosea* 7, 12). »Ich aber werfe mein Netz über ihn, damit er sich in meinen Schlingen fängt. Dann bringe ich ihn nach Babel...« (*Ezechiel* 12, 13; vgl. 17, 20); »Ich werfe über dich mein Netz...« (*Ezechiel* 32, 3). Und das so tiefe und so authentische religiöse Erleben Ijobs findet als Ausdruck für Gottes Allmacht das gleiche Bild: »Erkennt doch, daß Gott mich niederdrückt, da er sein Netz rings um mich warf« (Ijob 19, 6). Die ersten Christen im Land Judäa, die ebenfalls wußten, daß der Dämon es ist, der die Kranken »bindet« (z.B. *Lukas* 13, 16), sprachen dennoch auch vom Höchsten Gott als vom »Herrn der Bande«. Bei ein und demselben Volk stoßen wir somit auf eine magisch-religiöse Mehrdeutigkeit der »Bande«: Bande des Todes, der Krankheit, der Zauberei – und auch Bande Gottes.[82] »Ein Netz ist um alle Lebewesen ausgespannt«, schrieb Rabbi Aqiba (*Pirqê Abôt* 3, 20).[83] Eine glückliche Formulierung, denn sie ist nicht bloß Ausdruck für eine ausschließlich »magische« oder »religiöse« Schau des Lebens, sondern auch ein Ausdruck für die Situation des Menschen in der Welt in all ihrer Vielgestaltigkeit; um uns einer modischen Terminologie zu bedienen: sie ist ein Ausdruck für das Sein der Existenz an und für sich.

In manchen Ländern ist der »Lebensfaden« das Symbol menschlichen Schicksals. »Der Faden ihres Lebens (wörtlich: die Schnur ihres Zeltes) ist abgerissen«, ruft Ijob (4, 2; vgl. 7, 6). Achilles wird – hierin allen Sterblichen gleich – »erleiden, was ihm das Schicksal bei der Geburt zuspann mit dem Faden, als ihn die Mutter geboren« (*Ilias* 20, 128; vgl. 24, 210). Die Schicksalsgöttinnen weben den Faden des Menschenlebens: »Da werden wir ihn das Geschick erleiden lassen, das die trübseligen Spinnerinnen ihm bereiteten auf ihrer Spindel, in jener Stunde, als ihn die Mutter gebar« (*Odyssee* 7, 198, nach V. Bérard).[84] Mehr noch: das Weltall selber wird aufgefaßt als ein Gewebe, als ein ungeheures »Geflecht«. So hat beispielsweise in der indischen Philosophie die Luft (*vâyu*) das Universum »gesponnen«, indem sie, wie mit einem Faden, diese Welt, die andere Welt und alle Wesen miteinander verknüpfte (*Brhadâranyaka-Upanishad* III, 7, 2), genauso wie der Atem (*prana*) das Menschenleben »wob« (»Wer hat in ihm den Atem gewoben?« *Atharva-Veda* X, 2, 13). Daraus folgt, daß eine wahrhaft üppige Symbolik zwei wesentliche Dinge ausdrückt: zum einen, daß im Weltall genauso wie im Menschenleben alles mit allem durch ein unsichtbares Gewebe verbunden ist, und zum anderen, daß gewisse Gottheiten[85] die Herren dieser »Fäden« sind, die in letzter Instanz eine ausgedehnte kosmische »Bindung« darstellen.

Daß bei so verwickelten Problemen wie denen, die den »Ursprung« der Magie und der Religion betreffen, die Etymologie ein entscheidendes Argument liefert, ist ein seltener Fall; häufig ist sie jedoch aufschlußreich. Scheftelowitz und Güntert erinnerten daran, daß in mehreren Sprachfamilien die das »Binden« benennenden Wörter zugleich dazu dienen, die Verzauberung auszudrücken: im Turko-Tartarischen beispielsweise bezeichnet *bag, baj, boj* sowohl »Verzauberung« wie auch »Band, Schnur«[86]; das griechische καταδέω bedeutet »fest binden« und zugleich »durch einen magischen Zauber binden, wobei man einen Knoten schürzt« (Daher κατάδεσμος, »Schnur, verhexen«; *Inscr. Graec.* III, 3, S. V)[87]; das lateinische *fascinum*, »Zauber, Hexerei«, ist verwandt mit *fascia*, »Band, Verband«, und mit *fascis*, »Bündel«; ferner sind ligare, »binden«, und *ligatura*, »die Handlung des Bindens«, zugleich auch »zaubern« und »Zauber« (vgl. das rumänische *legatura*, »binden« und »verhexen«); das skythische *yukti*, das eigentlich »anspannen, binden« bedeutet, eignet sich zusätzlich die Bedeutung »magische Hilfsmittel« an, und manchmal werden die Kräfte des Yoga als eine Verzauberung durch »Bindung« aufgefaßt.[88] Alle diese Etymologien bestätigen, daß die Handlung des Bindens im wesentlichen magisch ist. Wir haben hier eine extreme »Spezialisierung« vor uns: verhexen, durch Magie binden, faszinieren usw. In etymologischer Hinsicht bezeugt auch das Wort *religio* eine

Form des »Anhaftens« an der Gottheit; es wäre jedoch unklug, wollten wir mit Güntert[89] *religio* in der Bedeutung »Zauberei« auffassen. Denn – wir sagten es bereits – die Religion enthält, genauso wie die Magie, ihrem Wesen nach ein Bindungs-Element, wenn auch offensichtlich mit verschieden starker Intensität und vor allem mit umgekehrter Richtung.

Symbolik der »Grenzsituationen«

Mehrere andere Komplexe von Symbolen charakterisieren, fast mit den gleichen Formulierungen, die Struktur des Kosmos und die »Situation« des Menschen in der Welt. Das babylonische Wort *markasu*, »Bindung, Schnur«, bezeichnet in der Mythologie das »alle Dinge zur Einheit fügende kosmische Prinzip« und zugleich »die Stütze, die Kraft und das göttliche Gesetz, die das Weltall zusammenhalten«.[90] In gleicher Art spricht – im sechsten vorchristlichen Jahrhundert – Tschuang-tse vom *tao* als von einer »die ganze Schöpfung zusammenhaltenden Kette«[91], was an die kosmologische Terminologie Indiens erinnert. Andererseits wird manchmal das Labyrinth als ein »Knoten«, den es »aufzulösen« gelte, aufgefaßt, und dieser Begriff reiht sich in eine metaphysisch-rituelle Ganzheit ein, die die Vorstellungen von Schwierigkeit, Gefahr, Tod und Einweihung enthält.[92] Auf einer anderen Ebene, der der Erkenntnis und der Weisheit, begegnet man ähnlichen Ausdrücken: da wird gesprochen von der »Befreiung« aus den Illusionen (die in Indien denselben Namen tragen wie Varunas Magie, *mâyâ*); man trachtet danach, den Schleier des Unwirklichen zu »zerreißen«, die »Knoten« des Daseins »aufzulösen«, usw. Das läßt den Eindruck aufkommen, als finde die Situation des Menschen in der Welt – welches immer die Perspektive sein mag, aus der man sie untersucht – in gewissen Schlüsselworten ihren Ausdruck, die eine Idee von »Bindung, Ankettung oder Anhaftung« usw. ent-

halten. Auf der Ebene der Magie bedient sich der Mensch der Knotenamulette, um sich der Bande der Dämonen und der Zauberer zu erwehren; auf der Ebene der Religion empfindet er sich als von Gott »gebunden«, in seiner »Schlinge« gefangen; aber auch der Tod »bindet« ihn, konkret (der Leichnam ist »verschnürt«) oder metaphorisch (die Dämonen »binden« die Seele des Verstorbenen). Mehr noch: das Leben selber ist ein »Gewebe« (manchmal ein magisches Gewebe von kosmischen Dimensionen, *mâyâ*) oder ein »Faden«, der das Leben eines jeden Sterblichen hält. Diese verschiedenen Perspektiven haben gewisse Berührungspunkte: überall ist es das letzte Ziel des Menschen, sich zu befreien aus »Banden«: der mystischen Initiation des Labyrinths, in deren Verlauf man die Entwirrung des labyrinthischen Knotens lernt, um ihn lösen zu können, wenn ihm die Seele nach dem Tod begegnet, entspricht die philosophische, metaphysische Initiation, die darauf abzielt, den Schleier der Unwissenheit zu »zerreißen« und die Seele aus den Ketten des Daseins zu befreien. Man weiß, daß das indische Denken von diesem Durst nach Befreiung beherrscht wird, und daß sich seine charakteristischste Terminologie zurückführen läßt auf polare Formeln, etwa: »angekettet – befreit«, »gebunden – entbunden«, »angeheftet – losgemacht« usw.[93] Die nämlichen Formeln haben in der griechischen Philosophie Gültigkeit: in Platons Höhle erscheinen die Menschen an Ketten gefesselt, die sie daran hindern, sich zu bewegen und den Kopf herumzudrehen (*Staat* VII, 514f.). »Die Seele geriet nach ihrem Sündenfall in Gefangenschaft, sie wurde angekettet ..., sie ist, wie man sagt, in einem Grab, in einer Höhle; doch wenn sie sich zu den Ideen umwendet, befreit sie sich aus ihren Banden ...« (Plotin, *Aeneaden* IV, 8, 4; vgl. IV, 8, 1: »Der Weg zur Vernunft ist für die Seele die Befreiung aus ihren Banden.«)
Diese Vieldeutigkeit des »Bindungs«-Komplexes – die wir soeben auf der Ebene der Kosmologie, der Magie, der Religion, der Initiation, der Metaphysik und der Heilslehre beobachteten – ist wahrscheinlich der Tatsache zu verdanken, daß

der Mensch in diesem Komplex so etwas wie einen Archetypus seiner eigenen Situation in der Welt erkennt. Damit stellt sich zunächst ein Problem der philosophischen Anthropologie, bei dem die philosophische Forschung reichen Gewinn ziehen könnte, wenn sie diese, gewisse »Grenzsituationen« des archaischen Menschen betreffende Zeugnisse nicht vernachlässigt; wenn nämlich unser zeitgenössisches Denken sich rühmt, den konkreten Menschen wiederentdeckt zu haben, so ist es doch nicht weniger wahr, daß sich seine Analysen hauptsächlich auf die Lebensweise des modernen Menschen im Westen beziehen und daß es daher an einem Mangel an Universalismus krankt, an einer Art wahrhaft eintönigen und unfruchtbaren »Provinzialismus«.

Andererseits stellt oder besser verkörpert der »Bindungs«-Komplex ein Problem, das im höchsten Maße die Religionsgeschichte interessiert. Nicht nur aufgrund der Zusammenhänge, die es zwischen Magie und Religion sichtbar macht, sondern vor allem, weil es uns etwas enthüllt, was man das Wuchern magisch-religiöser Formen und die »Physiologie« dieser Formen bezeichnen könnte: wir haben den Eindruck, als begegneten wir einem »Bindungs«-Archetypus, der sich ebenso auf den verschiedenen Ebenen des magisch-religiösen Lebens zu verwirklichen versucht (Kosmologie, Mythologie, Zauberei) wie auf den verschiedenen Stufen jeder dieser Ebenen (z. B. die große und die kleine Magie; die aggressive und die defensive Zauberei usw.). In gewissem Sinn wird man sogar sagen können: *Bemüht sich der historische oder historisierte »schreckliche Herrscher«, sein göttliches Urbild nachzuahmen, den »bindenden Gott«, so ahmt auch jeder beliebige Zauberer den schrecklichen Herrscher und sein überirdisches Vorbild nach.* Morphologisch gesehen gibt es keinen Bruch zwischen Vritra, der die Gewässer »ankettet«, und Varuna, der die Schuldigen »bindet«, den Dämonen, die die Toten in ihrem »Netz« fangen, und den Zauberern, die den Gegner magisch binden oder die Opfer anderer Zauberer losbinden. Die Struktur aller dieser Handlungen ist die gleiche. Angesichts des gegenwärtigen Standes unserer Erkenntnisse ist es schwierig zu entscheiden, ob diese Einhelligkeit aus der Nachahmung entspringt, aus *»historischen« Entlehnungen* (in dem Sinn, den die kulturhistorische Schule diesem Wort gegeben hat), oder ob sie sich aus der Tatsache erklärt, daß alle diese Handlungen *eben der Situation des Menschen in der Welt* entspringen, das heißt Varianten ein und desselben Archetypus sind, der sich nacheinander auf den vielfältigen Ebenen und in den verschiedenartigen Kulturkreisen verwirklicht. Gewißheit scheint darüber zu bestehen, daß wir zumindest im Fall bestimmter Komplexe (beispielsweise des magischen Herrschertums der Indoeuropäer) mythisch-rituelle Totalitäten vor uns haben, die *historisch* miteinander zusammenhängen. Doch die *historische* Realität des indoeuropäischen »Bindungs«-Komplexes hat nicht notwendig zur Folge, daß alle anderen Bräuche und magisch-religiösen Glaubensformen, die auf der Erde verbreitet sind und sich auf einen ähnlichen Komplex beziehen, ebenfalls »historisch« sind (das heißt ein und demselben Ahnenerbe entspringen oder sich aus mittelbaren oder unmittelbaren Einflüssen, Entlehnungen usw. herleiten). Zur Verdeutlichung unseres Gedankens wollen wir noch hinzufügen, daß der indoeuropäische Sonderfall, selbst wenn er diese Schlußfolgerung nicht notwendig einschließt, sie ebensowenig ausschließt, so daß uns die Vorsicht gebietet, die Frage offen zu lassen.

Symbolik und Geschichte

Doch zum Zweck eines Vergleiches könnten wir einen ähnlichen Sachverhalt erwähnen: den Komplex des rituellen Aufstiegs und des magischen Flugs. Wenn man auch zwischen den verschiedenen Glaubensvorstellungen und Systemen (Rituale, Mystiken usw.), die den Aufstieg als ein wesentliches Element enthalten[94], gewisse geschichtliche Beziehungen aufdecken kann (Abstammung, Entlehnungen), so reicht doch die Morphologie des Aufstiegs und der Flugsymbolik weit über diese geschichtlichen Beziehungen hinaus. Und selbst wenn es eines Tages gelänge, *die* geschichtliche Quelle, die für alle gesellschaftlichen Aufstiegsrituale und -symbolismen verantwortlich ist, zu identifizieren, und selbst wenn man danach in der Lage wäre, den Mechanismus und die Etappen ihrer Verbreitung genau zu bestimmen, bliebe noch immer die Symbolik des Aufstiegtraums und mit ihr die Symbolik jener Träumereien und ästhetischen Visionen zu erklären, die nicht allein um den Komplex des Aufstiegs und des Flugs kreisen, sondern diesen Komplex schon fertig ausgebildet darbieten, und zwar als den Träger eben der Werte, die in den Ritualen, Mythen und *philosophoumena* des Aufstiegs durchschimmern. Wir haben an anderer Stelle die Richtlinien für eine solche vergleichende Studie abgesteckt.[95] Begnügen wir uns hier mit der Folgerung, daß wir es mit nichtgeschichtlichen Ausdrucksformen einer archetypischen Symbolik zu tun haben, die sich in zusammenhängender, systematischer Art sowohl auf der Ebene des »Unbewußten« (Traum, Halluzination, Tagtraum) als auch auf der Ebene des »Überbewußten« und des Bewußten (ästhetische Vision, Rituale, Mythologie, *philosophoumena*) kundgibt. Betonen wir nebenbei, daß die Offenbarungen des Unbewußten und des Unterbewußten eine Struktur und Werte aufweisen, die genau mit denen der bewußten Offenbarungen zusammenstimmen; und so wie diese »vernünftig« sind – in dem Sinn, daß sich ihre Werte logisch rechtfertigen –, so könnte man auch von einer unter- oder überbewußten »Logik« sprechen, die gar nicht immer von der »normalen« Logik verschieden wäre (wir meinen die klassische Logik oder die des gesunden Menschenverstands). Vorläufig wollen wir also der Hypothese zustimmen, daß zumindest eine gewisse Zone des Unterbewußten von eben den Archetypen beherrscht wird, die sowohl die bewußten wie die überbewußten Erfahrungen regieren und organisieren. Wollten wir dies als Tatsache annehmen, so gewännen wir die Berechtigung, in den vielfältigen Varianten eines Symbolkomplexes (in unseren Beispielen etwa in dem des »Aufstiegs« oder der »Bindung«) eine unendliche Reihe von »Formen« zu erblicken, die auf den verschiedenen Ebenen (Traum, Mythos, Ritus, Theologie, Mystik, Metaphysik usw.) versuchen, den Archetypus zu »verwirklichen«.

Gewiß fehlt allen diesen »Formen« die Spontaneität, nicht alle hängen unmittelbar vom idealen Archetypus ab; viele von ihnen sind »historisch«, insofern sie das Ergebnis der Evolution oder der Nachahmung einer bereits bestehenden Form sind. Gewisse Varianten der Zauberei durch »Bindung« bieten einen ziemlich verwirrenden, äffischen Aspekt; man hat den Eindruck, als hätten sie, in ihrem beschränkten Rahmen, die bereits bestehenden »historischen Formen« des magischen Herrschertums oder der Gräbermythologie kopiert. Doch gilt es vorsichtig zu sein, denn es ist eine allgemeine Tatsache, daß auch die pathologischen Varianten der religiösen Komplexe eine äffische Physiognomie aufweisen. Was uns gesicherter erscheint, ist die Tendenz jeder »historischen Form«, sich so weit wie möglich ihrem Archetypus anzunähern, sogar dann, wenn sie auf einer zweitrangigen, unbedeutenden Ebene verwirklicht worden ist: und dieses Phänomen bewahrheitet sich überall in der Religionsgeschichte der Menschheit. Jede beliebige lokale Göttin hat die Tendenz, *die* Große Göttin zu werden; jedes beliebige Dorf *ist* das »Weltzentrum«; jeder beliebige Zauberer gibt sich, auf dem Höhepunkt seiner Riten, als Allgebieter aus. Und eben diese Tendenz zum Archetypus, zur Wiederherstellung der *vollkommenen Form* – von der ein Ritus, ein Mythos oder eine beliebige Gottheit oft nur sehr blasse Varianten sind – ist es, die die Religionsgeschichte möglich macht. Ohne diese Tendenz brächte die magisch-religiöse Erfahrung ununterbrochen aufblitzende und wieder hinschwindende Gestalten von Göttern, Mythen, Dogmen usw. zur Welt, und der Betrachter fände sich einem Wirbel unaufhörlich neuer Typen gegenüber, die keine Ordnung zulassen würden. Ist jedoch die religiöse Form einmal »verwirklicht«, ist sie »historisiert«, dann tendiert sie dazu, sich von ihren zeitlichen und örtlichen Bedingungen zu lösen und universell zu werden, zum Archetypus zurückzufinden. Am Ende findet sogar der »Imperialismus« der siegreichen religiösen Formen seine Erklärung in dieser Tendenz, die jede Hierophanie oder Theophanie dazu treibt, »Alles« zu werden, das heißt *für sich allein* die gesamte Offenbarung des Heiligen zu erschöpfen, sich die unermeßliche Morphologie des Heiligen einzuverleiben.[96]

Wie immer es sich mit diesen allgemeinen Auffassungen verhalten mag, wahrscheinlich bleibt doch, daß der magisch-religiöse »Bindungs«-Komplex wirklich einem Archetypus oder einer Konstellation von Archetypen entspricht (einige davon haben wir erwähnt: das Gewebe des Kosmos, den Faden des menschlichen Schicksals, das Labyrinth, die Kette des Daseins usw.). Die Ambivalenz und Heterogenität der Motive der »Bindung« und der Knoten, aber auch die der »Befreiung aus den Banden« bestätigen, wie zahlreich und verschiedenartig die Ebenen sind, auf denen diese Archetypen sich »verwirklicht« haben. Selbstverständlich soll das nicht heißen, daß man innerhalb dieser ungeheuren Masse von Tatsachen, die sich auf die betrachteten magisch-religiösen Komplexe beziehen, nicht *geschichtlich zusammenhängende* Gesamtgruppen unterscheiden könnte und als fehlte uns die Berechtigung, sie als voneinander abhängig oder einer gemeinsamen Quelle entsprungen zu betrachten. Dies haben, von verschiedenen Standpunkten ausgehend, Güntert, Dumézil und A. Cloß für das indoeuropäische Gebiet getan. Allerdings wird man Bedenken tragen, dem Forscher A. Cloß zu folgen, wenn er, ein treuer Anhänger der Wiener Kulturhistorischen Schule[97], diesen oder jenen »Bindungs«-Mythos oder -Ritus Amerikas oder Melanesiens in der Art zu erklären bestrebt ist, als verdanke dieser sein Dasein – in geschichtlich nachweisbarer Form – der gleichen Quelle, die auch die indoeuropäischen Formen ins Leben rief. Größere Wahrscheinlichkeit besitzt seine Hypothese, daß der rituelle indoeuropäische »Bindungs«-Komplex kaukasischer Herkunft sei[98]: die finnisch-ugrischen und die turko-tatarischen Völker kennen weder die Mythen noch die Riten der »Bindung«, was darauf hinzudeuten scheint, daß man den Ursprung dieses Komplexes in südlicheren Ländern zu suchen hat. Und wirklich finden sich die engsten Parallelen zu dem oben von uns erwähnten Ritus der Ketten des »Weißen Georg« in Indien: einerseits der Eisenring, den der Zauberer (Panda) bei den Gond[99] während der neun Tage des Kâlî-Dûrga-Festes um den Hals trägt (dieses Fest heißt bei den Gond *zvârâ*, ein Wort, das sich vom hinduistischen *javârâ*, »Hafer«, herleitet, was seine ursprünglich landwirtschaftliche Bedeutung beweist); andererseits die Eisenringe, die um den Hals eines weiblichen Idols sowie dem des »Proto-Shiva« liegen (gefunden in Mohenjo-Daro).[100] Freilich wäre es unklug, eine direkte Ableitung des gegenwärtigen Ritus der Gond aus der vorgeschichtlichen Induskultur anzunehmen, doch die Art, mit der W. Koppers diese beiden Gegebenheiten einander näherte, entbehrt nicht des Interesses.[101]

Noch der Erklärung bedürftig bleibt jedoch das häufige Auftreten von Bindungs- und Knotenmotiven in den archaischen Schichten der mesopotamischen Religionen. Verkörpert es vielleicht einen Seitenast, dem – im Unterschied zu dem der Indoeuropäer – die Fähigkeit gefehlt hätte, sich in einem theologischen und rituellen System zu organisieren und sich in der großen Ganzheit des religiösen Lebens durchzusetzen, einen Seitenast, der sich dann ins Unendliche verzweigt, sich in göttliches und zugleich dämonisches Prestige gewandelt hätte, einen von jeder Gottheit zu ihrem Eigentum gemacht und von jedem Zauberer benutzt worden wäre? Eines ist gewiß: allein bei den Indoeuropäern erfährt der Komplex der »Bindung« seine organische Einfügung in die Struktur des von Göttern oder von Menschen verkörperten schrecklichen Herrschertums, und nur bei den Indoeuropäern hat man es – wie insbesondere Dumézils Forschungen zeigten – mit einem *zusammenhängenden System* zu tun, das auf ritueller, mythologischer, theologischer Ebene usw. allgemeine Anwendung findet. Daß jedoch nicht einmal bei den Indoeuropäern dieses in der Auffassung des Schrecklichen Herrschers konzentrierte *System* die schöpferische Kraft der magisch-religiösen Formen und der das »Binden« betreffenden Symbolismen erschöpfte, haben die vorangegangenen Seiten zu zeigen versucht, und wir versuchten sogar, eine Erklärung dafür auf der Ebene der Magie, der Mythologie und der Religion selbst zu finden: zu verdanken wäre dieses Phänomen entweder der Situation des Menschen in der Welt selbst (spontaner »Ursprung«) oder einer mehr oder minder sklavischen Nachahmung bereits bestehender Formen (historische »Entstehung«). Welche Erklärung man auch bevorzugt, die Komplexität der indoeuropäischen Auffassung des Schrecklichen Herrschergottes ist heute Gewißheit. Man beginnt bereits, ihre Vorgeschichte zu ahnen, man ist darauf vorbereitet, eventuelle Entlehnungen aus fremden religiösen Traditionen darin zu erkennen. Vielleicht wäre es unangemessen, diese Auffassung als eine ausschließlich magische zu definieren, obwohl ihre Struktur eine derartige Charakterisierung oft nahelegt: einerseits betonten wir speziell für Indien die kosmogonischen und metaphysischen Werte der von Vritra und Varuna ausgeübten »Bindung«; andererseits beweisen die vom gleichen Komplex verursachten religiösen Erfahrungen bei den Hebräern, daß auch ein sehr reines und sehr tiefes religiöses Leben seine Nahrung in den »Schlingen« eines Gottes finden kann, der in seiner Erscheinung schrecklich und »bindend« ist.

KAPITEL IV
DIE SYMBOLIK DER MUSCHELN

Die Austern, die Seemuscheln, die Schnecke und die Perle sind für die Lehre, daß die Welt aus dem Wasser entstehe, wie auch für die geschlechtliche Symbolik, gleichsam typenbildende Muster. Sie alle haben teil an den in Gewässern, im Mond und in der Frau konzentrierten heiligen Kräften; sie sind ferner, aus verschiedenen Gründen, Sinnbilder für diese Mächte: Ähnlichkeit zwischen der Seemuschel und den weiblichen Genitalien, Beziehungen, die Austern, Gewässer und Mond miteinander verbinden, zuletzt die gynäkologische und embryologische Symbolik der Perle, die sich in der Auster bildet. Der Glaube an die magischen Kräfte der Austern und Muscheln ist überall auf der Erde zu finden, von der Prähistorie angefangen bis in die Gegenwart.[1] Die am Ursprung solcher Anschauungen stehende Symbolik gehört aller Wahrscheinlichkeit nach einer tiefen Schicht des archaischen Denkens an. Sie erfuhr jedoch verschiedene »Aktualisierungen« und Auslegungen: man stößt auf das Vorkommen von Austern und Muscheln in den Riten des Ackerbaues, der Eheschließungen oder der Bestattungen, im schmückenden Zierat der Kleider oder in gewissen dekorativen Motiven, häufig selbst dann noch, wenn ihre magisch-religiösen Bedeutungen schon zum großen Teil verlorengingen oder der Entartung verfielen. Bei gewissen Völkern geben die Muscheln auch noch dann, wenn ihr magischer Wert nicht einmal mehr eine Erinnerung ist, weiterhin ein Dekorationsmotiv ab. Die Perle, einst ein Symbol der zeugenden Kraft oder Sinnbild einer transzendentalen Wirklichkeit, hat im Abendland bloß noch den Wert eines »Edelsteins« bewahrt. Die ununterbrochene Abwertung der Symbolik wird am Ende unserer Darlegung noch eindeutiger hervortreten.

Die ikonographische Einheit »Gewässer–Austern« ist in reicher Fülle für das vorkolumbianische Amerika bezeugt. Das »Tula-Relief« auf Malinche Hill stellt eine Gottheit dar, umgeben von Gewässern, in denen Austern in Spiralen und

Doppelkreisen schwimmen.[2] Den Vorrang im *Codex Nuttall* behauptet eine aus »Wasser, Fisch, Krabbe, Schlange und Auster« zusammengesetzte Bildergruppe.[3] Der *Codex Dresdensis* veranschaulicht das Wasser einmal, wie es Austernschalen in seiner Strömung mitführt, dann wieder, wie es Gefäße füllt, die aus zusammengeringelten Schlangen gebildet sind.[4] Der mexikanische Sturmgott trug eine Goldkette, an der kleine Seemuscheln hingen[5]; dem Mondgott war als Symbol eine große Seeschnecke zugeeignet.[6]
Im alten China ist die Symbolik der Auster noch besser bewahrt: hier nehmen die Muscheln teil an der Heiligkeit des Mondes, während sie gleichzeitig die aquatischen Kräfte ausdehnen. In dem aus dem dritten vorchristlichen Jahrhundert stammenden Traktat *Lû shï ch'un ts'iu* können wir den Ausspruch finden: »Der Mond ist die Wurzel all dessen, was *yin* ist; bei Vollmond sind die Austern *pang* und *ko* voll, und alle *yin*-Dinge sind im Überfluß vorhanden. Verfinstert sich der Mond (in der letzten Nacht seines Zyklus), dann sind die Austern leer, und alle *yin*-Dinge verflüchtigen sich.«[7] Im fünften vorchristlichen Jahrhundert bemerkt *Mo-tsï* zuerst, die Perlenauster *pang* werde geboren ohne Mitwirkung eines männlichen Elementes, und fügt dann hinzu: »Vermag somit *pang* eine Perle hervorzubringen als ihre Frucht, so liegt das daran, daß sie ihre gesamte *yin*-Kraft konzentriert.«[8] Im zweiten vorchristlichen Jahrhundert schreibt *Liu Ngan*: »Der Mond ist der Stamm des *yin*. Aus diesem Grunde schrumpfen die Gehirne der Fische, wenn der Mond leer ist, und entbehren die einschaligen Spiralmuscheln der fleischlichen Teile, wenn der Mond tot ist.« In einem anderen Kapitel bemerkt derselbe Verfasser ergänzend: »Die zweischaligen Muscheln, Krabben, Perlen und Schildkröten wachsen und schwinden mit dem Mond.«[9]
Das *yin* verkörpert unter anderem die weibliche, lunare, »feuchte«, kosmische Energie. Daher wirkt, in einer abgegrenzten Sphäre, ein Übermaß des aktiven *yin* erregend auf den Geschlechtstrieb der Frau und führt dazu, daß »die

unzüchtigen Frauen die Männer verderben«.[10] In der Tat besteht zwischen den beiden Prinzipien *yin* und *yang* und der menschlichen Gesellschaft eine mystische Entsprechung. Der Prunkwagen des Kaisers war mit Jade geschmückt (einem reich mit *yang* erfüllten Mineral), der Wagen der Kaiserin jedoch mit Pfauenfedern und Muscheln, Symbolen des *yin*. Sofern der Kreislauf der beiden einander entgegengesetzten und ergänzenden Prinzipien störungsfrei abläuft, bewegen sich auch die Rhythmen des kosmischen Lebens auf ihrer normalen Bahn. *Sün-tsï* schreibt: »Findet sich Jade im Gebirge, dann tragen die Bäume des Gebirges Frucht; bringen die tiefen Wasser Perlen hervor, dann wird der Pflanzenwuchs der Flußufer nicht verdorren.«[11] Wir werden im weiteren Verlauf unserer Darlegung die gleiche symbolische Polarität Jade–Perle in den chinesischen Begräbnisbräuchen auftreten sehen.

Ähnliche, den Einfluß der Mondphasen auf die Austern betreffende Ideen kannte auch das klassische Altertum. *Luna alit ostrea et implet echinos, muribus fibras et jecur addit* (»Der Mond nährt die Austern, er gibt den Seeigeln Fülle, er schenkt den Miesmuscheln Kraft und Lebenstüchtigkeit«), so lautet ein Wort des Lucilius. Plinius (*Naturalis historia* II, 41, 3) und Aulus Gellius (*Noctes Atticae* XX, 8) sowie mehrere andere Autoren behaupteten, sie hätten ähnliche Erscheinungen beobachtet. Diese parawissenschaftliche Überlieferung, ein ererbtes Überbleibsel einer alten Symbolik, deren lebendiger Sinn schon nicht mehr verstanden wurde, sollte in Europa bis ins achtzehnte Jahrhundert fortdauern.[12]

Symbolik der Fruchtbarkeit

Mehr noch als ihr aquatischer Ursprung und ihre Mondessymbolik trug aller Wahrscheinlichkeit nach die Ähnlichkeit der Austern und Muscheln mit der Vulva zu der weiten Verbreitung des Glaubens an ihre magische Kraft bei.[13] Diese

Ähnlichkeit prägt sich manchmal sogar in den Namen aus, die gewisse zweischalige Mollusken benennen. Davon zeugt etwa das altdänische Wort für Auster, *kudefisk* (*kude* = Vulva).[14] Desgleichen ist die Identifizierung der Muschel mit dem weiblichen Organ in Japan nachgewiesen.[15] Die Seemuscheln und Austern haben auf diese Art teil an den magischen Kräften der Gebärmutter. In ihnen vergegenwärtigen und betätigen sich die schöpferischen Kräfte, die aus jedem Symbol des weiblichen Prinzips wie aus einer nie versiegenden Quelle hervorströmen. Ebenso durchdringen Austern, Seemuscheln und Perlen, von der Frau als Amulette auf der Körperhaut getragen, die Trägerin mit einer die Fruchtbarkeit fördernden Energie und bewahren sie gleichzeitig vor schädlichen Gewalten und bösem Geschick. Die Frauen der Akamba legen mit Austernschalen verzierte Gürtel an, die sie nach der Geburt ihres ersten Kindes wieder ablegen.[16] Anderswo sind die Austern das passendste Hochzeitsgeschenk. In Südindien tragen die jungen Mädchen Seemuschelnhalsbänder[17], und die hinduistische Heilkunde von heute verwendet Perlenpulver aufgrund seiner kräftebelebenden und aphrodisischen Eigenschaften[18]: eine zusätzliche »wissenschaftliche«, auf konkreter, unmittelbarer Ebene liegende Anwendung einer archaischen Symbolik, die man nur noch zur Hälfte begreift.

Die kosmologische Funktion und der magische Wert der Perle waren seit der Zeit der Veden bekannt. Ein Hymnus des *Atharva-Veda* (IV, 10) preist sie mit den Worten: »Aus dem Wind, aus der Luft, aus dem Blitz, aus dem Lichte geboren, möge uns die Perle, des Goldes Kind, ein Schutz sein vor der Furcht! Mit der vom Ozean geborenen Muschel, diesem ersten aller leuchtenden Dinge, töten wir die Dämonen (*raksas*) und siegen wir über die gierigen Dämonen! Mit der Muschel siegen wir über Krankheit und Armut ... Die Muschel ist unser allezeit wirkendes Heilmittel; vor der Furcht beschützt uns die Perle. Geboren aus dem Himmel, geboren aus dem Meer, von Sindhu zu uns gebracht, ist die

Muschel, aus dem Gold geboren, für uns der Edelstein (*mani*), der das Leben verlängert. Aus dem Meer geborenes Kleinod, aus der Wolke geborene Sonne, möge sie uns allerorten schützen vor den Pfeilen der Götter und der Asuras. Du bist eine der Gestalten des Goldes (›Perle‹ ist einer der Namen des Goldes), du bist aus dem Mond (*Sôma*) geboren, du schmückst den Wagen, du gleißest am Köcher. Verlängere unser Leben! Das Knochengerüst der Götter ist zur Perle geworden; es erfüllt sich mit Leben und regt sich in der Tiefe der Wasser. Ich halte dich fest um des Lebens, um der Kraft, um der Stärke, um des langen Lebens willen, des Lebens, das hundert Herbste währe. Möge die Perle dich schützen!«

Die chinesische Heilkunde hält die Perle infolge ihrer fruchtbar machenden und gynäkologischen Kräfte für ein hervorragendes Medikament.[19] Einem japanischen Glauben zufolge leisten gewisse Miesmuscheln bei der Geburt hilfreichen Dienst; daher ihr Name »Muscheln der leichten Entbindung«.[20] In China wird der Rat erteilt, man möge den Schwangeren keinesfalls eine bestimmte Auster, deren Spezialität es sei, die Niederkunft zu beschleunigen, zu essen geben.[21] Da die Austern einzig und allein das Prinzip *yin* in sich tragen, sind sie der Entbindung hilfreich und treiben sie manchmal vorwärts. Übrigens wurde die Ähnlichkeit der im Inneren der Auster reifenden Perle mit dem Fötus von den chinesischen Schriftstellern besonders betont. Im *Pei Ya* (11. Jahrhundert) wird von der Auster *pang* gesagt: »Schwanger von der Perle, gleicht sie der die Frucht im Schoß tragenden Frau; daher heißt *pang* »Bauch der Perle«.[22]

Bei den Griechen war die Perle das Sinnbild der Liebe und der Vermählung.[23] Überdies standen die Muscheln seit der vorhellenischen Zeit in enger Beziehung zu den Großen Göttinnen.[24] Muscheltiere weihte man der Aphrodite auf Zypern, wo die Göttin nach ihrer Geburt aus dem Meeresschaum herausgeleitet worden war (*Plinius, Naturalis historia* IX, 30; XXXII, 5). Der Mythos der Geburt Aphrodites aus einer Seemuschel besaß wahrscheinlich in der Mittelmeerwelt weite Verbreitung. Plautus, der einen Vers des Diphilos übertrug, wußte um diese Überlieferung: *Te ex concha natam esse autumant.*[25] In Syrien trug die Göttin den Namen »Perlendame«; in Antiochia hieß sie Margaritô.[26] Überdies ist die Verbindung Aphrodite–Muscheln durch zahlreiche in Muschelschalen geritzte Gravierungen bestätigt.[27] Unzweifelhaft vertraut war den Griechen auch die Gleichsetzung der Seemuschel mit dem weiblichen Genital. Die Geburt der Aphrodite aus einer Muschel veranschaulichte die mystische Verbindung, die zwischen der Person der Göttin und ihrem Prinzip bestand. Eben diese Symbolik der Geburt und Regeneration inspirierte die rituelle Funktion der Muscheln.[28] Dank ihrer schöpferischen Kraft – als Sinnbilder der universellen Gebärmutter – halten die Muscheln ihren Platz in den Bestattungsriten. Eine solche Symbolik der Neubelebung verschwindet nicht so leicht: die Muscheln, die auf vielen römischen Grabdenkmälern die Auferstehung symbolisieren, werden auch von der christlichen Kunst übernommen.[29] Übrigens wird die Tote oft der Venus gleichgesetzt: auf dem Sarg ist sie mit nackter Brust und einer Taube zu ihren Füßen dargestellt[30]; durch diese Gleichsetzung mit dem Archetypus des unaufhörlich sich erneuernden Lebens gewährleistet die Tote ihre Auferstehung.

Allenthalben erscheinen Seemuscheln, Perlen und Schnecken im Reigen der die Liebe und die Eheschließung bezeichnenden Sinnbilder. Mit Muscheln geschmückt ist die Statue des Kâmadeva.[31] In Indien wird die Hochzeitszeremonie dadurch angekündigt, daß man in eine große Muschel bläst.[32] Im übrigen ist ebendiese Muschel (*Turbinella pyrum*) eines der hauptsächlichen Symbole des Vishnu. Ein Gebet, das ihre religiösen Wertigkeiten vor Augen führt, lautet: »Am Mund dieser Muschel ist der Mondgott, an ihrer Flanke Varuna; auf ihrem Rücken Prajâpati, ihr zu Häupten sind der Ganges, der Sarasvatî und alle die anderen heiligen Flüsse der drei Welten, in denen man, dem Befehl des Vâsudeva folgend, Waschungen vornimmt. In dieser Muschel lebt der Herr der Brahmanen. Laßt auch uns diese heilige Muschel anbeten: Ruhm sei dir, heilige Muschel, sei gesegnet unter allen Göttern, du aus dem Meer geborene, du, die du umfaßt wirst von Vishnus Hand! Wir beten die heilige Muschel an, wir meditieren über sie. Begeistern wir uns in der Freude!«[33]

Bei den Azteken versinnbildlichte die Schnecke gewöhnlich die Empfängnis, die Schwangerschaft und die Entbindung.[34] Auf die Tafel XXVI des *Codex Vaticanus* sich beziehend, übersetzt Kingsborough die Erklärung, die von den autochthonen Bewohnern für die Verbindung zwischen der Molluske (*sea-snail*) und der Entbindung gegeben wird, wie folgt: »So wie dieses Seetier aus seiner Muschelschale herauswächst, so wird auch der Mensch aus seiner Mutter Schoß geboren.«[35] Dieselbe auf die Ureinwohner zurückzuführende Deutung wird der Tafel XI des *Codex Telleriano-Remensis* gegeben.[36]

Rituelle Funktionen der Muscheln

Nach alledem mag man sich mit Leichtigkeit das Auftreten von Seemuscheln, Austern und Perlen bei so manchen religiösen Riten, bei Zeremonien des Ackerbaus wie der Einweihung, aus der gleichen Symbolik erklären. Den die Fruchtbarkeit und die Entbindung begünstigenden Austern und Perlen eignet auch ein fördernder Einfluß auf die Ernten. Die durch ein Fruchtbarkeitssymbol bezeichnete Kraft manifestiert sich auf allen kosmischen Ebenen.

In Indien blies man während der in den Tempeln stattfindenden Zeremonien auf der Hohlmuschel, jedoch auch anläßlich der Zeremonien des Ackerbaus, der Vermählungen und der Begräbnisse.[37] In Siam blasen die Priester zu Beginn der Aussaat auf der Muschel.[38] Wenn an der Küste von Malabar die ersten Früchte gesammelt werden, tritt der Priester aus dem Tempel, und ihm schreitet ein auf der Muschel blasender Mann voran.[39] Die gleiche rituelle Funktion der Muschel fin-

den wir bei den Azteken: einige Schriftrollen stellen den Gott der Blumen und der Nahrung dar, der inmitten einer Prozession getragen wird, wobei ihm ein auf der Muschel blasender Priester voranschreitet.[40]
Wir sahen bereits, mit welcher Genauigkeit die Seemuscheln und Austern die Symbolik der Geburt und der Wiedergeburt zum Ausdruck bringen. Die Einweihungszeremonien enthalten einen rituellen Tod und eine rituelle Auferstehung; die Muschel kann den Akt der geistigen Wiedergeburt (Auferstehung) ebenso wirksam bedeuten, wie sie die fleischliche Geburt verbürgt und erleichtert. Daher der bei bestimmten Algonkin-Stämmen geübte Ritus, den Neophyten im Verlauf der Einweihungszeremonie mit einer Muschel zu schlagen und ihm gleichzeitig eine vor Augen zu halten, während man ihm die Mythen der Weltschöpfung und die Stammesüberlieferungen erzählt.[41] Übrigens nehmen die Muscheln im religiösen Leben wie in den magischen Praktiken zahlreicher Stämme Amerikas einen hohen Rang ein.[42] Bei den Einweihungszeremonien der »Gesellschaft der Großen Medizin« der Ojibwa sowie beim »Medizin-Ritus« der Winnebago treten die Muscheln als unerläßliches Element auf: das rituelle Sterben und Wiederauferstehen des Neophyten wird durch das Berühren magischer Muscheln herbeigeführt, die in Behältern aus Fischotterhaut aufbewahrt werden.[43]
Die gleichen mystischen Bande, die die Muscheln mit den Einweihungszeremonien und, allgemeiner, mit den verschiedenen religiösen Riten verknüpfen, sind auch in Indonesien, in Melanesien, in Ozeanien zu finden.[44] Im Gebiet von Togo sind die Ortseingänge mit Idolen verziert, deren Augen aus Muscheln bestehen und vor denen man Opfergaben aus Muscheln anhäuft.[45] Anderswo bringt man den Ufern, Flüssen, Bäumen Muschelgaben als Opfer dar.[46] Ebenso liefern die magisch-religiösen Kräfte der Muscheln die Erklärung dafür, daß sie bei der Ausübung der Rechtspflege vorkommen.[47] Wie in der chinesischen Gesellschaft verbürgt auch in den »primitiven« Gesellschaften das eines der kosmischen

Prinzipien verkörpernde Symbol die gerechte Anwendung des Gesetzes: als Symbol des kosmischen Lebens hat die Muschel die Macht, jede Übertretung der Norm, jedes gegen die Rhythmen und folglich gegen die Ordnung der Gesellschaft gerichtete Verbrechen aufzudecken.
Infolge ihrer Ähnlichkeit mit der Vulva gelten die Seemuschel und viele andere Muschelarten als Schutz vor jeder Magie, der *jettatura* oder dem *mal'occhio*. Muschelhalsbänder, mit Seemuscheln verzierte Armbänder und Amulette, ja sogar bloße Abbildungen der Muschel, schützen Frauen, Kinder und Vieh vor bösem Geschick, vor Krankheit, Unfruchtbarkeit usw.[48] Die gleiche Symbolik – der Gleichsetzung mit der Quelle des universellen Lebens – bildet den Nährstoff für die vielfältige Wirkungskraft der Muschel, mag es nun um Konsolidierung der Normen des kosmischen oder des sozialen Lebens gehen, um die Steigerung eines Zustandes von Wohlbefinden und Fruchtbarkeit, um die Sicherung einer leichten Niederkunft der Gebärenden oder um die geistige »Wiedergeburt« eines Neophyten im Lauf einer Einweihungszeremonie.

Die Rolle der Muscheln in den Bestattungsbräuchen

Wir erinnern uns, daß die sexuelle und gynäkologische Symbolik der Seemuscheln und Austern eine geistige Bedeutung in sich schließt: die mittels der Einweihung vollbrachte »zweite Geburt« verdankt ihre Möglichkeit eben jener unversiegbaren Quelle, die das kosmische Leben erhält. Ihr entspringt auch die den Muscheln und Perlen bei den Bestattungsbräuchen zukommende Aufgabe; der Abgeschiedene trennt sich nicht von der kosmischen Kraft, die sein Leben nährte und beherrschte. So kann man in den Gräbern Chinas auf Jade stoßen: Jade – durchdrungen von *yang*, dem männlichen, sonnenhaften, »trockenen« Prinzip – widersetzt sich schon infolge seiner natürlichen Beschaffenheit der Auflösung. »Verschließt man mit Gold und Jade die neun Öffnungen des Leichnams, so bleibt er vor der Verwesung geschützt«, schreibt der Alchimist Ko Hung.[49] Auch findet man in dem Traktat *T'ao Hung-Ching* aus dem 15. Jahrhundert folgende genauen Angaben: »Wenn ein altes Grab geöffnet wird und der Leichnam in seinem Inneren lebendig zu sein scheint, dann wisset, daß im Innern und außerhalb seines Körpers große Mengen von Gold und Jade vorhanden sind. Getreu den Gesetzen der Han-Dynastie wurden die Prinzen und die Vornehmen mit ihren perlengeschmückten Gewändern und mit Jadebehältern, die zum Schutz des Körpers vor der Zersetzung dienen sollten, begraben.«[50] Jüngste Ausgrabungen bestätigen Ko Hungs Aussage über Jade, der »die neun Öffnungen des Leichnams verschließt«, eine Behauptung, die mehr als einem Autor bedenklich erschienen war.[51]

Jade und Muscheln wetteifern miteinander, ein erfreuliches Schicksal im Jenseits zu gewähren; bewahrt Jade den Körper vor der Zersetzung, so bereiten Perlen und Muscheln dem Abgeschiedenen eine neue Geburt. *Li Ki* zufolge schmückten den Sarg »fünf Reihen kostbarer Muscheln« sowie »Jadeplatten«.[52] Neben der Auster *pei* verwendete der chinesische Grabkult noch die größte und edelste unter den Miesmuscheln, *shen*. Miesmuscheln und zweischalige Muscheln wurden in die Tiefe des Sarges gelegt.[53] Cheng Hüan gibt folgende Erläuterung für diesen Brauch: »Bevor man den Sarg hinabläßt, muß man den Boden des Grabes mit *shen* auskleiden, um die Feuchtigkeit fernzuhalten.«[54] Man steckte Perlen in den Mund des Toten, und das für die Herrscher der Han-Dynastie gebräuchliche Begräbnisritual präzisiert: »Ihre Münder werden mit Reis, mit Perlen und mit Jade gefüllt, wie dies der seit langer Zeit für diese Zeremonien festgesetzte Brauch vorschreibt.«[55] Kaurischnecken wurden sogar in den prähistorischen Fundstätten von Pu-Chao zutage gefördert.[56] Wir werden noch sehen, daß auch die prähistorische

Keramik Chinas stark von der Muschelsymbolik geprägt war.
Eine nicht minder bedeutsame Rolle spielen die Muscheln bei den Begräbniszeremonien in Indien. Man bläst auf Muscheln, und man besät mit Muscheln den vom Haus des Toten zum Friedhof führenden Pfad. In bestimmten Landesteilen füllt man den Mund des Toten mit Perlen.[57] Man kann denselben Brauch auch in Borneo finden, wo wahrscheinlich ein hinduistischer Einfluß einen einheimischen Brauch überlagert hat.[58] In Afrika wird eine Schicht aus Muscheln auf dem Boden des Grabes ausgebreitet.[59] Dieser Brauch wurde bei zahlreichen alten Völkern Amerikas häufig ausgeübt (siehe weiter unten).
Man hat Muscheln – solche aus dem Meer und andere –, natürliche und künstliche Perlen in ansehnlichen Mengen an prähistorischen Stätten gefunden, am häufigsten in Gräbern. In der Höhle von Laugérie (im Tal de la Vézère, in der Dordogne), die aus der Altsteinzeit stammt, förderten dic Grabungen zahlreiche, mediterranen Arten zugehörige Muscheln zutage: *Cypraea pyrum* und *Cypraea lurida*. An dem Skelett waren die Muscheln symmetrisch und paarweise angeordnet: vier auf der Stirn, eine auf jeder Hand, zwei auf jedem Fuß und je vier an den Knien und an den Knöcheln. Beinahe achttausend Seemuscheln barg die Grotte von Cavillon; sie waren größtenteils rot bemalt, und jede zehnte wies Durchbrechungen auf.[60] Und mehr als dreitausend durchbrochene Seemuscheln der Spezies *Littorina littorea* hat uns die Fundstätte von Cro-Magnon beschert.[61] Anderswo wurde ein von Muscheln bedecktes Frauenskelett nahe bei einem männlichen Gerippe gefunden, das Ornamente und eine Krone aus durchbrochenen Muscheln trug. Ebenso war der Mann von Combe-Capelle mit einer Kette durchbrochener Muscheln geschmückt.[62] Dieser Umstand veranlaßt Mainage, sich die Frage vorzulegen: »Warum trug das zu Laugérie-Basse (Dordogne) gefundene Skelett ein aus Mittelmeermuscheln gefügtes Halsband und das Skelett von Cro-Magnon ein aus ozeanischen Muscheln gestaltetes Orna-

ment? Aus welchem Grund brachten in Grimaldi (Côte d'Azur) die freigelegten Erdschichten Muscheln zutage, die an den Küsten des Atlantik gefischt worden waren? Und wie kommt es, daß man in Pont-à-Lesse in Belgien Muscheln aus dem Tertiär fand, die in der Gegend von Reims gesammelt worden waren?«[63] Für die Erklärung dieser Tatsachen genügt aller Wahrscheinlichkeit nach allein der Umstand, daß die Menschen des Quartär Nomaden gewesen sind; aber es ist ein zusätzlicher Beweis für die magisch-religiöse Bedeutung, die den Muscheln bei den prähistorischen Völkern zukam.

Ebenso wurden auch in den Gräbern des ältesten Ägypten, die aus der Zeit vor der ersten Pharaonendynastie stammen, Muscheln gefunden. Die aus dem Roten Meer kommenden Muscheln lieferten lange Zeiten den Ägyptern ihre Amulette.[64] In Kreta legten die Ausgrabungen einen ähnlichen Reichtum an Muscheln und Muschelschalen frei. In einem jungsteinzeitlichen Lager zu Phaestos fand man, neben einem aus Ton geformten Frauenbild, Muscheln der *Petunculus*-Spezies; daß sie eine religiöse Bedeutung besaßen, steht außer Zweifel.[65] Die Ausgrabungen von Arthur Evans boten die Möglichkeit, den magischen Wert sowie die kultische Funktion der Muscheln genauer zu definieren.[66] Übrigens gab es dort eine Fülle von Muschelmotive darstellenden Zeichnungen; sie verdanken ihre Fortdauer weniger dem dekorativen Wert des Motivs als ihrer Symbolik.[67] Eine Entdeckung, die in dieser Hinsicht Beachtung verdient und – der fundierten Ansicht Anderssons zufolge – den Übergang zwischen dem europäisch-afrikanischem und dem ostasiatischem Kulturkreis sicherstellen könnte, wurde von Pumpelly in Anu gemacht.[68] Und Andersson selber fand Muscheln in Yang Chao Thun, in Sha-Ching (in der Chen-Fu-Wüste), also in jenen prähistorischen Fundstätten, in denen die Graburnen jene überaus charakteristischen Zeichnungen tragen, denen die Namen »death pattern« und »cowrie pattern« beigelegt wurden: Zeichnungen, deren Tod- und Auferstehungssymbolik heute nicht mehr dem geringsten Zweifel unterliegt.[69]

Aus ähnlichen Glaubensvorstellungen erklärt sich ein uralter japanischer Brauch: salbt der Mensch seinen Körper mit Muschelpulver, so sichert er ihm damit die Wiedergeburt.[70]
Die Rolle der Perlen und der Muscheln bei Begräbnissen scheint bei den Eingeborenenvölkern der beiden amerikanischen Kontinente von entscheidender Bedeutung gewesen zu sein. Die von *Jackson* zusammengetragene Dokumentation ist in dieser Hinsicht sehr aufschlußreich.[71] Über die Florida-Indianer schreibt Streeter: »So wie im Ägypten der Kleopatra-Zeit waren auch in Florida die Königsgräber mit Perlen geschmückt. Die Soldaten des Soto fanden in einem der großen Tempel hölzerne Särge, in denen die einbalsamierten Toten ruhten; neben ihnen standen mit Perlen gefüllte Körbe. Der perlenreichste Tempel war der zu Tolomecco: die hohen Mauern sowie das Dach bestanden aus Perlmutt, und von den Mauern hingen Girlanden aus Perlen und Fedcrn; auf den Särgen der Könige lagen ihre perlengeschmückten Schilde, und inmitten des Tempels fanden sich Gefäße voll kostbarer Perlen.[72] Bereits Willoughby hat auf die wesentliche Rolle der Perlen bei Begräbniszeremonien hingewiesen, als er die Mumifizierungsfeiern beschrieb, die den indianischen Königen Virginias zuteil wurden.[73] Zelia Nuttall entdeckte auf der Spitze einer mexikanischen Pyramide eine dicke Muschelschicht, in deren Mitte sich die Gräber befanden.[74] Und doch ist alles dies nur ein Ausschnitt aus der Fülle der Amerikas Indianer betreffenden Nachweise.[75] Die Tatsache, daß in gewissen Gegenden (beispielsweise in Yucatan) neben den Perlen und Muscheln auch Eisenstücke auftreten[76], ist ein Beweis dafür, daß man dem Verstorbenen sämtliche magische Kraftquellen, über die man verfügte, nahezubringen suchte, wobei wie in Kreta das Eisen die Rolle spielte, die in China dem Gold und dem Jade zufiel.[77]
Madeleine Colani hat in der Höhle von Mahaxay in Laos Äxte, Bergkristalle, aber auch zahlreiche *Cypraea*-Muscheln entdeckt[78], und es gelang ihr gleichzeitig, die dem Grabkult

dienende Bestimmung und die magische Funktion der Äxte nachzuweisen.[79] Alle diese Gegenstände waren im Grab deponiert worden, um dem Verstorbenen die günstigsten Bedingungen im Jenseits zu sichern.

Ansehnliche Lager von Muscheln, Austern und Seemuscheln sind an sehr zahlreichen und weit voneinander entfernten prähistorischen Orten gefunden worden. Beispielsweise entdeckte man *Cypraea moneta*-Muscheln in der berühmten Totenstadt von Kuban im Nordkaukasus (14. Jahrhundert v. Chr.); andere Muscheln in den der westuralischen Ananino-Zivilisation angehörenden Skythengräbern in der Umgebung von Kiew. Ähnliche Muschellager wurden in Bosnien, Frankreich, England, Deutschland, besonders aber an der baltischen Küste festgestellt, von wo sich schon die Menschen der Vorzeit den Bernstein holten.[80]

Die entscheidende Rolle der Perlen bei der Ausgestaltung verschiedenster Totenrituale läßt sich auch am Vorkommen von künstlichen Perlen ermessen. Nieuwenhuis befaßte sich mit dem Studium der in Stein oder Porzellan verfertigten Kunstperlen, deren sich die Eingebornen von Borneo häufig bedienen. Die Herkunft der ältesten unter ihnen bleibt unsicher; die neuesten stammen aus Singapur, werden jedoch meist in Europa hergestellt: in Gablonz (Böhmen), Birmingham, Murano.[81] Madeleine Colani erklärt die Rolle dieser Perlen bei Ackerbaufesten, Opferhandlungen und Begräbniszeremonien in Laos wie folgt: »Die Toten werden für das Leben im Himmel mit Perlen versorgt; man steckt sie in die natürlichen Öffnungen des Leichnams. In unseren Tagen werden die Toten mit perlengeschmückten Gürteln, Hauben und Gewändern beigesetzt. Nachdem der Körper verwest ist, lösen sich die Perlen ab ...«[82] Dieselbe Verfasserin fand in der Nähe der Megalithen von Tran Ninh eine Menge dieser kleinen, im Boden vergrabenen Glasjuwelen, zuweilen hunderte: »Diese alten Perlen spielten wahrscheinlich im Leben des Volks der Krüge eine bedeutende Rolle. Die von uns entdeckten hatte man in der Erde vergraben, damit sie den Verstorbenen dienten. Im Vergleich zu den bei Nieuwenhuis abgebildeten sind sie viel einfacher. War ihre Bestimmung ausschließlich auf die Begräbnisse beschränkt? Wir wissen es nicht...«[83] In der Nähe dieser archaischen Perlen des laotischen Hochlandes befanden sich bronzene Schellen. Die Verbindung von Metallen und Perlen (Muscheln usw.) kommt im übrigen häufig vor; in gewissen Gegenden des Pazifik hat sie sich erhalten. Madeleine Colani erinnert daran, daß »auf Borneo noch heute die Dayakfrauen Halsbänder mit zahlreichen Schellen daran tragen«.[84]

Das Vorkommen künstlicher Perlen ist ein gültiges Beispiel für die Abwertung des ursprünglichen metaphysischen Sinns und für seine Verdrängung durch einen zweitrangigen, ausschließlich magischen Sinn. Die heilige Kraft der Perlen rührte von ihrem Ursprung aus dem Meer sowie von einer gynäkologischen Symbolik her. Es ist nicht sehr wahrscheinlich, daß alle Völker, die bei Magie- und Begräbniszeremonien Perlen und Muscheln verwendeten, sich dieser Symbolik bewußt waren; doch selbst angenommen, ein Bewußtsein dieser Zusammenhänge habe existiert, so konnte es sich doch nur auf einige wenige Mitglieder der Gesellschaft beschränken: nicht immer hat sich diese Kenntnis unversehrt erhalten. Mochten diese Völker den magischen Begriff der Perle von kulturell höher stehenden Populationen, mit denen sie in Kontakt standen, entlehnt haben oder mochte ihr eigener Begriff durch das Eindringen fremder Elemente mit der Zeit Entstellungen erfahren haben – Tatsache bleibt, daß gewisse Völker in ihre Zeremonien künstliche Gegenstände hereinnahmen, deren einzige Bestimmung darin bestand, den »heiligen Vorbildern« ähnlich zu sehen. Und dieser Fall steht nicht für sich allein da. Man kennt den kosmologischen Wert des *lapis lazuli* in Mesopotamien. Die blaue Farbe dieses Edelsteins ist das Blau des gestirnten Himmels, an dessen heiliger Kraft er teilhat.[85] Einer verwandten Anschauung begegnet man übrigens im vorkolumbianischen Amerika. In einigen alten Gräbern einer äquatorialen Insel fand man achtundzwanzig zylindrisch behauene und sehr schön polierte Exemplare des *lapis lazuli*. Es wurde allerdings nachgewiesen, daß diese Stücke nicht den Urbewohnern der Insel gehörten, sondern aller Wahrscheinlichkeit nach von Besuchern zurückgelassen worden waren, die vom Kontinent her die Insel betreten hatten, um gewisse Riten oder heilige Zeremonien zu zelebrieren.[86]

Es ist hier hervorzuheben, daß auch in Westafrika den künstlichen blauen Steinen eine überragende Bedeutung zuerkannt wird. Über dieses Thema hat Wiener eine sehr reichhaltige Dokumentensammlung erstellt.[87] Sicher ist, daß die Symbolik und der religiöse Wert dieser Steine ihre Erklärung in der Idee einer heiligen Kraft finden, an der sie kraft ihrer Himmelsfarbe teilhaben. Häufig ging das Wissen um diese Idee verloren, oder sie wurde mißverstanden oder »herabgewürdigt« von bestimmten Elementen jener Bevölkerungsgruppen, die den Gegenstand des Kultes oder das Symbol einer höher entwickelten Kultur entlehnt haben, ohne seine normale Bedeutung zu übernehmen, die ihnen meist unzugänglich war. Man darf daher vermuten, daß die berühmten kolorierten, unechten Gemmen, die von Ägypten, Mesopotamien, vom römischen Orient in den Fernen Osten gelangten, einmal eine magische Bedeutung besaßen, die zweifellos ihrem natürlichen Vorbild oder der ihr eigenen geometrischen Symbolik entsprangen.[88]

Die heilige Kraft der Muscheln überträgt sich sowohl auf ihr *Abbild* als auch auf die dekorativen Motive, deren wesentliches Element die Spirale ist. Man fand in Kansu zahlreiche mit »cowrie pattern« geschmückte Graburnen der Ma Chang-Periode.[89] Überdies deutet Andersson die auf den Urnen von P'an Shan hervorstechende Figur als ein Spiel mit vier prächtigen Spiralen.[90] Besonderer Erwähnung würdig ist eine Tatsache, daß dieses Motiv fast ausschließlich den Graburnen vorbehalten ist; nie erscheint es auf den dem weltlichen Gebrauch dienenden Tongefäßen.[91] Somit erweist sich die metaphysische und rituelle Bedeutung der »cowrie pattern«

oder »death pattern« als gesichert. Dieses dekorative, der chinesischen Töpferware eigentümliche Motiv spielt eine aktive Rolle im Totenkult. Das Bild der Muschel oder die aus ihrer schematischen Darstellung abgeleiteten geometrischen Elemente setzen den Verstorbenen in Verbindung mit den Fruchtbarkeit, Geburt und Leben regierenden kosmischen Kräften. Denn das, was religiöse Bedeutung hat, ist die *Symbolik* der Muschel: ihr *Abbild* ist durch sich selbst im Totenkult wirksam, ob es nun in Muschelform gegenwärtig ist oder einfach durch das ornamentale Motiv der Spiralen oder des »cowrie pattern« wirkt. Hierin liegt auch die Erklärung dafür, daß in den prähistorischen Fundstätten Chinas sowohl Muscheln als auch mit »cowrie pattern« dekorierte Graburnen erscheinen.[92]

Überdies bestätigt sich die magische Funktion dieses dekorativen Motivs im Grabkult nicht nur in China. Hanna Rydh hat auf die Ähnlichkeiten zwischen den »death pattern« der prähistorischen chinesischen Keramik und den Zeichnungen hingewiesen, die man in die Urnen der megalithischen Kultur Skandinaviens ritzte.[93] Andererseits beobachtet Andersson gewisse Ähnlichkeiten der Urnen aus Kansu mit der bemalten Keramik Südrußlands (Tripolje); mit diesen Ähnlichkeiten befaßten sich auch die Studien von Bogajevsky. Überdies findet sich dieses Spiralenmotiv auch an zahlreichen Orten in Europa, Afrika und Asien.[94] Wir müssen allerdings hinzufügen, daß die Symbolik der Spirale ziemlich komplex und ihre »Herkunft« noch ungewiß ist.[95] Zumindest vorläufig dürfen wir die symbolische Mehrwertigkeit der Spirale im Auge behalten, ihre engen Beziehungen zu Mond und Blitz, zu den Gewässern und zur Fruchtbarkeit, zur Geburt sowie zu jenem Leben, das noch über das Grab hinaus dauert. Überdies tritt die Muschel, wie wir uns erinnern, nicht mehr ausschließlich im Gefolge des Totenkults auf. Sie erscheint bei allen wesentlichen Handlungen des individuellen und des kollektiven Lebens: Geburt und Einweihung, Vermählung und Tod, Zeremonien des Ackerbaues und religiösen Zeremonien usw.

Die Geschichte der Perle ist ein weiteres Zeugnis für das Phänomen der Entwertung eines ursprünglichen, metaphysischen Sinngehaltes. Was in einem bestimmten Moment ein kosmologisches Symbol gewesen ist, wird im Lauf der Zeit ein an heiligen und segensreichen Kräften überreicher Gegenstand, ein ornamentales Element, dessen ästhetische Eigenschaften und ökonomischen Wert man schätzt. Indessen vollzog sich der Übergang von der Perle, dem Symbol der absoluten *Wirklichkeit*, zur Perle als »Wertgegenstand« unserer Tage in mehreren Etappen. Beispielsweise fiel der Perle in der Heilkunde – sowohl in der des Ostens wie der des Westens – eine bedeutende Rolle zu. Takkur geht bei seiner Analyse der medizinischen Eigenschaften der Perle, die man bei Blutfluß und Gelbsucht wie auch bei der Heilung von Besessenheit und Wahnsinn verwendet, auf die Einzelheiten ein.[96] Übrigens setzt der hinduistische Autor damit nur eine lange ärztliche Tradition fort: berühmte Ärzte wie Caraka und Sucruta empfehlen bereits die Anwendung der Perle.[97] Der um 1240 in Kaschmir tätig gewesene Arzt Narahari schreibt in seinem Traktat *Râjanigantu* (*Varga* XIII), daß die Perle Augenkrankheiten heile, bei Vergiftungen ein wirksames Gegengift darstelle, die Schwindsucht heile und letzten Endes Kraft und Gesundheit verbürge.[98] In der *Kathâsaritsâgara* steht geschrieben, daß die Perle – wie die Elixiere der Alchemisten – »Gift und Dämonen, Alter und Krankheit vertreibt«. Die *Harshacarîta* bringt in Erinnerung, daß die Perle aus den Tränen des Mondgottes geboren wurde und daß sie aufgrund ihrer lunaren Herkunft – da der Mond die »Quelle der in Ewigkeit heilenden Götterspeise« ist – zum Gegenmittel wider jede Art von Vergiftung wird.[99] In China verwendete die Heilkunde ausschließlich die nicht durchbrochene, »jungfräuliche« Perle, die als Heilmittel für alle Augenkrankheiten galt. Die arabische Heilkunde gesteht der Perle die nämlichen Fähigkeiten zu.[100]

Vom achten Jahrhundert an verbreitet sich die medizinische Anwendung der Perle auch in der europäischen Medizin, und bald darauf ist eine starke Nachfrage nach diesem wertvollen Stein festzustellen.[101] Seine Benutzung wird auch von Albertus Magnus empfohlen.[102] Ausschließlich mit dem heilkundlichen Gebrauch der Perle befaßt sich Malachias Geiger in seiner *Margaritologia* (1637): er versichert, daß man bei der Behandlung der Epilepsie, des Wahnsinns und der Melancholie erfolgreich auf sie zurückgegriffen habe.[103] Ein anderer Verfasser betont die Wirksamkeit der Perle als Herzstärkungsmittel sowie bei der Behandlung der Melancholie.[104] Francis Bacon reiht die Perle unter die zur Langlebigkeit verhelfenden Mittel ein.

Es versteht sich von selbst, daß die Rolle der Perle in der Heilkunde so vieler verschiedener Zivilisationen nur jene Bedeutung fortsetzt, die sie ursprünglich in der Religion und der Magie besaß. Da sie zuerst das Symbol der in den Gewässern schlummernden Kräfte sowie der Zeugungskraft gewesen war, vermochte sie sich in einer späteren Epoche zu einem allgemein anerkannten Tonikum zu entwickeln, das sowohl als Aphrodisiakum wie als Heilmittel für Melancholie und Wahnsinn diente, Krankheiten, die beide auf den Einfluß des Mondes zurückgehen und daher auf die Wirkung jedes Symbols ansprechen, das der Frau, dem Wasser, der Erotik als Ausdruck dient. Die Rolle der Perle bei der Heilung der Augenkrankheiten sowie als Gegenmittel bei Vergiftungen ist ein Erbe der mythischen Zusammenhänge zwischen Perle und Schlangen. In vielen Gebieten glaubte man, die Edelsteine seien aus dem Kopf der Schlange gefallen oder hätten sich in den Schlünden der Drachen befunden.[106] In China gilt der Drachenkopf als das Behältnis einer Perle oder eines anderen Kleinods[107], und manch ein künstlerisches Werk bildet einen Drachen mit einer Perle im Schlund ab.[108] Dieses ikonographische Motiv stammt aus einer sehr alten und recht komplexen Symbolik, deren Erläuterung hier zu weit führen würde.[109] Bezeichnend ist zuletzt der von Francis Bacon der

Perle verliehene Wert, ein *langes Leben* zu gewähren. Er deckt sich genau mit einem diesem Edelstein ursprünglich zugeschriebenen Vermögen. Wird die Perle vom Menschen am Körper getragen – wie dies auch für die Muschel gilt –, so versetzt sie ihren Träger an die Quellen der universellen Lebenskraft und Fruchtbarkeit. Und als dieses innere Bild nicht mehr dem vom Menschen neu entdeckten Kosmos entsprach oder als die Erinnerung an dieses Bild verblaßte, hat der einst geheiligte Gegenstand zwar seinen Wert behalten, doch dieser Wert wurde von einem anderen Standort her definiert.

Im Grenzgebiet zwischen Magie und Heilkunde erlangt nun die Perle die doppelsinnige Funktion eines *Talismans*[110]; was vorher Fruchtbarkeit verlieh und für ein ideales Schicksal nach dem Tode bürgte, wurde nach und nach zu einer steten Quelle des Wohlergehens.[111] In Indien hielt sich diese Anschauung recht lange. »Die Perle muß von denen, die irdisches Glück begehren, immer als Amulett getragen werden«, sagt Buddhabatta.[112] Daß die Perle erst nach der Erfüllung ihrer Funktion in der Magie wie in der erotischen und der Gräbersymbolik in die Heilkunde Einzug hielt, beweist die Tatsache, daß die Muscheln in gewissen Gebieten eine medizinische Wirkung haben. In China sind sie dem Arzt ebenso vertraut, wie sie dem Zauberer kostbar sind.[113] Dasselbe gilt für einige Völker Amerikas.[114]

Die Muscheln und Seemuscheln dienten – abgesehen von dem ihnen von Magie und Heilkunde zugebilligten Wert – häufig auch als Geld. Die uns von Jackson und anderen Autoren hierüber vermittelten Nachrichten genügen als Beweis dafür.[115] Karlgren, der die monetarische Verwendung der Muscheln in China nachgewiesen hat, glaubt, daß der Brauch, ein Geldstück auf die Stirne zu legen, nur ein Relikt aus der Zeit ist, wo man die Muschel gewöhnlich als Amulett trug.[116] Der symbolische Heiligkeits-Wert der Seemuschel und der Perle verweltlicht mehr und mehr. Allein die Eigenschaft dieses Gegenstandes, etwas *Kostbares* darzustellen, wird durch diese Wertverlagerung in keiner Weise berührt. In jedem Augenblick ist in ihm die *Kraft* konzentriert, er ist Stärke und Substanz; letztlich bleibt er verbunden mit der »Wirklichkeit«, mit dem Leben und mit der Fruchtbarkeit.

Der Mythos der Perle

Die archetypischen Bilder bewahren, ungeachtet gewisser Verdinglichungen, ihre metaphysische Gültigkeit: die ökonomische Bewertung der Perle annulliert keineswegs ihre religiöse Symbolik; diese wird vielmehr unaufhörlich neu entdeckt, wieder integriert, angereichert. Erinnern wir uns nur der bedeutenden Rolle, die der Perle im Denken Irans, im Christentum und in der Gnosis zukommt. Eine im Orient beheimatete Überlieferung erklärt die Geburt der Perle als Frucht der vom Blitz geschwängerten Miesmuschel[117]: die Perle sei die Frucht der Vermählung des Wassers mit dem Feuer. Diesen alten Mythos benutzt Sankt Ephraim der Syrer, um sowohl die Unbefleckte Empfängnis wie die geistige Geburt Christi in der Feuertaufe zu veranschaulichen.[118]

Andererseits verwies Stig Wikander darauf, daß die Perle das typischste Symbol des Erlösers bei den Iraniern war.[119] Setzte man die Perle mit dem »erlösten Erlöser« gleich, so ermöglichte man eine doppelte Symbolik: die Perle konnte sowohl Christus als auch die Menschenseele darstellen. Origenes erneuert die Gleichsetzung Jesu Christi mit der Perle; zahlreiche andere Autoren folgen ihm auf diesem Weg.[120] In einem Text des Pseudo-Makarius symbolisiert die Perle einerseits Christus den König, andererseits den Abkömmling des Königs, den Christen: »Die Perle – groß, kostbar und königlich, einen Teil des Königsdiadems bildend – gebührt allein dem König. Nur der König darf diese Perle tragen. Keiner anderen Person gestattet man das Tragen einer ähnlichen Perle. So kann auch ein Mensch, der nicht aus königlichem und göttlichem Geist geboren ist, einer, der nicht zu einem Angehörigen des Himmelsvolkes wurde und kein Kind Gottes ist – so wie geschrieben steht: ›Allen aber, die ihn aufnahmen, gab er Macht, Kinder Gottes zu werden‹ (*Johannes* 1, 12) – die kostbare himmlische Perle nicht tragen: das Abbild des in Worten nicht faßbaren Lichtes, welches der Herr ist. Weil er kein Königssohn geworden ist. Jene aber, die die Perle tragen und besitzen, leben und herrschen mit Christus in alle Ewigkeit.«[121]

In der berühmten gnostischen Schrift *Thomasakten* symbolisiert die Suche nach der Perle das geistige Drama vom Sturz des Menschen und seiner Erlösung: Ein Prinz aus dem Osten kommt nach Ägypten, um die von Schlangenungeheuern bewachte Perle zu suchen. Der Prinz muß eine Reihe von Initiationsprüfungen bestehen, um sie zu erhalten, und dies gelingt ihm übrigens nur mit Hilfe seines Vaters, des Königs der Könige, der ein gnostisches Abbild des himmlischen Vaters ist.[122] Die Symbolik dieses Textes ist äußerst vielseitig: einerseits bedeutet die Perle die in der Welt der Finsternis zu Fall gekommene menschliche Seele, andererseits den »erlösten Erlöser« selbst. Die Gleichsetzung des Menschen mit der Perle ist in zahlreichen manichäischen und mandäischen Texten anzutreffen. Der Lebendige Geist »entriß den ersten Menschen dem Kampfgewühl, wie man eine Perle der Meeresflut entreißt«.[123] Der heilige Ephraim vergleicht das Mysterium der Taufe mit einer Perle, die unter keinen Umständen ein zweites Mal zu gewinnen ist: »Auch der Taucher holt aus dem Meer die Perle. Taucht (laßt euch taufen), holt aus dem Wasser die Reinheit, die sich in ihm findet als ein Verborgenes, die Perle, aus der die Krone der Göttlichkeit entsprungen ist.«[124]

Bei anderer Gelegenheit – in der Abhandlung über das Thema Asketen und Mönche – vergleicht der heilige Ephraim die Askese mit einer »zweiten Taufe«: so wie der Perlentaucher nackt im Ozean untertauchen und sich zwischen den Seeungeheuern einen Weg bahnen muß, so dringen die Asketen nackt zu den »Menschen dieser Welt« vor.[125] Man kann in diesem Text außer der Nacktheitssymbolik eine Anspielung auf jene Wasserungetüme erraten, die den Täufling während seines Untertauchens im Taufwasser belauern (siehe das folgende Kapitel). Die Gnosis ist »verborgen« und schwer zu erreichen; der Weg zum Heil ist mit Hindernissen übersät. Für all dies und vieles andere ist die Perle ein Symbol; ihr Erscheinen in der unseren Sinnen gegebenen Welt ist ein Wunder und ihr Auftreten im Reich der gefallenen Kreatur ein Paradoxon. Die Perle bedeutet das Mysterium des sinnlich wahrnehmbar gewordenen Jenseitigen, die Offenbarung Gottes im Weltall. Dank dem Gnostizismus und der christlichen Theologie erwirbt dieses alte Symbol der Wirklichkeit und des Lebens-ohne-Tod neue Bedeutungen: die der unsterblichen Seele, des erlösten Erlösers, des Christkönigs. Nochmals betonen möchten wir die Kontinuität der verschiedenen Bedeutungen der Perle: sie reichen von den archaischsten und elementarsten bis zu den komplexesten Symbolismen, die das gnostische und das orthodoxe Denken hervorgebracht hat.

KAPITEL V
SYMBOLIK UND GESCHICHTE

Taufe, Sintflut und Symbolik des Wassers

Die Symbolik des Wassers ist unter den ihr verbundenen Symbolgruppen bei weitem am vielseitigsten und verwickeltsten. Wir haben in einer früheren Arbeit, auf die den Leser zu verweisen wir uns hier erlauben, ihre Struktur aufzudecken versucht.[1] Dort findet der Leser sowohl die wesentlichen Bestände einer Materialsammlung über die aquatischen Hierophanien, als auch eine Analyse der Symbolik, die sie zur Geltung bringt. Hier beschränken wir uns auf einige ihrer wichtigsten Züge.

Die Gewässer sind Symbole der universellen Summe aller latenten Wirkungskräfte; sie sind *pons et origo*, das Reservoir aller Möglichkeiten des Daseins; einer jeden Form *gehen sie voraus*, und eine jede Schöpfung *tragen* sie. Das exemplarische Bild jeder Schöpfung ist die Insel, die sich plötzlich inmitten der Wogen »manifestiert«. Umgekehrt bedeutet das Untertauchen im Wasser die Rückkehr in das vor aller Formung gewesene Sein und das Zurückfinden in die noch keine Unterschiede kennende Seinsart des Vor-Daseins. Das Auftauchen wiederholt die kosmogonische Gebärde der Formwerdung; das Untertauchen kommt einer Auflösung der Formen gleich. Daher schließt die Symbolik des Wassers sowohl den Tod wie die Wiedergeburt in sich. Immer bewirkt die Berührung mit dem Wasser eine Regeneration: zum einen, weil auf die Auflösung eine »neue Geburt« folgt, und zum anderen, weil das Untertauchen die Lebenskraft befruchtet und vervielfacht. Auf der Ebene der Anthropologie entsprechen der Weltschöpfung aus dem Wasser die »Hylogenien«: Glaubenslehren, denen zufolge das Menschengeschlecht aus den Wassern geboren wurde. Der Sintflut oder dem periodischen Versinken der Erdteile (wie in den Mythen vom »Atlantis«-Typus) entspricht auf menschlicher Ebene der »zweite Tod« der Seele (die »Feuchtigkeit« der Unterwelt, ihr *leimon* usw.) oder der Initiationstod während der Taufe.

Doch sowohl im Bereich der Kosmogonie wie in dem der Anthropologie ist das Hinabtauchen in die Gewässer nicht gleichbedeutend mit einer endgültigen Vernichtung, sondern nur mit einer vorübergehenden Rückkehr in das noch nicht Unterschiedene, dem dann eine neue Schöpfung folgt, ein neues Leben oder ein neuer Mensch, je nachdem es sich um ein kosmisches, biologisches oder soteriologisches Moment handelt. Strukturell gesehen läßt sich die »Sintflut« mit der »Taufe« vergleichen und das bei Begräbnissen darzubringende Trankopfer mit der Reinigung der Neugeborenen oder mit den Gesundheit und Fruchtbarkeit spendenden rituellen Frühlingsbädern.

In welcher Religionsgesamtheit auch immer man den Gewässern begegnet, stets bewahren sie unverändert ihre Funktion: sie lösen die Formen aus ihrem Zusammenhalt, heben sie auf, »waschen die Sünden hinweg«, reinigen und regenerieren zugleich. Ihre Bestimmung ist es, die Schöpfung einzuleiten und wieder rückgängig zu machen, da sie außerstande sind, über die ihnen gemäße Seinsart hinauszugelangen, das heißt sich in *Formen* zu manifestieren. Die Seinsweise des Virtuellen, des Keimhaften, des Latenten können die Gewässer nicht überwinden. Alles, was *Form* ist, manifestiert sich über den Wassern oder dadurch, daß es sich von ihnen scheidet. Doch sobald sie sich von den Wassern geschieden hat, sobald sie aufgehört hat, nur Keim zu sein, fällt die »Form« unter das Gesetz der Zeit und des Lebens; sie erhält Grenzen, hat teil am Werden des Weltalls, erleidet die Geschichte, geht zugrunde und beschließt ihr Leben mit dem Verlust aller Substanz, sofern sie sich nicht durch das periodische Eintauchen in die Gewässer verjüngt und die »Sintflut« mit ihrem »kosmogonischen« Nachspiel nochmals durchlebt. Die rituellen Waschungen und Reinigungen mit Hilfe des Wassers bezwecken die blitzartige Aktualisierung des zeitlosen Augenblicks (*in illo tempore*), da die Schöpfung stattfand; sie sind die symbolische Wiederholung der Geburt der Welten oder des »neuen Menschen«.

Ein hier wesentlicher Charakterzug ist dieser: die Heiligkeit der Gewässer und die Struktur der auf das Wasser bezüglichen Weltschöpfungen und Apokalypsen *lassen sich nur mittels der Gewässersymbolik lückenlos aufdecken*, denn diese ist das einzige »System«, das alle Teiloffenbarungen der zahllosen Hierophanien zu einer Einheit zusammenzufassen vermag.[2] Überdies ist dieses Gesetz bestimmend für jede Symbolik: bewertende (sowie korrigierende!) Instanz für die verschiedenen Bedeutungen der Hierophanien ist allein die *Gesamtheit* der Symbole. So enthüllen beispielsweise die »Wasser des Todes« ihren tieferen Sinn nur in dem Maße, in dem man die Struktur der Gewässersymbolik kennt. Für das »Erleben« oder die »Geschichte« irgendeines Symbols bleibt diese Besonderheit der Symbolik nicht ohne Auswirkungen.

Als wir die Grundzüge der Gewässersymbolik in Erinnerung brachten, hatten wir einen ganz bestimmten Punkt im Auge: die neue religiöse Bewertung der Gewässer durch das Christentum. Die Kirchenväter scheuten sich nicht, gewisse vorchristliche, allgemein verbreitete Bedeutungen der Gewässersymbolik für sich nutzbar zu machen, wobei sie sie mit neuen Bedeutungen bereicherten und sich dabei auf das historische Drama Jesu Christi bezogen. Wir haben an anderer Stelle[3] zwei patristische Texte erwähnt: der eine bezieht sich auf die soteriologische Bedeutung des Wassers, der andere auf die sowohl Tod wie Wiedergeburt bezeichnende Taufsymbolik. Für Tertullian (*De baptismo* III-IV) war das Wasser als erstes »der Sitz des göttlichen Geistes, und dieser gab ihm den Vorzug vor allen anderen Elementen ... Dem Wasser wurde zuerst befohlen, Lebewesen hervorzubringen ... Das Wasser brachte als erstes lebende Wesen hervor, auf daß es nichts Auffälliges habe, wenn in der Taufe das Wasser zu beleben vermag. Auch bei der Erschaffung des Menschen nahm Gott das Wasser hinzu, um sein Werk zu vollenden ... Folglich erlangt jedes Wasser vermöge der alten Vorrechte seines Ursprungs die Kraft zu heiligen durch die Anrufung Gottes.

Denn sobald die Worte gesprochen sind, kommt der Heilige Geist vom Himmel herab und ist über den Wassern, die er durch seine Kraft heiligt; die so geweihten Wasser saugen die heiligmachende Kraft in sich auf ... Was früher den Körper heilte, heilt nun den Geist; was das Wohlbefinden in der Zeit bewirkte, bewirkt nun das ewige Heil ...«

Beim Eintauchen ins Wasser stirbt der »alte Mensch« und schenkt einem neuen, verjüngten Wesen das Leben. Diese Symbolik ist schön formuliert bei Johannes Chrysostomos (*Homil. in Joh.* XXV, 2), der, von der symbolischen Mehrdeutigkeit der Taufe sprechend, schreibt: »Sie stellt den Tod und die Bestattung dar, das Leben und die Auferstehung ... Wenn wir unser Haupt in das Wasser tauchen wie in ein Grab, so ist der alte Mensch untergetaucht und ganz begraben; wenn wir aus dem Wasser herauskommen, so erscheint zugleich der neue Mensch.«

Wie wir sehen, stimmen die von Tertullian und Johannes Chrisostomos hervorgehobenen Deutungen harmonisch mit der Struktur der Gewässersymbolik überein. Und doch drängen sich in diese christliche Bewertung der Gewässer einige neue Elemente, die an eine »Geschichte« anknüpfen, in diesem Fall an die Heilsgeschichte. Kürzlich erschienene Werke von P. Lundberg, Jean Daniélou und Louis Beinaert haben ausführlich gezeigt, in welch außerordentlicher Weise die Taufsymbolik mit Anspielungen aus der Bibel durchdrungen ist.[4] Vor allem sehen wir hier die Bewertung der Taufe als ein Niedersteigen in den Abgrund der Wasser für einen Zweikampf mit dem Meerungeheuer. Und dieser Abstieg hat ein Vorbild: das Vorbild des in den Jordan steigenden Christus, das zugleich ein Hinabsteigen in die Wasser des Todes war. In der Tat schildert uns Kyrill von Jerusalem den Abstieg ins Taufbecken als Abstieg in die Wasser des Todes, die des Meeresdrachens Behausung sind: nach dem Bild des Christus, der anläßlich seiner Taufe in den Jordan steigt, um die Macht des in diesem Fluß sich verbergenden Drachen zu brechen: »Ijobs Aussage zufolge«, so schreibt Kyrill, »befand sich der Drache

Behemoth in den Gewässern und ließ den Jordan in seine Kehle strömen. Als es nun die Häupter dieses Drachen zu zerbrechen galt, da hat der in die Gewässer hinabgestiegene Jesus den Starken gebunden, damit auch wir die Macht erlangen, über Skorpione und Schlangen zu schreiten ...«[5] Und Kyrill warnt den Katechumenen: »Am Straßenrand lauert der Drache auf Menschen, die des Weges kommen; nimm dich in acht, daß er dich nicht beiße! Du gehst zum Vater der Geister, doch es tut not, am Drachen vorbeizugelangen.«[6] Wie wir bald bemerken werden, bilden dieser Abstieg und dieser Kampf mit dem Meerungeheuer auch in anderen Religionen eine verbürgte Initiationsprüfung.

Sodann erscheint die Bewertung der Taufe als *antitypos* der Sintflut. Christus, der neue Noah, siegreich den Wassern entstiegen, ist zum Herrn über ein neues Menschengeschlecht geworden.[7] Es stellt nämlich die Sintflut, genauso wie die Taufe, auch den Abstieg zu den Meerestiefen dar. Sie ist, dem Irenäus zufolge, das Abbild der Erlangung des Heils in Christus sowie des Gerichts über die Sünder.[8] »Die Sintflut war also ein Bild, das die Taufe vollendete ... So wie Noah dem Todesmeer, darin die sündige Menschheit verschlungen worden war, getrotzt hatte und aus ihm aufgetaucht war, so steigt der Täufling ins Taufbecken hinab, um dem Meeresdrachen die Stirn zu bieten in einem entscheidenden Kampf und als Sieger aus ihm hervorzugehen ...«[9]

Aber anläßlich des Ritus der Taufe wird Christus auch mit Adam in Parallele gesetzt. Bereits in der Theologie des heiligen Paulus nimmt die Parallele Adam – Christus einen bedeutenden Raum ein. »Durch die Taufe«, versichert Tertullian, »erlangt der Mensch aufs neue die Ähnlichkeit mit Gott« (*De baptismo* V). »Für Kyrill ist die Taufe nicht allein Reinigung von den Sünden, nicht allein eine begnadende Annahme des Menschen an Kindes Statt, sie ist auch der Antitypos des Leidens Christi.«[10] Sogar die Nacktheit während des Taufaktes enthält eine sowohl rituelle als auch metaphysische Bedeutung: sie besagt, daß der Täufling das »alte Kleid der Verderbtheit und der Sünde ablegt, da er nun Christus folgt, das Gewand, mit dem Adam nach dem Sündenfall bekleidet worden war«.[11] Doch zugleich bedeutet die Nacktheit Heimkehr zur ursprünglichen Unschuld, zur Lebensform Adams vor seinem Fall. »Welch wunderbares Geschehen!« schreibt Kyrill. »Nackt gewesen seid ihr vor aller Augen, und habt es doch nicht als Schande empfunden. Das Bild, das ihr in Wahrheit in euch tragt, ist das Bild des ersten Adam, der im Paradies nackt war und dies nicht als Schande fühlte.«[12]

Die Taufsymbolik beschränkt sich weder auf diesen Reichtum an biblischen Hinweisen noch auf die vielfachen Erinnerungen ans Paradies, doch diese wenigen Texte genügen für unser Vorhaben. Wir richten ja unser Augenmerk nicht so sehr auf eine Abhandlung über die Taufsymbolik als vielmehr auf den Nachweis der vom Christentum erbrachten neuen Elemente. Die Kirchenväter betrachteten die Symbolik fast ausschließlich als eine Typologie: sie befaßten sich allein mit der Aufdeckung von Entsprechungen zwischen den beiden Testamenten.[13] Die modernen Autoren verraten eine Neigung, diesem Beispiel zu folgen: anstatt die christliche Symbolik einzuordnen in den Rahmen der »allgemeinen«, durch die nichtchristlichen Religionen überall bestätigten Symbolik, bestehen sie darauf, sie allein auf das Alte Testament zu beziehen. Diesen Autoren zufolge wäre, was in der christlichen Symbolik aufbricht, nicht der allgemeine, unmittelbare Sinn des Symbols, sondern dessen biblische Bewertung.

Diese Einstellung ist durchaus erklärbar. Der im letzten Viertel des 19. Jahrhunderts erreichte Fortschritt der die Bibel und die Typologie betreffenden Studien ist zugleich eine Reaktion auf jene Tendenz, das Christentum aus den Mysterien sowie aus den synkretistischen Formen der Gnosis zu erklären, zugleich eine Reaktion auf den »Konfusionismus« gewisser komparatistischer Schulen. Die christliche Symbolik und Liturgie schließen sich unmittelbar an das Judentum an. Das Christentum ist eine geschichtliche Religion, die in einer anderen, gleichfalls geschichtlichen Religion, derjenigen der Juden, ihre tiefen Wurzeln hat. Will man folglich gewisse Sakramente oder gewisse Symbolformen erklären oder – besser gesagt – verstehen, so braucht man nur ihre »Figuren« im Alten Testament zu ermitteln. In der historizistischen Perspektive des Christentums ist das durchaus natürlich: die Offenbarung hat ja eine *Geschichte*; die am Morgen der Zeiten erfolgte Uroffenbarung ist zwar innerhalb der Völker noch immer lebendig, doch halb vergessen, verstümmelt, verderbt, und der einzige Weg, ihr wieder nahezukommen, führt über die Stationen der Geschichte Israels: nur in den heiligen Büchern des Alten Testaments ist die Offenbarung lückenlos erhalten geblieben. Wie wir weiter unten sehen werden, bemüht sich das jüdische Christentum, den Kontakt mit der heiligen Geschichte nicht zu verlieren, denn im Unterschied zur »Geschichte« aller anderen Völker ist sie die einzige *wirkliche* Geschichte, die einzige, die eine Bedeutung hat: Gott selbst hat sie gemacht.

Den Kirchenvätern, denen es in erster Linie darauf ankam, Anschluß an eine *Geschichte* zu finden, die gleichzeitig eine *Offenbarung* war, und keinesfalls mit den »Eingeweihten« der verschiedenen Mysterienreligionen und gnostischen Sekten verwechselt werden wollten, die am Ende der Antike aus dem Boden schossen, waren gezwungen, sich in ihrem polemischen Standort zu verschanzen: die Absage an alles »Heidnische« war unerläßlich für den Sieg der Botschaft Christi. Man darf sich fragen, ob diese polemische Haltung mit derselben Schärfe auch weiterhin, in unseren Tagen, bestimmend bleibt. Wir sprechen nicht als Theologe; dazu fehlt es uns an dessen Verantwortung und Zuständigkeit. Aber für einen Menschen, der sich nicht verpflichtet fühlt, Rechenschaft über den Glauben seiner Mitmenschen abzulegen, steht es eindeutig fest, daß die jüdisch-christliche Taufsymbolik in keinem einzigen Punkt zu der universell verbreiteten Wassersymbolik in Widerspruch steht. Alles ist in ihr wiederzufinden: Noah und die Sintflut haben in unzähligen Überlieferungen ihre Entsprechungen in Form des Weltuntergangs, der einer »Menschheit« (»Gesellschaft«) mit Ausnahme eines zum mythischen Ahnherrn einer neuen Menschheit bestimmten Menschen ein Ende setzte. Die »Wasser des Todes« sind in den altorientalischen, asiatischen und ozeanischen Mythologien ein Leitmotiv. Das Wasser »tötet«: es zersetzt, vernichtet jede Form. Gerade deshalb ist es reich an »Keimen«, schöpferisch. Auch die Symbolik der Nacktheit bei der Taufe ist nicht das Vorrecht der jüdisch-christlichen Überlieferung. Rituelle Nacktheit ist gleichbedeutend mit Unversehrtheit, mit Fülle; das »Paradies« impliziert das Fehlen von »Kleidern«, das heißt des »Verschleißes« (das archetypische Bild der Zeit). Was die Sehnsucht nach dem Paradies betrifft, so ist sie universell, auch wenn ihre Erscheinungsformen nahezu unendlich variieren.[14] Jede rituelle Nacktheit schließt ein zeitloses Vorbild in sich, ein Paradiesbild.

Die Ungeheuer des Abgrundes sind in einer großen Zahl von Überlieferungen anzutreffen: die Helden und die Eingeweihten steigen in die Tiefe des Abgrunds hinab, um den Meerungeheuern zu trotzen; dies ist eine typische Initiationsprüfung. Gewiß gibt es zahllose Varianten: manchmal bewachen die Drachen einen »Schatz«, ein sinnlich wahrnehmbares Bild des Heiligen, der absoluten Wirklichkeit; der rituelle (= initiatorische) Sieg über das wachehaltende Ungeheuer kommt der Erringung der Unsterblichkeit gleich.[15] Für den Christen ist die Taufe ein Sakrament, weil sie von Christus eingesetzt wurde. Dennoch greift sie alte Rituale auf: so das Initiationsritual der Prüfung (= Kampf gegen das Ungeheuer), des symbolischen Todes und der symbolischen Auferstehung (= Geburt des neuen Menschen). Wir behaupten nicht, daß das Judentum oder das Christentum derartige Mythen und Symbole von Nachbarvölkern »entlehnt« haben; das war gar nicht notwendig, hatte doch das Judentum das Erbe einer Vorgeschichte und einer langen religiösen Geschichte angetreten, in der es alle diese Dinge bereits gab. Es bestand nicht einmal die Notwendigkeit, daß dieses oder jenes Symbol in seiner Gesamtheit durch das Judentum hätte

»erweckt« werden müssen; es genügte, daß eine Gruppe von Bildern, wenn auch verdunkelt, aus vormosaischen Zeiten überlebte: solche Bilder besaßen die Fähigkeit, in jedem beliebigen Augenblick eine gewaltige religiöse Aktualität zu gewinnen.

Einige Väter der Urkirche erkannten die Wichtigkeit der Übereinstimmung zwischen den archetypischen Bildern, die das Christentum vorgab, und den Bildern, die Gemeingut der Menschheit sind. Eines der Anliegen, auf das sie immer wieder zurückkommen, ist es, den Ungläubigen auf die Entsprechung hinzuweisen, die zwischen den großen, die Seele unmittelbar ausdrückenden, überzeugungskräftigen Symbolen und den Dogmen der neuen Religion besteht. Theophilos von Antiochia erinnert jene, die eine Auferstehung der Toten leugnen, an die Wahrzeichen (*τεχμήρια*), die Gott ihnen in Gestalt der großen Naturphänomene nahebrachte: Anfang und Ende der Jahreszeiten, der Tage, der Nächte. Er erkühnt sich sogar zu sagen: »Gibt es für die Samen, für die Früchte etwa keine Auferstehung?« Laut Clemens von Rom »offenbaren uns Tag und Nacht die Auferstehung: die Nacht geht zur Neige, es erhebt sich der Tag; der Tag entschwindet, die Nacht bricht herein«.[16] Für die Apologeten des Christentums waren die Bilder erfüllt von Zeichen und Botschaften; sie *zeigten* das Heilige vermittels der kosmischen Rhythmen. Die Offenbarung durch den Glauben zerstörte durchaus nicht die »primären« Bedeutungen der Urbilder: sie fügte ihnen nur einen neuen Wert hinzu. Gewiß, in den Augen des gläubigen Menschen verdunkelte die neue Bedeutung alle anderen: sie *allein* gab dem Urbild Wert, verwandelte es in Offenbarung. Was nun Bedeutung besaß, war die Auferstehung Christi, nicht mehr die im Buch der Natur zu lesenden »Wahrzeichen«. In den meisten Fällen verstand man die Zeichen erst dann, wenn man im Innersten seiner Seele den Glauben gefunden hatte. Doch das Geheimnis des Glaubens ist sowohl für die Erfahrung des Christen wie für die Theologie und die Religionspsychologie von Interesse und übersteigt unsere Forschung; in der Sicht, die wir wählten, kommt es nur auf eines an: *daß jede neue Bewertung immer von der Struktur des Bildes selbst bedingt wurde*, so daß man sagen kann, daß ein Bild auf die Erfüllung seines Sinns *warte*. *Beirnaert*, der eine Analyse der Taufsymbolik zum Ausgangspunkt genommen hatte, anerkennt »eine Beziehung zwischen den dogmatischen Vorstellungen, den Symbolschöpfungen der christlichen Religion und den durch natürliche Symbole aktivierten Archetypen. Wie vermöchten übrigens die Katechumenen die Symbolbilder zu verstehen, die man ihnen nahebringt, wenn diese nicht ihrer eigenen, dunklen Erwartung entsprächen?«[17] Der Autor findet es nicht überraschend, daß »viele Katholiken den Weg zum Glauben mittels solcher Erfahrungen wiederfanden«.[18] Beinaert folgert weiter: natürlich schmälere das Erleben der Archetypen die Erfahrung des Glaubens nicht: »Man kann einander begegnen in einer gemeinsamen Erkenntnis vom Zusammenhang der religiösen Symbole mit der Psyche und sich dennoch scheiden in Gläubige und Ungläubige. Denn der Glaube ist etwas anderes als diese Erkenntnis ... Der Glaubensakt bewirkt also in der Welt der archetypischen Vorstellungen eine Teilung. Von nun an bezeichnen Schlange und Drache, Finsternis und Satan das Element, dem man entsagt. Man anerkennt als einzige zur Heilsvermittlung tauglichen Vorstellungen bloß noch jene, die als solche erbracht wurden von der historischen Religionsgemeinschaft.«[19]

Archetypische Bilder und christliche Symbolik

Und dennoch anerkennt Beirnaert folgendes: »Selbst wenn die Bilder und Symbolformen der christlichen Sakramentenlehre den gläubigen Menschen nicht zuerst zu den Mythen und den immanenten Archetypen zurückleiten, sondern zum Eingreifen der göttlichen Macht in die Geschichte, so darf dieser neue Sinn nicht zur Verkennung dessen verleiten, daß ihr alter Sinn weiterlebt. Als das Christentum die großen Gestalten und Symbolisierungen des der Naturreligion anhängenden Menschen übernahm, hat es zugleich deren auf die Psyche einwirkenden Kräfte übernommen. Auch wenn sich von nun an die Dimension des Mythischen und Archetypischen einer anderen Dimension unterordnet, so bleibt sie deshalb um keinen Deut weniger wirklich. Wohl vermag der Christ ein Mensch zu sein, der darauf verzichtet hat, sein geistiges Heil in den Mythen und im auf immanente Archetypen beschränkten Erleben zu suchen, doch damit verzichtete er keineswegs auf all das, was die Mythen und Symbolisierungen für den beseelten Menschen und für den Mikrokosmos bedeuten und bewirken ... Werden nun die großen Bilder wie Sonne, Mond, Wald, Wasser, Meer usw. von Christus und von der Kirche übernommen, so bedeutet dies eine Evangelisierung der von ihnen bezeichneten Gefühlskräfte. Die Inkarnation darf nicht auf eine bloße Fleischwerdung reduziert werden. Gott hat sich sogar in das kollektive Unbewußte hineinbegeben, um es zu erlösen und zu vollenden. Christus ist in die Hölle hinabgestiegen. Wie könnte denn das von ihm bewirkte Heil unser Unbewußtes erreichen, wenn es nicht dessen Sprache spricht, wenn es nicht seine Kategorien übernimmt?«[20]

Dieser Text bringt wichtige Richtlinien im Hinblick auf die Beziehungen zwischen den »immanenten« Symbolformen und dem Glauben. Wir erwähnten es schon: das Problem des Glaubens ist den hier angestellten Betrachtungen fremd. Und dennoch interessiert uns einer seiner Aspekte: der christliche Glaube ist gebunden an eine *historische* Offenbarung. Was in den Augen des Christen die Gültigkeit der Bilder und Symbole verbürgt, ist die Manifestation Gottes in der Zeit. Wir haben gezeigt, daß die »immanente« und universelle Wassersymbolik aufgrund örtlicher oder geschichtlich bedingter jüdisch-christlicher Interpretationen der Taufsymbolik weder ausgerottet noch entwurzelt wurde. Um es etwas vereinfacht auszudrücken: es gelingt der Geschichte nicht, die

Struktur einer »immanenten« Symbolik von Grund auf zu ändern. Die Geschichte fügt zwar unaufhörlich neue Bedeutungen hinzu, doch diese zerstören nicht die Struktur des Symbols. Wir werden in Kürze sehen, welche Folgen diese Tatsache für die Geschichtsphilosophie und Kulturmorphologie hat. Im gegenwärtigen Augenblick wollen wir noch bei einigen Beispielen verweilen.

Im ersten Kapitel sprachen wir von der Symbolik des Weltenbaums. Das Christentum hat dieses Symbol benutzt, interpretiert und erweitert. An die Stelle des Weltenbaums tritt das – aus dem Holz des Baumes der Erkenntnis des Guten und Bösen gefertigte – Kreuz; sogar Christus wird als Baum beschrieben (Origenes). Eine Homelie des Pseudo-Chrysostomos beschwört das Kreuz als einen Baum, »der von der Erde zum Himmel ragt. Unsterbliches Gewächs – es erhebt sich vom Mittelpunkt des Himmels zu der Erde: fester Pfeiler des Weltalls, Band zwischen allen Dingen, Stütze der gesamten bewohnten Erde, kosmisches Geflecht, das die ganze bunte Vielfalt der Menschennatur in sich schließt...« Und noch heute stimmt am Tage der Kreuzeserhöhung die byzantinische Liturgie den Hymnus an: »Der auf dem Kalvarienberg gepflanzte Baum, der Baum, daran der König aller Jahrhunderte unser Heil vollendete« – »der Baum, entwachsen aus den Tiefen der Erde, der aus dem Erdenzentrum emporwuchs und bis an die fernsten Grenzen der Erde alles heiligt.«[21] Das Bild des Weltenbaums hat sich erstaunlich rein erhalten. Sein Urbild ist aller Wahrscheinlichkeit nach in der Weisheit zu suchen, die, dem Buch der *Sprichwörter* zufolge (3, 18), »jedem ein Lebensbaum ist, der nach ihr greift«. Diese Weisheit, kommentiert H. de Lubac, »ist für die Juden das Gesetz, für die Christen ist sie der Gottessohn«. Ein anderes mutmaßliches Urbild ist der von Nebukadnezar im Traum geschaute Baum (*Daniel* 4, 7-15). »Was ich auf meinem Lager vor Augen hatte, war dies: Da stand ein Baum mitten auf der Erde; er war sehr hoch« usw.

H. de Lubac räumt ein, daß das mit dem Weltenbaum gleichgesetzte Kreuz, genau wie der Weltenbaum indischer Überlieferungen, im Christentum einen »allgemein verbreiteten alten Mythos fortführt«.[22] Dann aber beeilt er sich, die vom Christentum beigebrachten Neuerungen herauszustreichen. So bemerkt man beispielsweise im weiteren Text der erwähnten Pseudo-Chrysostomos-Homelie, daß das Weltall der Kirche gleich sei: »Sie ist der neue Makrokosmos, dessen Miniaturabbild die christliche Seele ist.«[23] Und noch viele andere Unterschiede zwischen Buddha und Christus, zwischen dem Sanchi-Pfeiler und dem Kreuz springen in die Augen.[24] Dieser hervorragende Theologe, obwohl davon überzeugt, daß im Buddhismus wie im Christentum die Verwendung eines solchen Bildes »letztlich nur eine *Sprachkonvention* ist«[25], übertreibt offensichtlich die Bedeutung geschichtlicher Merkmale: »Die ganze Frage läuft doch darauf hinaus, worin in jedem Einzelfall Art und Rang der Originalität der ›besonderen Version‹ bestehen.«[26]

Ist dies wirklich die ganze Frage? Sind wir tatsächlich dazu verurteilt, uns allein mit erschöpfender Analyse der »besonderen Versionen« zu begnügen, die letzten Endes eine lokale Geschichte darstellen? Haben wir denn gar kein Mittel, um an das Bild, an das Symbol, an den Archetypus in seiner Struktur selbst heranzukommen, in dieser *Totalität*, die alle »Geschichten« umfaßt, ohne sie jedoch zu vermengen? Zahlreiche patristische und liturgische Texte vergleichen das Kreuz mit einer Leiter, einer Säule oder einem Berg.[27] Diese Bilder aber sind, wie man sich erinnert, die überall auf Erden verbreiteten Ausdrücke für das »Weltzentrum«. In der Eigenschaft als Symbol des Weltzentrums wird das Kreuz gleichgesetzt mit dem kosmischen Baum. Das ist der Beweis dafür, daß *das Bild des Zentrums sich ganz natürlich dem christlichen Geist aufdrängte*. Durch das Kreuz (= Zentrum) wird die Verbindung mit dem Himmel bewirkt und im selben Augenblick auch das gesamte Weltall »erlöst«.[28] Mit anderen Worten: *Der Begriff des »Heils« bewirkt nur die Vervollkommnung und die Wiederaufnahme der Begriffe der unauf-*

hörlichen Erneuerung und der kosmischen Verjüngung, der universellen Fruchtbarkeit und Heiligkeit, der absoluten Wirklichkeit und zuletzt der Unsterblichkeit – lauter Begriffe, die in der Symbolik des Weltenbaums nebeneinander bestehen.[29]

Man möge uns richtig verstehen: wir bestreiten nicht die Bedeutung der Geschichte und auch nicht, im Fall des jüdischen Christentums, die des Glaubens, die ihren Dienst leistet für die Beurteilung dieses oder jenes Symbols, *so wie es in einer bestimmten Kultur verstanden und gelebt wurde*; darauf werden wir noch eingehend zu sprechen kommen. Das entscheidende Problem kann man jedoch nicht dadurch lösen, daß man ein Symbol in seiner eigenen Geschichte »situiert«, das entscheidende Problem, das uns nicht eine »besondere Version« eines Symbols, sondern die *Totalität einer Symbolik* enthüllt. Wir sehen bereits, daß die verschiedenen Bedeutungen eines Symbols sich untereinander verketten, in der Art eines Systems gegenseitig verbunden sind; die zwischen verschiedenen Sonderfassungen erkennbaren Widersprüche sind in den meisten Fällen nur Schein: sie lösen sich auf, sobald man die Symbolik in ihrer Gesamtheit betrachtet und ihre Struktur herausschält. Jede neue Bewertung eines archetypischen Bildes krönt und vollendet die früheren: das im Kreuz geoffenbarte »Heil« hebt die vorchristlichen Wertigkeiten des Weltenbaums nicht auf, dieses ausgeprägten Symbols der ganzheitlichen *renovatio*; im Gegenteil, dem Kreuz kommt es nun zu, alle sonstigen Wertgehalte und Bedeutungen zu krönen.[30] Betonen wir noch einmal, daß diese durch die Gleichung Weltenbaum = Kreuz erbrachte neue Sinngebung sich in der Geschichte und durch ein geschichtliches Ereignis vollzog: das Leiden Christi. Wie wir bald sehen werden, bestand die bedeutende Originalität des jüdischen Christentums darin, daß es die Geschichte zur Theophanie verklärte.

Ein anderes Beispiel. Man weiß, daß der Schamane in die Unterwelt hinabsteigt, um die von Dämonen entführte Seele des erkrankten Menschen zu suchen und zurückzubringen.[31] Auch Orpheus steigt in die Unterwelt hinab, um seine eben verstorbene Gattin Eurydike zurückzuführen. Anderswo gibt es ähnliche Mythen: in Polynesien, in Nordamerika, in Zentralasien (hier bildet der Mythos den wesentlichen Bestandteil einer mündlichen Literatur schamanischer Struktur) erzählt man, daß ein Held in die Unterwelt hinabsteigt, um die Seele seiner toten Frau zurückzugewinnen; in den polynesischen und zentralasiatischen Mythen gelingt es ihm, während er in den nordamerikanischen den gleichen Mißerfolg wie Orpheus hat. Wir beeilen uns nun nicht, hieraus schon Schlüsse zu ziehen. Nur eine Einzelheit möchten wir genau festhalten: Orpheus ist der wilde Tiere zähmende Sänger, der Arzt, der Poet, der Kulturbringer; kurz gesagt, er faßt in seiner Person genau jene Funktionen zusammen, die in »primitiven Gesellschaften« dem Schamanen zufallen. Dieser ist mehr als ein Heilkundiger oder Beherrscher ekstatischer Techniken: er ist auch der Freund und Meister der wilden Tiere, er ahmt ihre Stimmen nach, verwandelt sich in ein Tier; dazu ist er noch Sänger, Dichter, Begründer einer Kultur. Bemerken wir schließlich noch, daß auch Jesus zur Unterwelt niedersteigt, um Adam zu erlösen, um die Makellosigkeit des durch die Sünde zu Fall gekommenen Menschen wiederherzustellen (und eine der Folgen des menschlichen Sündenfalls bestand ja im Verlust der Herrschaft über die Tiere).

Sind wir nun berechtigt, Orpheus als einen »Schamanen« zu betrachten und Christi Abstieg in die Unterwelt mit den ihm ähnlichen Abstiegen der Schamanen in Ekstase zu vergleichen? Alles spricht dagegen: in den verschiedenen Kulturen und Religionen (Sibiriens und Nordamerikas, Griechenlands, der Juden und der Christen) werden diese Höllenfahrten ganz unterschiedlich bewertet. Unnötig, auf diese in die Augen springenden Unterschiede zu pochen. Ein Element jedoch, das wir nicht aus dem Auge verlieren dürfen, bleibt unverändert: es ist die Unzerstörbarkeit des Motivs, die Höllenfahrt *werde um des Heils einer Seele willen unternommen*;

ob dies die Seele irgendeines Kranken ist (Schamanenglaube in reinster Ausprägung) oder die der Gattin (griechische, nordamerikanische, polynesische, zentralasiatische Mythen) oder die der gesamten Menschheit (Christus), bekümmert uns im Augenblick wenig. Diesmal dient der Abstieg nicht nur der Initiation, sie wird nicht um eines persönlichen Vorteils willen unternommen, sie hat ein »heilbewirkendes« Ziel: man erfährt »Tod« und »Auferstehung« nicht mehr zum Zweck der Vervollkommnung einer schon errungenen Initiation, sondern um eine Seele zu erlösen. Ein neues Merkmal kennzeichnet nunmehr den Archetypus der Initiation: der symbolische Tod dient nicht allein der persönlichen geistigen Vollendung (letztlich dem Erringen der Unsterblichkeit), sondern er verwirklicht sich um des Heils *anderer* willen. Keineswegs geben wir damit einen primitiven Schamanen oder einen nordamerikanischen oder polynesischen Orpheus als einen Vorläufer Christi aus. Wir stellen nur fest, daß der Archetypus der Einweihung auch diese Wertigkeit des »Todes« (= Abstieg in die Unterwelt) zugunsten eines anderen Menschen enthält. (Bemerken wir nebenbei, daß die Sitzung der Schamanen, in deren Verlauf sich die Höllenfahrt vollzieht, einer mystischen Erfahrung gleichkommt; der Schamane ist »außer sich«, seine Seele hat den Körper verlassen.)

Eine andere grundlegende Schamanenerfahrung ist diejenige der Auffahrt zum Himmel: indem der Schamane sich des im »Weltzentrum« eingepflanzten kosmischen Baumes bedient, faßt er Fuß im Himmel, wo er dem höchsten Gott begegnet. Bekanntlich verwenden alle Arten der Mystik die Symbolik der Auffahrt, um die Erhebung der menschlichen Seele und die Vereinigung mit Gott bildlich auszudrücken. Nichts erlaubt uns, die Himmelsauffahrt des Schamanen mit der Himmelfahrt Buddhas, Mohammeds oder Christi gleichzusetzen: sogar der Inhalt der ekstatischen Erlebnisse ist jedesmal ein anderer. Doch dies bildet kein Hindernis dafür, daß sich der Begriff der Transzendenz überall auf Erden durch das

Bild einer Erhebung ausdrückt, und daß das mystische Erleben, welches auch seine religiöse Wurzel sein mochte, stets eine Himmelfahrt einschloß. Mehr noch: gewisse Arten der schamanischen Ekstase enthalten optische Erscheinungen, die manchen Erlebnissen der großen Mystiker der Geschichte (Indien, Ferner Osten, Mittelmeerwelt, Christentum) täuschend ähnlich sehen.
Laut Angabe der Kirchenväter besteht das mystische Leben in der Heimkehr ins Paradies.[32] Eines der charakteristischen Merkmale der Wiederherstellung des Paradieses ist eben die Herrschaft über die Tiere, die bereits das Vorrecht der Schamanen und des Orpheus ausmacht. Nun ist aber die Heimkehr ins Paradies in archaischen und primitiven Mystiken wiederzufinden, die man gewöhnlich unter dem Namen »Schamanismus« zusammenfaßt. An anderer Stelle haben wir darauf hingewiesen, daß die Trance des Schamanen die Situation des ersten der Menschen wiederbringt: im Verlauf seiner Trance erringt der Schamane abermals das paradiesische Dasein der ersten Menschen, die noch nicht von Gott getrennt waren. Die Überlieferungen künden uns wirklich von einer mythischen Zeit, da der Mensch unmittelbar mit den Göttern des Himmels verkehrte; durch die Ersteigung eines Berges, eines Baums, eines Schlinggewächses usw. konnten die ersten Menschen wirklich und mühelos zum Himmel gelangen. Und was die Götter betraf, so stiegen sie regelmäßig zur Erde nieder und mischten sich unter die Menschen. Dann wurden infolge irgendeines mythischen Ereignisses (im allgemeinen eines rituellen Verstoßes) die Verbindungen zwischen Himmel und Erde zerrissen (der Baum, das Schlinggewächs wurden zerstört usw.), und Gott zog sich in die Höhen des Himmels zurück. (In zahlreichen Überlieferungen kam dieser Rückzug des Himmelsgottes durch seine Verwandlung in einen *deus otiosus* zum Ausdruck.) Doch der Schamane vermag kraft einer Technik, deren Geheimnis er besitzt, vorübergehend und allein zu seinem persönlichen Gebrauch die Verbindungen zum Himmel wiederherzustellen und das

Zwiegespräch mit Gott neu aufzunehmen. Anders gesagt, es gelingt ihm, die Geschichte aufzuheben (all die Zeit, die seit dem »Sündenfall« und der Zerreißung der unmittelbaren Verbindungen zwischen Himmel und Erde verflossen ist); er geht zurück zum Gewesenen, er findet die ursprüngliche paradiesische Situation wieder. Diese Rückgewinnung eines mythischen *illud tempus* vollzieht sich in der Ekstase: die schamanische Ekstase läßt sich sowohl als Ursache wie als Folge der Erringung des paradiesischen Zustandes auffassen. Klarheit besteht jedenfalls darüber, daß auch das mystische Erleben der »Primitiven« an die ekstatische Rückkehr ins »Paradies« gebunden ist.[33]

Hierbei geht es weder um eine Erklärung der jüdisch-christlichen Mystik aus dem Schamanenglauben noch darum, im Christentum »schamanische Elemente« zu identifizieren. Aber es gibt einen Punkt, dessen Bedeutung niemandem verborgen bleiben kann: die mystische Erfahrung der »Primitiven« umfaßt, genau wie das mystische Leben der Christen, die Wiedererringung der Seinsweise des ursprünglichen Paradieses. *Die Gleichsetzung des mystischen Lebens mit der Heimkehr ins Paradies ist also kein jüdisch-christliches Zufallsereignis, das durch den Eingriff Gottes in die Geschichte bewirkt wäre; sie ist eine universelle »Gegebenheit« des Menschen von unzweifelhaft hohem Alter.*

Machen wir hier noch auf folgendes aufmerksam: der »Eingriff Gottes in die Geschichte«, das heißt die *in der Zeit* erfolgte göttliche Offenbarung, verlebendigt und verstärkt eine »zeitlose Situation«. Die Offenbarung, die dem jüdischen Christentum ausschließlich in einer geschichtlichen Zeit zuteil wird, die sich nicht mehr wiederholt und die dahin drängt, daß aus ihr eine Geschichte werde, die nur in einer Richtung verläuft, diese Zeit bewahrt die archaische Menschheit in den Mythen; dennoch werden sowohl das mystische Erleben der »Primitiven« als auch das mystische Leben der Christen durch denselben Archetypus zum Ausdruck gebracht: die Wiedergewinnung des ursprünglichen Paradie-

ses. Deutlich erkennt man, daß die Geschichte – in diesem Fall die Heilige Geschichte – nichts erneuert hat: bei den Primitiven wie bei den Christen geht es immer um eine paradoxe Rückkehr *in illud tempus*, um einen die Zeit und die Geschichte zunichte machenden »Rückwärtssprung«, der die mystische Wiederherstellung des Paradieses begründet.
Die Folge ist, daß die biblische und christliche Symbolik, obwohl sie mit einem letzten Endes »provinziellen« Geschichtsinhalt erfüllt ist – denn jede lokale Geschichte ist provinziell, gemessen an der in ihrer Ganzheit betrachteten universellen Geschichte! –, dennoch universell bleibt, wie jede kohärente Symbolik. Man darf sogar die Frage stellen, ob es nicht großenteils seiner Symbolik zu verdanken sei, daß das Christentum so leicht »zugänglich« wurde; ob nicht die universellen Bilder, die es für sich aufgreift, die Verbreitung seiner Botschaft erheblich erleichtert haben. Den Nichtchristen setzt nämlich von vornherein eine Frage in Verwirrung: wie kann eine lokale Geschichte – die des jüdischen Volkes und der ersten jüdisch-christlichen Gemeinden – den Anspruch erheben, zum Vorbild jeder göttlichen Offenbarung in der konkreten, geschichtlichen Zeit zu werden? Die Antwort darauf glauben wir im Ansatz gefunden zu haben: mag auch die heilige Geschichte in den Augen eines fremden Beobachters eine lokale Geschichte sein, so ist sie doch zugleich eine beispielhafte Geschichte, da sie überzeitliche Bilder aufgreift und vollendet.
Woher stammt nun dieser unwiderstehliche, hauptsächlich von Nichtchristen empfundene Eindruck, das Christentum habe im Vergleich zu der vorher bestehenden Religiosität *Neues* gestiftet? Für einen mit dem Christentum sympathisierenden Hindu besteht (wenn man die Botschaft oder die Göttlichkeit Christi einmal beiseite läßt) die erregendste Neuerung in der Aufwertung der Zeit und letztlich im *Heil* der Zeit und der Geschichte.[34] Man entsagt der Umkehrbarkeit der zyklischen Zeit, man gebietet eine Zeit, die irreversibel ist, weil sich diesmal eine Zeit, die in der Zeit erschienenen

Hierophanien nicht wiederholen lassen: es geschah ja nur einmal, daß Christus lebte, gekreuzigt wurde und auferstand. Daher rührt eine Fülle des Augenblicks, die Ontologisierung der Zeit: hier glückt es der Zeit, ein *Sein* zu haben, und das bedeutet, daß sie aufhört zu werden, daß sie sich in Ewigkeit verwandelt. Sagen wir es gleich: nicht ein beliebiger Zeitmoment reißt die Ewigkeit an sich, sondern nur der »günstige Augenblick«, der Moment, der durch eine Offenbarung verwandelt wurde (ob man diesen »günstigen Augenblick« nun *kairos* nennt oder nicht). Die Zeit wird zu einem Wert in dem Maße, in dem Gott sich durch sie offenbart, ihr eine über die Geschichte hinausragende Bedeutung und eine soteriologische Bestimmung verleiht: denn ging es in jedem neuen Eingreifen Gottes in die Geschichte nicht immer um das Heil des Menschen, das heißt um etwas, das mit der Geschichte nichts zu tun hat? Die Zeit wird Erfüllung aufgrund der Fleischwerdung des göttlichen Wortes; aber eben diese Tatsache verändert die Geschichte. Wie könnte jene Zeit nichtig und leer sein, die *sah*, wie Jesus geboren wurde, wie er litt, starb und auferstand? Wie sollte diese Zeit umkehrbar und *ad infinitum* wiederholbar sein?

Aus religionsgeschichtlicher Sicht führt uns das jüdische Christentum die erhabenste Hierophanie vor Augen: *die Verwandlung des geschichtlichen Geschehens in Heilsoffenbarung*. Es handelt sich um etwas Größeres als um die Hierophanisierung der Zeit, denn die heilige Zeit ist allen Religionen vertraut. Doch diesmal ist es das geschichtliche Geschehen als solches, das den höchsten Grad der Übergeschichtlichkeit offenbart: Gott greift nicht bloß in die Geschichte ein, wie es im Judentum der Fall war; er verkörpert sich in einem geschichtlichen Wesen, um eine geschichtlich bedingte Existenz zu erleiden; dem Anschein nach unterscheidet sich Jesus von Nazareth in keiner Weise von seinen in Palästina lebenden Zeitgenossen. Scheinbar ist das Göttliche innerhalb der Geschichte gänzlich verhüllt; nichts ist da, was in Jesu Physiologie, Psychologie oder »Kultur« Gottvater selbst auch nur ahnen ließe; Jesus ißt, verdaut, leidet an Durst oder an der Hitze wie jeder andere Jude in Palästina auch. In Wirklichkeit jedoch ist dieses »historische Ereignis«, das das Dasein Jesu ausmacht, eine totale Theophanie; es ist dies so etwas wie ein kühner Versuch, *das geschichtliche Geschehen zu erlösen* in seinem eigenen Dasein, indem ihm ein Höchstmaß von Sein zugestanden wird.

Trotz der Bedeutung, die das jüdische Christentum der Zeit und der Geschichte zugesteht, führt es nicht zum Historizismus, sondern zu einer Theologie der Geschichte. Nicht um seiner selbst willen wird das Ereignis aufgewertet, sondern einzig aufgrund der Offenbarung, die es enthält, einer Offenbarung, die ihm vorausgeht und es zugleich transzendiert. Der Historizismus als solcher ist ein Produkt der Zersetzung des Christentums; er konnte sich nur in dem Ausmaß entwikkeln, wie der Glaube an eine Übergeschichtlichkeit des historischen Ereignisses verlorengegangen war.

Doch eine Tatsache bleibt: das Christentum bemüht sich, die Geschichte zu *erlösen*; zunächst deshalb, weil es der geschichtlichen Zeit einen Wert zuerkennt; sodann deshalb, weil für den Christen das geschichtliche Ereignis, auch wenn es bleibt, was es ist, die Fähigkeit erlangt, eine übergeschichtliche Botschaft weiterzugeben: die ganze Frage besteht darin, diese Botschaft zu entschlüsseln. Der Christ ist nämlich nach der Fleischwerdung Christi nicht mehr allein der Ergründer der Eingriffe Gottes ins Weltall (wobei er kosmische Hierophanien, Bilder und Symbole zu Hilfe nimmt), sondern auch der Ergründer göttlichen Einwirkens auf die Ereignisse der Geschichte. Das Unternehmen ist nicht immer einfach; zwar entziffert man ohne allzugroße Schwierigkeiten die »Zeichen« für Gottes Gegenwart im Weltall, doch im Reich der Geschichte sind derlei Zeichen wie von Nebeln verhüllt.

Und in der Tat räumt der Christ es ein, daß das Wunder nach der Fleischwerdung nicht mehr leicht erkennbar ist; da das größte »Wunder« eben die Inkarnation gewesen war, hat alles, was sich vor Jesus Christus *eindeutig als Wunder offen-*

barte, nach seiner Ankunft weder Sinn noch Nutzen mehr. Selbstverständlich gibt es eine ununterbrochene Reihe von Wundern, die Anerkennung von seiten der Kirche fanden, doch alle erhielten ihre Legitimierung gemäß ihrer Abhängigkeit von Christus und nicht mehr kraft einer ihnen innewohnenden »Wunder«-Natur. (Man weiß, daß die Kirche sorgfältig zwischen den der »Magie« und dem »Dämon« zuzuschreibenden und den von der Gnade gespendeten Wundern unterscheidet.) Das Vorhandensein und die Gültigkeit der von der Kirche beglaubigten Wunder läßt dennoch das große Problem der *Unerkennbarkeit* des Wunderbaren in der Christenwelt ungelöst; denn man kann ganz in Christi Nähe sein, ihn *nachahmen*, ohne ein sichtbares Zeichen davon zu tragen: man kann Christus *nachahmen, indem man sein geschichtliches Leben nochmals lebt*, jenes Leben, das scheinbar dem Dasein aller Menschen glich. Kurz, der Christ ist dazu angehalten, sich jedem geschichtlichen Ereignis »mit Furcht und Zittern« zu nahen: denn in seinen Augen kann auch das banalste historische Ereignis, selbst wenn es weiterhin *real* bleibt (= historisch bedingt), einen neuen Eingriff Gottes *in* die Geschichte verhüllen; in jedem Fall kann dieses Ereignis eine über die Geschichte hinausweisende Bedeutung haben, eine Botschaft tragen. Somit vermag sich das geschichtliche Leben an sich für den Christen mit Ruhm zu erfüllen: dies bezeugt das Leben Christi und der Heiligen. Mit dem Auftreten des Christentums sind das Weltall und die Bilder nicht mehr allein beauftragt, abzubilden und zu enthüllen; nun gibt es auch die Geschichte, besonders die bescheidene »kleine« Geschichte, die sich aus scheinbar bedeutungslosen Begebenheiten zusammenfügt.[35]

Das ist ohne Zweifel richtig, aber man darf den Umstand nicht aus dem Auge verlieren, daß das Christentum sich in die Geschichte einschaltete, um sie aufzuheben; die größte Hoffnung des Christen ist Christi zweite Ankunft, die jeder Geschichte ein Ende bereiten wird. In gewisser Hinsicht können – für jeden einzelnen Christen – dieses Ende sowie die darauf folgende Ewigkeit, das wiedergefundene Paradies, *von jetzt an* stattfinden. Diese von Christus verkündigte Zeit ist bereits zugänglich, und für den, der sie errungen hat, hört die Geschichte zu existieren auf. Die Verwandlung der Zeit in Ewigkeit hat mit den ersten gläubigen Menschen begonnen. Es ist jedoch diese paradoxe Verwandlung der Zeit in Ewigkeit nicht ausschließlich ein Gedanke des Christentums. Wir begegneten der gleichen Anschauung und der gleichen Symbolik in Indien.[36] Dem *ksana* entspricht der *kairos*: dieser wie jener vermag zum »günstigen Augenblick« zu werden, kraft dessen man »aus der Zeit herausgelangt«, auf daß man die Ewigkeit gewinne ... Letzten Endes wird vom Christen gefordert, daß er der Zeitgenosse Christi werde: und das impliziert sowohl eine konkrete Existenz in der Geschichte als auch ein Leben, das sich ein Zeitgenosse weiß des Lehrens, des Leidens und Sterbens und der Auferstehung Christi.

Symbole und Kulturen

Die Geschichte einer Symbolik bietet ein erregendes und zudem ein durchaus legitimes Studium dar: ist sie doch die vorzüglichste Einführung in jenes Gebiet, das man Kulturphilosophie genannt hat. Bilder, Archetypen, Symbole werden auf verschiedene Weise gelebt und bewertet: das Ergebnis dieser vielfältigen Aktualisierungen bildet zum großen Teil die »Kulturstile«. In Ceram auf den Molukkeninseln und in Eleusis findet man die mythischen Abenteuer eines jungen Mädchens aus den ersten Tagen der Menschheit wieder: dort heißt es Hainuwele, hier Kore Persephone.[37] In struktureller Hinsicht gleichen die beiden Mythen einander. Und doch, welch große Verschiedenheit besteht zwischen der Kultur Griechenlands und jener auf Ceram! Den verschiedenen Formen, die das Bild des jungen Mädchens in Griechenland und auf den Molukken annahm, werden wohl hauptsächlich die Kulturmorphologie und Stilphilosophie Interesse abgewinnen. Sind jedoch beide Kulturen als historische Gebilde in den ihr gemäßen Stilen bereits konstituiert, also nicht mehr austauschbar, so sind sie doch auf der Ebene der Bilder und Symbole miteinander vergleichbar. Gerade diese Beständigkeit und Allgemeingültigkeit der Archetypen »retten« in letzter Instanz die Kulturen, wobei sie gleichzeitig eine Kulturphilosophie ermöglichen, die mehr ist als eine Morphologie oder eine Geschichte der Stile. Eine jede Kultur ist ein »Sturz in die Geschichte«; damit ist sie zugleich begrenzt. Man lasse sich von der unvergleichlichen Schönheit, vom Adel, von der Vollkommenheit der griechischen Kultur nicht täuschen; sofern sie ein *geschichtliches Phänomen* darstellt, ist auch sie nicht allgemein gültig: versucht doch einmal, die griechische Kultur beispielsweise einem Afrikaner oder einem Indonesier nahezubringen: nicht der wunderbare griechische »Stil« wird ihm die Botschaft vermitteln, sondern die Bilder, die der Afrikaner oder der Indonesier in den Statuen oder in den Meisterwerken der klassischen Literatur wiederentdecken wird. Das, was für einen Menschen des Westens in den *geschichtlichen Erscheinungen* der antiken Kultur *schön und wahr* ist, hat für einen Menschen Ozeaniens keinen Wert; denn im selben Augenblick, da die Kulturen sich in durch die Geschichte bedingten Strukturen und Stilen manifestierten, begrenzten sie sich auch. Die Bilder jedoch, die ihnen vorausgehen und sie belehren, bleiben ewig lebendig und überall auf der Welt zugänglich. Ein Europäer wird schwerlich zugestehen, daß für drei Viertel der gesamten Menschheit der allgemeinmenschliche geistige Wert und die tiefe Botschaft eines griechischen Meisterwerkes (beispielsweise der *Venus von Milo*) keineswegs in der Formvollendung der Statue liegen, sondern in dem Bild der Frau, das sie darstellt. Und dennoch: wenn man es nicht zustande bringt, sich Rechenschaft zu geben von dieser schlichten, nachweisbaren Wahrheit, dann wird man nie hoffen dürfen, ein fruchtbares Gespräch mit einem Nichteuropäer in Gang zu setzen.

Um zusammenzufassen: die Anwesenheit der Bilder und

Symbole sorgt dafür, daß die Kulturen »offen« bleiben: von welcher Kultur man auch ausgehen mag, von der australischen so gut wie von der der Athener – die Grenzsituationen des Menschen enthüllen sich immer dank den Symbolen, die diese Kulturen tragen. Vernachlässigt man diese einzige Geistesgrundlage der verschiedenen Kulturstile, dann bleibt die Kulturphilosophie dazu verurteilt, eine morphologische oder geschichtliche Forschung zu bleiben, die für das Menschsein als solches keinerlei Wert hat. Wären die Bilder nicht zugleich eine »Öffnung« zum Transzendenten, so würde man in jeder beliebigen Kultur am Ende ersticken, wie groß und wunderbar man sie auch einschätzt. An der Quelle einer stilistisch und geschichtlich bedingten geistigen Schöpfung vermag man immer dem Archetypus zu begegnen: Kore Persephone wie Hainuwele offenbaren uns das gleiche von Pathos erfüllte und doch fruchtbare Schicksal des jungen Mädchens.

Die Bilder sind »Öffnungen« in eine übergeschichtliche Welt. Und ihr nicht geringstes Verdienst besteht darin, daß dank ihnen die verschiedenen »Geschichten« miteinander in Austausch treten können. Oft schon war die Rede von der Vereinheitlichung des mittelalterlichen Europa durch das Christentum. Daß dies wahr ist, wird besonders deutlich, wenn man an die Gleichsetzung der volkstümlichen religiösen Überlieferungen denkt. Von Thrakien bis Skandinavien, vom Tajo bis zum Dnjepr wurden mittels der christlichen Heiligenverehrung die lokalen Kulte auf einen »gemeinsamen Nenner« gebracht. Die Götter und die Kultstätten ganz Europas bekamen dank der Tatsache ihrer Christianisierung nicht bloß gemeinsame Namen, sondern haben gewissermaßen ihre eigenen Archetypen und folglich auch ihre universellen Wertigkeiten wiedergefunden: eine Quelle in Gallien, seit vorgeschichtlicher Zeit geheiligt, jedoch geheiligt durch die Anwesenheit einer *lokalen* oder regionalen göttlichen Gestalt, wurde nun, nachdem sie der Jungfrau Maria geweiht war, für die *gesamte Christenheit* heilig. Alle Drachentöter setzte man dem heiligen Georg oder einem anderen christlichen Helden gleich. Die zuvor regionale und provinzielle Volksmythologie wurde *ökumenisch*. Die Bedeutung der zivilisatorischen Rolle des Christentums beruht hauptsächlich auf der Erschaffung einer neuen mythologischen Sprache als Gemeingut für die Völker, die, weiterhin an ihre Scholle gebunden, in höchstem Maße Gefahr liefen, sich in ihren von den Ahnen überlieferten Traditionen abzukapseln. Als nämlich der neue Glaube das uralte religiöse Erbe Europas christianisierte, reinigte er es nicht nur, sondern ließ auch alles, was von den alten Praktiken, Glaubensformen und Hoffnungen des vorchristlichen Menschen »gerettet« zu werden verdiente, in die neue Geistesstufe der Menschheit eingehen. Noch heute leben im volkstümlichen Christentum Riten und Glaubensinhalte des Neolithikums fort: beispielsweise der zur Ehrung der Toten bereitete Körnerbrei (in Osteuropa und im ägäischen Gebiet die *coliva*). Die Christianisierung der Volksschichten Europas hat sich hauptsächlich mit Hilfe der Bilder vollzogen: man fand sie überall vor, man brauchte sie nur neu zu bewerten, zu integrieren und ihnen neue Namen zu geben.

Man darf nicht hoffen, daß schon morgen ein ähnliches Phänomen eintreten wird und sich auf dem ganzen Planeten wiederholt. Im Gegenteil, das Auftreten der exotischen Völker auf der Bühne der Geschichte wird – im Gegenzug – überall das Ansehen der einheimischen Religionen vermehren. Wie wir schon sagten, wird der Westen gegenwärtig zu einem Dialog mit den anderen, den »exotischen« und »primitiven« Kulturen gedrängt. Es wäre zu bedauern, wenn der Westen dieses Gespräch anbahnte, ohne aus allen den vom Studium der Symbolformen erbrachten Enthüllungen irgendeine Lehre gezogen zu haben.

Nach dem Gesagten ist wohl deutlich geworden, in welchem Sinn die »konfusionistische« Einstellung eines Tylor oder eines Frazer überwunden worden ist, Forschern, die im Rahmen ihrer anthropologischen und ethnographischen Studien Beispiele angehäuft haben, denen jeder geographische oder geschichtliche Zusammenhang fehlte: sie zitierten einen australischen Mythos neben einem sibirischen, einem afrikanischen oder einem nordamerikanischen, in der Überzeugung, daß es sich immer und überall um dieselbe »gleichförmige Reaktion des menschlichen Geistes gegenüber den Naturphänomenen« handele. Angesichts dieser Einstellung – die der eines Naturforschers Darwinscher Prägung so ähnlich ist – stellten die kulturhistorische Schule von Graebner–Schmidt sowie die anderen historizistischen Schulen einen unbestreitbaren Fortschritt dar. Und dennoch kam es darauf an, nicht in der kulturhistorischen Perspektive zu verharren und sich zu fragen, ob ein Symbol, ein Mythos, ein Ritual, abgesehen von ihrer speziellen Geschichte, uns die Lage des Menschen als eigene Seinsweise im Universum zu enthüllen vermögen. Diese Frage haben wir sowohl in diesem Buch als in verschiedenen unserer früheren Publikationen zu behandeln versucht.[38]

Als gute Positivisten betrachteten Tylor und Frazer das magisch-religiöse Leben der archaischen Menschheit als eine Anhäufung kindlicher, »abergläubischer« Vorstellungen: Produkt der von den Ahnen ererbten Ängste oder der »primitiven« Unwissenheit. Dieses Werturteil widerspricht indessen den Tatsachen. Das magisch-religiöse Verhalten der archaischen Menschheit offenbart eine existentielle Bewußtwerdung des Menschen im Hinblick auf den Kosmos und sich selbst. Dort, wo Frazer nichts weiter erblickte als »Aberglauben«, war bereits eine Metaphysik implizit vorhanden, auch wenn sie sich eher durch Symbole als durch ein Begriffsgebäude ausdrückte: eine Metaphysik, also eine

umfassende und kohärente Konzeption der Wirklichkeit – nicht aber eine Aneinanderreihung bloß instinktiver Gesten, die beherrscht wären von ein und derselben grundlegenden »Reaktion des Tieres Mensch angesichts der Natur«. Wenn wir also ein Symbol aus Ozeanien mit einem Symbol aus Nordasien vergleichen – wobei wir von der sie trennenden »Geschichte« abstrahieren –, glauben wir nicht deshalb zu diesem Schritt berechtigt zu sein, weil das eine wie das andere Symbol das Produkt der gleichen »infantilen Mentalität« wäre, sondern weil das Symbol an sich die Bewußtwerdung einer Grenzsituation ausdrückt.
Man hat versucht, den »Ursprung« der Symbole aus dem Sinneseindruck zu erklären, der von den großen kosmischen Rhythmen (beispielsweise vom Lauf der Sonne) unmittelbar auf die Hirnrinde einwirkt. Wir sind für die Erörterung dieser Hypothese nicht zuständig. Doch das Problem des »Ursprungs« scheint uns schon an sich falsch gestellt zu sein.[39] Sofern die kosmischen Rhythmen *Naturphänomene* sind, kann das Symbol nicht ihr Reflex sein, denn immer offenbart das Symbol noch etwas *mehr* als den Aspekt jenes kosmischen Lebens, als dessen Darstellung man es auffaßt. Beispielsweise enthüllen uns die Symbolgestalten der Sonne sowie die Sonnenmythen auch eine »nächtliche«, »böse« und »dem Grabkult zugehörige« Seite der Sonne, die nicht von vornherein im Phänomen Sonne als solchem *evident* ist. Diese in gewisser Weise *negative*, in der *Sonne als kosmischem Phänomen* nicht wahrnehmbare Seite ist nun aber konstitutiv für die Sonnen*symbolik*, was beweist, daß das Symbol von Anfang an als eine Schöpfung der Psyche erscheint. Noch eindeutiger tritt dies zutage, wenn man sich daran erinnert, daß die Funktion eines Symbols gerade darin besteht, eine totale Wirklichkeit zu enthüllen, die anderen Mitteln der Erkenntnis nicht zugänglich ist: zum Beispiel die Übereinstimmung der Gegensätze, die so oft und so *einfach* in Symbolen Ausdruck fand, ist nirgendwo im Weltall *gegeben* und weder der unmittelbaren Erfahrung des Menschen noch dem diskursiven Denken zugänglich.

Hüten wir uns dennoch vor der Vermutung, die Symbolik beziehe sich ausschließlich auf »geistige« Wirklichkeiten. Für das archaische Denken ist eine derartige Scheidung zwischen »Geistigem« und »Stofflichem« sinnlos: beide Ebenen ergänzen einander. Das kommt darin zum Ausdruck, daß eine Behausung, die als im Weltzentrum befindlich aufgefaßt wird, dennoch ein Gebrauchsgegenstand ist, der ganz bestimmten Bedürfnissen entspricht und durch das Klima, die wirtschaftliche Struktur der Gesellschaftsform und die architektonische Tradition bedingt ist. Erst vor kurzem entbrannte wieder der alte Streit um die religiöse Architektur des alten Ägypten zwischen »Symbolisten« und »Realisten«. Die beiden Standpunkte sind jedoch nur scheinbar unversöhnlich: denn im Gesichtskreis des archaischen Denkens bedeutet das Einkalkulieren »unmittelbar gegebener Wirklichkeiten« in keiner Weise ein Ignorieren oder Mißachten der diesen Wirklichkeiten innewohnenden symbolischen Ausweitungen, und *vice versa*. Man darf nicht annehmen, daß die symbolische Erweiterung den konkreten, spezifischen Wert eines Gegenstands oder einer Handlung zunichte mache: wenn (wie in gewissen australischen und asiatischen Sprachen) der Spaten »Phallus« genannt und (wie fast überall auf der Welt) die Aussaat dem Geschlechtsakt gleichgesetzt wird, so folgt daraus doch nicht, daß der »primitive« Ackerbauer die charakteristische Aufgabe seiner Arbeit und den konkreten, unmittelbaren Wert seines Werkzeuges nicht kennt. Die Symbolik fügt einem Gegenstand oder einer Handlung einen neuen Wert *hinzu*, ohne darum den ihnen eigentümlichen und unmittelbar gegebenen Werten Abbruch zu tun. Die Symbolik »öffnet« gleichsam den Gegenstand oder die Handlung, auf die sie sich bezieht. Das symbolische Denken »sprengt« die unmittelbare Wirklichkeit, jedoch ohne sie zu beeinträchtigen oder zu entwerten: aus ihrer Sicht ist das Weltall nicht in sich abgeschlossen und kein Ding in der ihm eignenden Seinsweise isoliert: alles hängt miteinander zusammen, durch ein strenges System von Entsprechungen und

Gleichsetzungen.[40] Der Mensch der archaischen Gesellschaften ist inmitten einer »offenen« und bedeutungsreichen Welt zum Bewußtsein seiner selbst gekommen: die Frage bleibt, ob diese »Öffnungen« Fluchtwege sind oder ob sie im Gegenteil die einzige Möglichkeit sind, Zugang zu finden zur wahrhaftigen Wirklichkeit der Welt.

Anmerkungen

Vorbemerkung: Folgende, von Eliade wiederholt in den Anmerkungen zitierte Werke liegen deutsch im Suhrkamp und Insel Verlag, Frankfurt am Main, vor:

Traité d'histoire des religions, Paris 1949: dt. unter dem Titel: *Die Religionen und das Heilige*. Übs. von R. Rassem und Inge Köck. 1986
Le mythe de l'éternel retour, Paris 1949: dt. unter dem Titel: *Kosmos und Geschichte*. Übs. von Günter Spaltmann. 1984
Le chamanisme et les techniques archaïques de l'extase, Paris 1951: dt. unter dem Titel: *Schamanismus und archaische Ekstasetechnik*. Übs. von Inge Köck. 1982
Techniques de Yoga, Paris 1948: dt. unter dem Titel: *Yoga. Unsterblichkeit und Freiheit*. Übs. von Inge Köck. 1977

VORWORT

1 Wir stellen hier den Sachverhalt sehr vereinfacht dar, denn es geht um einen Aspekt der Dinge, den an dieser Stelle ins Auge zu fassen uns unmöglich ist. Was die soteriologischen Mythen und Symbole im Kommunismus betrifft, so liegt es auf der Hand, daß – mit Ausnahme der marxistischen Führungselite und ihrer Ideologie – die sympathisierenden Massen mit Slogans angetrieben und aufgestachelt werden, die etwa lauten: Befreiung, Freiheit, Friede, Überwindung sozialer Konflikte, Abschaffung des Ausbeuterstaates und der privilegierten Klassen usw., Slogans, deren mythische Struktur und Funktion keines weiteren Beweises mehr bedürfen.

2 Welch erregendes Unterfangen wäre es, die wahre geistige Rolle zu ergründen, die dem Roman des 19. Jahrhunderts zukam; denn ungeachtet aller »Formeln« wissenschaftlicher, realistischer, sozialer Prägung war er das große Sammelbecken der entwerteten Mythen!

3 Wir widmeten der Symbolik der Inseln und der Nacktheit im Werk eines der größten Dichter des 19. Jahrhunderts, Mihail Eminiescu, eine Studie, die 1938 erschien (siehe M. Eliade, *Insula Lui Euthanasius*, Bukarest 1943, S. 5-18).

4 Es ist C. G. Jungs größtes Verdienst, die Freudsche Psychoanalyse dadurch, daß er von der *Psychologie an sich* ausging, überholt und somit dem geistigen Sinn des Bildes wieder zur Geltung verholfen zu haben.

5 Siehe M. Eliade, *Traité d'histoire des religions*, Paris 1949, S. 304 und passim [dt.: *Die Religionen und das Heilige*, übers. v. R. Rassem und Inge Köck, Salzburg 1954].

6 Siehe die reichhaltigen und scharfsinnigen Analysen Gaston Bachelards in seinen über die »Imagination der Materie« handelnden Werke: *La psychanalyse du feu, L'eau et les rêves, L'air et les songes, La terre et les rêveries*, 2 Bde., Paris 1939-1948. G. Bachelard stützt sich hauptsächlich auf die Dichtung und die Träume, gelegentlich auch auf die Folk-

lore; indessen ließe sich mühelos nachweisen, auf welche Weise die dichterischen Träume und Bilder die sakralen Symbolismen und die archaischen Mythologien weiterführen. Im Zusammenhang mit den Bildern des Wassers und der Erde, die in die Träume und die Literaturen eingehen, vgl. M. Eliade, *Traité d'histoire des religions*, S. 168f., 211f.: die von den aquatischen und tellurischen Hierophanien und Symbolismen handelnden Kapitel.

KAPITEL I

1 Siehe unten Kap. III: Der »bindende Gott« und die Symbolik der Knoten.

2 Siehe M. Eliade, *Le mythe de l'éternel retour*, Paris 1949 [dt.: *Der Mythos der ewigen Wiederkehr*, übers. v. Günther Spaltmann, Düsseldorf 1955, Kap. I: »Archetypen und Wiederholung«].

3 Vgl. W.J. Knight, *Cumaean Gates*, Oxford 1936; K. Kerényi, *Labyrinth-Studien*, Amsterdam–Leipzig 1941, Albae Vigiliae, Heft 15.

4 Siehe M. Eliade, *Traité d'histoire des religions*, Paris 1949, S. 315f. [dt.: *Die Religionen und das Heilige*, übers. v. R. Rassem und Inge Köck, Salzburg 1954].

5 Vgl. R. Pettazzoni, *Miti e Leggende*, Bd. 1, Turin 1948, S. V; »Verità del Mito«, *Studi e Materiali di Storia delle Religioni*, Bd. 21, 1947-1948; G. van der Leeuw, »Die Bedeutung der Mythen«, *Festschrift für Alfred Bertholet*, Tübingen 1949, S. 287-293; M. Eliade, *Traité d'histoire des religions*, S. 350f.

6 P. Schebesta, *Die Negritos Asiens. Die Pygmäenvölker der Erde*, Bd. 2, 1, so heißt es u.a. S. 152f. (nach dem Eingeborenentext zitiert): »Wenn Puteu stirbt ... Puteu wird zum Tiger, er wohnt am Batu-Ribn.«

7 Vgl. z.B. W. Gaerte, »Kosmische Vorstellungen im Bilde prähistorischer Zeit: Erdberg, Himmelsberg, Erdnabel und Weltenströme«, *Anthropos*, 9, 1914.

8 Vgl. M. Eliade, *Le chamanisme et les techniques archaïques de l'extase*, Paris 1951 [dt.: *Schamanismus und archaische Ekstasetechnik*, übers. v. Inge Köck, Zürich 1957].

9 Vgl. M. Eliade, *Le mythe de l'éternel retour*, S. 32f.

10 Vgl. M. Eliade, *Traité d'histoire des religions*, S. 321f.; *Le mythe de l'êternel retour*, S. 30f.

11 Vgl. M. Eliade, *Le mythe de l'éternel retour*, S. 33.

12 Vgl. die Texte in M. Eliade, *Traité d'histoire des religions*, S. 323f.

13 Vgl. M. Eliade, *Traité*, S. 324; *Le mythe*, S. 36.

14 Siehe M. Eliade, *Traité*, S. 323f.; *Le mythe*, S. 36f.

15 Vgl. M. Eliade, *Traité*, S. 236f.; *Le chamanisme*, S. 244f.; über die christliche Symbolik des Kreuzes = Kosmischer Baum siehe H. de Lubac, *Aspects du Bouddhisme*, Paris 1951, S. 61f.

16 Vgl. Material und Bibliographie in M. Eliade, *Le chamanisme*, S. 171f.

17 A.A. Popov, *Tavgijcy. Materialy po etnografii avamskich i vedeevs-*

kich tavgicev, Moskau–Leningrad 1936, S. 84f., siehe M. Eliade, *Le chamanisme*, S. 160f.

18 Vgl. E. Emsheimer, »Schamanentrommel und Trommelbaum«, *Ethnos*, Bd. 4, 1946.

19 Der initiatorischen Ersteigung eines zeremoniellen Baums begegnet man auch im Schamanismus Indonesiens, Südamerikas (Araucan) und Nordamerikas (Pomo); vgl. M. Eliade, *Le chamanisme*, S. 122f., 125f.

20 Siehe M. Eliade, a.a.O., S. 235f.

21 Vgl. M. Eliade, *Traité*, § 34; *Le chamanisme*, S. 248f. Bezüglich der christlichen Symbolik der Himmelfahrt siehe Louis Beirnaert, »Le symbolisme ascensionnel dans la liturgie et la mystique chrétiennes«, *Eranos-Jahrbuch*, 19, Zürich 1951.

22 Siehe M. Eliade, *Traité*, S. 96f.; *Le chamanisme*, S. 240f.

23 Siehe M. Eliade, »Durohâna and the ›waking dream‹«, *Art and Thought. Coomaraswamy-Volume*, London 1947, S. 209f.

24 Vgl. M. Eliade, *Le mythe de l'éternel retour*, S. 122f.

25 Siehe M. Eliade, *Techniques du Yoga*, Paris 1948, S. 185f.; G. Tucci, *Teoria e pratica del mandala*, Rom 1949; über die Symbolik des *mandala* siehe C.G. Jung, *Psychologie und Alchemie*, Zürich 1944, S. 139f.; *Gestaltungen des Unbewußten*, Zürich 1950, S. 187f.

26 Vgl. Eliade, *Traité*, S. 326f.; *Le chamanisme*, S. 417, 428f.

27 *Perceval*, éd. Hucher, S. 466; J.L. Weston, *From Ritual to Romance*, Cambridge 1920, S. 12f. Dem gleichen mystischen Motiv begegnet man im Sir Gawain-Zyklus (J.L. Weston, a.a.O.).

KAPITEL II

1 Siehe M. Eliade, *Le mythe de l'éternel retour*, S. 83f. u. passim.

2 Siehe H. Zimmer, *Myths and Symbols in Indian Art and Civilization*, hrsg. v. J. Campbell, New York 1946, The Bollingen Series, VI, S. 3f.

3 Vgl. J. Przyluski, »From the Great Goddess to Kâla«, *Indian Historical Quarterly*, 1938.

4 Siehe hierzu M. Eliade, a.a.O., S. 170f. und passim.

5 Vgl. z.B. *Bhagavad-Gîtâ* IV, 20; siehe M. Eliade, *Techniques du Yoga*, S. 141f.

6 *The Sayings of Sri Ramakrishna*, Madras 1938, Buch 4, Kap. 22. Siehe eine andere Version dieses Mythos nach der *Matsya-Purâna*, erzählt von H. Zimmer, a.a.O., S. 27f.

7 M. Eliade, *Le myth de l'éternel retour*, passim.

8 In einer langen Erläuterung seiner Übersetzung des *Mahâprajñâ-pâramitashastra* von Nâgârjuna hat E. Lamotte die wichtigsten Texte zu Gruppen zusammengefaßt; vgl. *Le Traité de la Grande Vertu de Sagesse de Nâgârjuna*, Bd. 1, Louvain 1944, S. 6f.

9 Vgl. M. Eliade, »Les Sept Pas du Bouddha«, *Pro Regno pro Sanctuario*. Festschrift Van der Leeuw, Nijkerk 1950.

10 *Suttavibhanga*, *Pârâjika* I, 1, 4; vgl. H. Oldenburg, *Le Bouddha*, franz. Übers. v. A. Foucher, S. 264f.; P. Mus, »La notion du temps réversible

dans la mythologie bouddhique«, Auszug aus: *Annuaire de l'École Pratique des Hautes Études*, Section des Sciences religieuses, 1938/39, Melun 1939, S. 13.

11 P. Mus., a.a.O., S. 13f.

12 Ebd., S. 14.

13 Ebd., S. 14, Fn. 1

14 Man findet die wesentlichen Elemente in den beiden Bänden von Th. Stcherbatsky, *Buddhist Logic*, Leningrad 1930-1932 (»Bibliotheca Buddhica«) sowie in der reichhaltigen Denkschrift von L. de la Vallée-Poussin, »Documents d'Abhidharma: la controverse du temps«, *Mélanges chinois et bouddhiques*, 5, Brüssel 1937. Siehe auch S. Schayer, *Contributions to the Problem of Time in Indian Philosophy*, Krakau 1938, und A.K. Coomaraswamy, *Time and Eternity*, Ascona 1947, S. 30f.

15 *Tattvasangraha*, S. 137; Th. Stcherbatsky, a.a.O., S. 94f.

16 *Abhidharmakosha* IV, 1, zitiert von A.K. Coomaraswamy, a.a.O., S. 58. Siehe die von L. de la Vallée-Poussin kommentierte Übersetzung, *L'Abhidharmakosha de Vasubandhu*, 5 Bde., Paris 1923-1931.

17 A.a.O., S. 60.

18 *Sutta Nipâta*, 373, 860, usw. sowie andere von Coomaraswamy gesammelte Texte, a.a.O., S. 40f.

19 Siehe L. de la Vallée-Poussin, »Notes sur le ›moment‹ ou *ksana* des bouddhistes«, *Rocznik Orientalistczny*, Bd. 8, 1931; A.K. Coomaraswamy, a.a.O., S. 56f.

20 Vgl. M. Eliade, *Traité d'histoire des religions*, S. 332f.

21 Siehe zu diesen Motiven A.B. Cook, *Zeus*, Bd. 3, 2, Cambridge 1940, Anhang P: »Floating Islands«, S. 975-1016; A.K. Coomaraswamy, »Symplegades«, *Studies and Essays in the History of Science and Learning offered in Homage of George Sarton*, New York 1947; M. Eliade, *Le chamanisme*, S. 419f. und passim.

22 »Symplegades«, a.a.O., S. 486.

23 Über die Dialektik des Heiligen vgl. M. Eliade, *Traité d'histoire des religions*, S. 15f.

24 Vgl. M. Eliade, »Cosmical homology and Yoga«, *Journal of the Indian Society of Oriental Art*, Kalkutta 1937. Über den *prânâyâma* siehe M. Eliade, *Techniques du Yoga*, S. 75f.

25 Es kann sogar sein, daß die Rhythmisierung der Atmung erhebliche Auswirkungen auf die Physiologie des Yogin hat. Ich bin kein Fachmann auf diesem Gebiet, aber in Rishikesh und anderswo im Himalaya war ich beeindruckt von dem bewundernswerten physischen Zustand der Yogins, die doch kaum Nahrung zu sich nahmen. Ein Nachbar meines *kutiar* in Rishikesh war ein *naga*, ein nackter Asket, der fast die ganze Nacht mit der Ausübung des *prânâyâma* verbrachte und niemals mehr aß als eine Handvoll Reis. Sein Körper war der eines vollkommenen Athleten: er wies kein einziges Zeichen von Unterernährung oder Ermüdung auf. Ich fragte, wie er es denn zuwege bringe, niemals Hunger zu haben. »Ich lebe nur am Tag«, antwortete er mir. »Während der

Nacht verringere ich die Anzahl meiner Atemzüge auf etwa zehn.« Ich bin mir nicht ganz sicher, ob ich verstanden habe, was er sagen wollte, aber vielleicht bedeutete es einfach folgendes: da sich die Lebensdauer nach der Anzahl der Ein- und der Ausatmungen bemißt, lebte er also, wenn er diese Anzahl während der Nacht auf ein Zehntel der normalen Anzahl reduzierte, in zehn Stunden unserer eigenen Zeit nur den zehnten Teil, das heißt, eine Stunde. In Atmungsstunden umgerechnet zählte für ihn ein Tag von 24 Sonnenstunden nur 12 bis 13 Atmungsstunden, das heißt, sein Körper verbrauchte sich und alterte sehr viel langsamer als der unsere; und so *nahm er nicht alle 24 Stunden eine Handvoll Reis zu sich, sondern alle 12 oder 13 Stunden*. Das ist nur eine Hypothese, und ich lege mich nicht fest. Doch soviel ich weiß, hat man noch keine hinreichende Erklärung für die erstaunliche *Jugendlichkeit* der Yogin gefunden.

26 *Kálacakra Tantra*, zitiert von M.E. Carelli im Vorwort seiner Ausgabe der *Sekoddesatîkâ*, S. 16f.; siehe *Sekoddesatîkâ of Nadapâda (Náropâ), being a Commentary of the Sekoddesa Section of the Kâlacakra Tantra*, Geakwad Oriental Series, Bd. 90, Baroda 1941.

27 Siehe die von P.C. Bagchi gesammelten Texte, »Some Technical Termes of the Tantras«, *The Calcutta Oriental Journal*, I, 2, November 1934, S. 82f.; und Shashibhusan Dasgupta, *Obscure Religious Cults*, Kalkutta 1946, S. 174f.

28 Eine solche Vermessenheit wird in den Augen der westlichen Psychologen sehr wahrscheinlich als sinnlos, wenn nicht gefährlich erscheinen. Auch wenn wir uns für unbefugt halten, in diese Debatte einzugreifen, wollen wir doch an die außergewöhnliche psychologische Kenntnis der Yogins und der Hindu-Weisen erinnern sowie an die Unkenntnis der westlichen Gelehrten bezüglich der psychologischen Realität der Yogi-Erfahrungen.

KAPITEL III

1 G. Dumézil, *Mythes et dieux des Germains*, Paris 1939, S. 21f., 27f.; *Jupiter, Mars, Quirinus*, Paris 1941, S. 79f.; vgl. *Ouranos-Varuna*, Paris 1934, passim.

2 G. Dumézil, *Mitra-Varuna*, Paris 1940, S. 33; *Jupiter, Mars, Quirinus*, a.a.O., S. 81f.

3 G. Dumézil, *Flamen-Brahman*, Paris 1935, S. 34f.; *Mitra-Varuna*, a.a.O., S. 79f.

4 G. Dumézil, *Horace et les Curiaces*, Paris 1942, S. 68.

5 G. Dumézil, *Mitra-Varuna*, a.a.O., S. 72; vgl. die Beobachtungen von Jean Bayet in *Revue de l'Histoire des Religions*, 124, 1941, S. 194f. Plutarch zufolge (*Questiones Romanae*, 67) leitet sich sogar der Name *lictor* von *ligare* her, und Dumézil sieht keinen Grund, »den Zusammenhang, den die Alten zwischen *lictor* und *ligare* fühlten, zu verwerfen: *lictor* kann nach einem Stammwort *ligere* gebildet worden sein, das zwar nicht beglaubigt ist, sich jedoch zu *ligare* so verhalten könnte wie *dicere* zu *dicare*« (ebd., S. 72).

6 Vgl. Servius in *Aen.* III, 607; J. Heckenbach, *De nuditate sacra sacrisque vinculis* (R.V.V. IX, 3), Gießen 1911, S. 69f.; G. Dumézil, *Flamen-Brahman*, a.a.O., S. 66f.

7 Nach dem eher enttäuschenden Buch von J. Heckenbach verweisen wir auf J.G. Frazer, *Taboo and the Perils of the Soul*, London 1911, S. 296f.; J. Scheftelowitz, *Das Schlingen- und Netzmotiv im Glauben und Brauch der Völker* (R.V.V. XII, 2), Gießen 1912; *Die altpersische Religion und das Judentum*, Gießen 1920, S. 92f., sowie die ethnographischen folkloristischen Studien, die G. Dumézil in *Ouranos-Varuna*, a.a.O., S. 52, Fn. 1, erwähnt. Über das römische *nexum*, die magischen Knoten und das Strafrecht vgl. H. Decugis, *Les étapes du droit*, 2. Aufl., Paris 1946, Bd. 1, S. 157-178.

8 G. Dumézil, *Naissance de Rome*, Paris 1944, S. 12f.

9 A. Bergaigne, *La religion védique d'après les hymnes du Rig-Veda*, Bd. 3, Paris 1883, S. 114, 157f.; H. Güntert, *Der arische Weltkönig und Heiland*, Halle 1923, S. 120f.; G. Dumézil, *Ouranos-Varuna*, a.a.O., S. 50. Für dasselbe Attribut in den Brâhmanas siehe S. Lévi, *La doctrine du sacrifice dans les Brâhmanas*, Paris 1898, S. 153f.

10 A.a.O., S. 144.

11 *Ouranos-Varuna*, a.a.O., S. 49.

12 Vgl. Walde-Pokorny, *Vergleichendes Wörterbuch der indogermanischen Sprachen*, Bd. 1, 1930, S. 263.

13 A. Bergaigne, a.a.O., S. 114; S. Lévi, a.a.O., S. 153; E.W. Hopkins, *Epic Mythology*, Straßburg 1920, S. 116f.

14 S. Lévi, a.a.O., S. 153; G. Dumézil, *Ouranos-Varuna*, a.a.O., S. 51, Fn. 1.

15 G. Dumézil, a.a.O., S. 53.

16 A. Hillebrandt, *Vedische Mythologie*, Breslau 1902, Bd. 3, S. 1f.

17 S. Lévi, a.a.O., S. 158f.; J.J. Meyer, *Trilogie altindischer Mächte und Feste der Vegetation*, Zürich–Leipzig 1937, Bd. 3, S. 206f., 269f.

18 R. Pettazzoni, »Le corps parsemé d'yeux«, *Zalmoxis*, 1, 1938, S. 1f.

19 Siehe M. Eliade, *Traité d'histoire des religions*, S. 47f.

20 A.K. Coomaraswamy, *The Darker Side of the Dawn*, Washington 1935; *Spiritual Authority and Temporal Power in the Indian Theory of Government*, New Haven 1942.

21 A. Bergaigne, a.a.O., S. 213.

22 Vgl. A.K. Coomaraswamy, *Spiritual Authority* ..., a.a.O., S. 29f.

23 A. Bergaigne, a.a.O., S. 128.

24 Ebd., S. 115 usw.; A.K. Coomaraswamy, a.a.O., S. 29f.

25 E. Benveniste und L. Renou, *Vrtra et Vrthragna*, Paris 1934, S. 140f., wo zu Unrecht behauptet wird, daß in den meisten Passagen »die Magie von Vritra der von Indra entspricht und sich von ihr herleitet«. *A priori* ist die Magie eher ein Attribut der schlangenartigen Wesen – und Vritra ist in höchstem Maße eines von ihnen – als ein Attribut der Götterhelden. Wir werden weiter unten auf die Magie von Indra zurückkommen.

26 Vgl. die Analyse des Motivs der Gewässer bei Benveniste/Renou, a.a.O., S. 141f.

27 Wir könnten sogar versucht sein, in dieser Art der Bestrafung eine Erweiterung zu sehen, eine Vertiefung des Varuna-Typus als solchen, insofern er den Schuldigen zu einer »Regression in das Virtuelle, in die Reglosigkeit« zwingt, einen Zustand, den er selbst in gewisser Weise darstellt.

28 Vgl. A. Bergaigne, a.a.O., S. 80f.

29 Ebd., S. 82.

30 Siehe J. Charpentier, *Kleine Beiträge zur indoiranischen Mythologie*, Uppsala 1911, S. 34f.; *Brahman*, Uppsala 1932, S. 49 Fn. 1; Benveniste/Lerou, a.a.O., S. 141.

31 Siehe K. Lindner, *Quellen und Studien zur Geschichte der Jagd*, Berlin 1955.

32 Über den im Schoß seiner Mutter von den Göttern gebundenen *râjanya* (»der *râjanya* ist in Banden geboren«, *Taîttirîya-Samhita* II, 4, 13, 1) vgl. G. Dumézil, *Flamen-Brahman*, a.a.O., S. 27f.

33 Vgl. J. Scheftelowitz, a.a.O., S. 6.

34 H. Güntert, a.a.O., S. 122.

35 Ebd., S. 154.

36 In der pontischen Region (Sinope) wurde Darzales mit Sarapis identifiziert; vgl. O. Weinreich, *Neue Urkunden zur Sarapis-Religion*, Tübingen 1919, S. 7, der die Forschungen von Rostovtzeff erwähnt. Vgl. S. Wikander, *Vayu*, Bd. 1, Lund–Leipzig 1941, S. 43f.

37 Münzen und Inschriften werden hervorgehoben von V. Pârvan, *Gerusia*, Bukarest 1924, S. 9, 23 usw.

38 Dokumentation in der Zeitschrift *Istros* (in französischer Sprache erschienen in Bukarest), I, 1934, S. 118f.

39 R. Vulpe, »Histoire ancienne de la Dobroudja«, in: *La Dobroudja*, hrsg. von der Rumänischen Akademie, Bukarest 1938, S. 233, 237. Vgl. auch Kazarow in Pauly-Wissowa, XV, S. 227f.

40 Sie wurde der Artemis gleichgesetzt (Herodot IV, 33), der Kybele und in den orphischen Hymnen der Persephone; vgl. H. Güntert, a.a.O., S. 115, Fn. 1; von Strabon (X, S. 470) als orgiastische Gottheit aufgefaßt.

41 H. Usener, *Götternamen*, Neuaufl., Bonn 1929, S. 80.

42 A. Closs, »Die Religion des Semnonenstammes«, *Wiener Beiträge zur Kulturgeschichte und Linguistik*, 4, Salzburg–Leipzig 1936, S. 619.

43 Ebd., S. 564f., 609f., 643, 668.

44 R. Pettazzoni, »Regnator omnium deus«, *Studi e Materiali di Storia delle Religioni*, 19-20, 1943-1946, S. 155.

45 F. Cumont, *Les religions orientales dans le paganisme romain*, 4. Aufl. Paris 1929, Tafel XIII; eine aus *intestinis pullinis* gefertigte Schnur wird im Pseudo-Augustin, *Quaestio* V, erwähnt: F. Cumont, *Textes et monuments relatifs aux mystères de Mithra*, Brüssel 1891-1900, Bd. 2, S. 7f.

46 A. Closs, a.a.O., S. 566; ebd., S. 643: hier zitiert er O.G. Wesendonk, »Über georgisches Heidentum«, *Caucasica*, Fasz. I, Leipzig 1924, S. 54f., 99, 101. G. Dumézil untersucht in »Τιτυός«, *Revue de l'His-*

toire des Religions, 111, 1935, S. 69f., anhand georgischer Quellen die »Sklaven des Weißen Georg«: »Wer immer den Weißen Georg dadurch ehren oder besänftigen möchte, daß er sein Sklave wird, der ergreift eine dieser Ketten, legt sie sich um den Hals und unternimmt so, zu Fuß oder auf den Knien, die Umwanderung der Kirche.« Vgl. auch S. Makalathia, »Einige ethnographisch-archäologische Parallelen aus Georgien«, *Mitteilungen der Anthropologischen Gesellschaft Wien*, 60, 1930.

47 Während einer Gerichtsverhandlung, bei der es um Blutrache geht, muß der Schuldige mit gebundenen Händen vor dem »Tribunal« erscheinen (A. Closs, a.a.O., S. 600).

48 Um die Distanz zu ermessen, die die Bindung zwischen »Herrn und Sklaven« von der Bindung zwischen »Kreuzbrüdern« unterscheidet (der Ausdruck ist rumänisch, *fratia de cruce*), dann genügt es, diesen germanisch-illyrisch-kaukasischen Komplex mit den Zeremonien der »Blutsbrüderschaft« (*blood-brotherhood*) zu vergleichen, die fast überall in Europa praktiziert werden: vgl. zur Blutsbrüderschaft A. Dieterich, *Mutter Erde*, 3. Aufl. Leipzig–Berlin 1925, S. 130f.; das klassische Buch von H.C. Trumbull, *The Blood Covenant*, London 1887; und S. Thompson, *Motif-Index of Folk-Literature*, Bd. 2, Helsinki 1935, S. 125. Man könnte versucht sein, diese Formen von Bruderschaft gleichzusetzen mit den religiösen Beziehungen, die zwischen den Menschen und Mitra bestehen – angesichts der recht harten Beziehungen zwischen Varuna und seinen Gläubigen. Daraus folgt keineswegs – ganz im Gegenteil –, daß der religiöse Wert Varunas »dürftig« ist.

49 A. Closs, a.a.O., S. 620, 643, 668. Nach Angabe desselben Autors (S. 567) wäre die Bindung des rituellen Opfers ein Komplex der megalithischen Kulturen sowie Südostasiens.

50 Ebd., S. 609.

51 J. Grimm, *Deutsche Mythologie*, Bd. 2, S. 705; Bd. IV, S. 254; J. Scheftelowitz, a.a.O., S. 7.

52 R.H. Meyer, *Altgermanische Religionsgeschichte*, 1910, S. 158, 160. Aber die Persönlichkeit dieser Göttinnen ist komplexer; vgl. J. de Vries, *Altgermanische Religionsgeschichte*, Bd. 2, Berlin 1937, S. 375f.

53 Er bindet die Sterbenden mit seinen »Todesbanden« (*derezâ mərəithoyaosh, Yasna* 53, 8; J. Scheftelowitz, *Die altpersische Religion*, a.a.O., S. 92). »Astôvidhôtush ist es, der ihn bindet, und Vayu führt den Gebundenen fort«, *Vendidad*, 5, 8; H.S. Nyberg, »Questions de cosmogonie et de cosmologie mazdéennes, II«, *Journal Asiatique*, Oktober–Dezember 1931, S. 205; G. Dumézil, *Tarpeia*, Paris 1947, S. 73. Vgl. *Mênokê Khrat* 2, 115; G. Widengren, *Hochgottglaube im Alten Iran*, Uppsala 1938, S. 196.

54 J. Scheftelowitz, »Das Schlingen- und Netzmotiv ...«, a.a.O., S. 9; *Die altpersische Religion*, a.a.O., S. 92.

55 G. Dumézil, *Naissance d'archanges*, Paris 1945, S. 82f., 100f.

56 G. Widengren, a.a.O., S. 259f.

57 G. Dumézil, *Ouranos-Varuna*, a.a.O., passim.

58 Inone, zitiert bei A. Closs, a.a.O., S. 643, Fn. 44. Vgl. die Legende der

beiden Geister Shen-t'u und Yü-lei, die die Seelen der Verstorbenen in der Tiefe einer Höhle binden; C. Hentze, *Die Sakralbronzen und ihre Bedeutung in den frühchristlichen Kulturen*, Antwerpen 1941, S. 23.

59 C. Strehlow, *Die Aranda- und Loritja-Stämme in Zentral-Australien*, Bd. 1, Frankfurt a.M. 1907, S. 11.

60 W.W. Gill, *Life in the Southern Islands*, London 1876, S. 181f.

61 W.W. Gill, *Mythes and Songs from the South Pacific*, London 1876, S.161f.; vgl. auch E.S.C. Handy, *Polynesian Religion*, Honolulu 1927, S. 73. Siehe M. Walleser, »Religiöse Anschauungen und Gebräuche der Bewohner von Jap«, *Anthropos*, 8, 1913, S. 612f.

62 C.E. Fox, *The Threshold of the Pacific*, London 1924, S. 234f.

63 W.G. Ivens, *The Melanesians of the S.E. Solomon Islands*, London 1927, S. 178; gleicher Brauch auf Hawaii, vgl. E.S.C. Handy, a.a.O., S. 92.

64 W.W. Gill, *Life* ..., a.a.O., S. 180f.; *Mythes* ..., a.a.O., S. 171.

65 Der tungusische Schamane benutzt ein Lasso, um die flüchtige Seele eines Kranken einzufangen; S.M. Shirokogoroff, *The Psychomental Complex of the Tungus*, Shanghai–London 1935, S. 290. Im übrigen ahmt der Schamane die Technik der Geister nach; ebd., S. 178. Derselbe kulturelle Komplex bei den Tschuktschen. Siehe zu diesem Problem M. Eliade, *Le chamanisme*.

66 L.W. King, *History of Sumer and Akkad*, London 1910, S. 128f.; G.Furlani, *La religione babilonese-assira*, Bd. 1, Bologna 1928, S. 159; E.Dhorme, *Les religions de Babylonie et d'Assyrie*, Paris 1945, S. 28, 40; E.D. van Buren, *Symbols of the Gods in Mesopotamian Art*, Rom 1945, S. 11f.

67 J. Scheftelowitz, »Das Schlingen- und Netzmotiv ...«, a.a.O., S. 4f.

68 M. Jastrow, *Die Religion Babyloniens und Assyriens*, Bd. 2, Gießen 1912, S. 15.

69 J. Scheftelowitz, a.a.O., S. 4.

70 M. Witzel, *Tammuz-Liturgien und Verwandtes*, Rom 1937, S. 140; G.Widengren, *Mesopotamian Elements in Manichaeism*, Uppsala 1946, S.80.

71 Auf der Tafel I, 83, ist Marduk der Sohn von Ea, doch was immer der Sinn dieser Abstammung sein mag, sie gehört zum Wesen des magischen Herrschertums. Wir folgen der französischen Übersetzung von R. Labat, *Le Poème babylonien de la création*, Paris 1935.

72 *Kaushitaki-Samhitâ* XLVIII, 4-5: W. Caland, *Altindische Zauberrituale*, Amsterdam 1900, S. 167; V. Henry, *La magie dans l'Inde antique*, Paris 1903, S. 229; J. Scheftelowitz, a.a.O., S. 12.

73 *Ezechiel* 13, 18-21; C. Fossey, *La magie assyrienne*, Paris 1902, S. 83; M. Jastrow, *The Religion of Babylonia and Assyria*, Boston 1898, S.280f.; usw.

74 W. Crooke, *The Popular Religion and Folklore of Northern India*, Westminster 1896, Bd. 2, S. 46f.; S. Seligmann, *Der böse Blick*, Berlin 1910, Bd. 1, S. 262, 328f.; J. Scheftelowitz, a.a.O., S. 14; J.G. Frazer, *Taboo* ..., a.a.O., S. 301f.; G.L. Kittredge, *Witchcraft in Old and*

New England, Cambridge, Mass., 1929, S. 201 f.; vgl. *Handwörterbuch des deutschen Aberglaubens*, siehe die Wörter *Schlinge*, *Netz* usw.; in der Folklore: S. Thompson, a. a. O., S. 313.

75 Alles muß offen und gelöst sein, um die Entbindung zu erleichtern: J. G. Frazer, a. a. O., S. 296 f.; vgl. aber das Netz als Abwehr gegen die Dämonen während der Entbindung bei den Kalmücken (J. G. Frazer, *Folklore in the Old Testament*, Bd. 3, London 1919, S. 473). Der Vollzug einer Ehe konnte durch die Magie der Schnüre und Knoten verhindert werden (J. G. Frazer, *Taboo* ..., a. a. O., S. 299 f.). Man kann nicht sterben, solange es im Hause verschlossene Schlösser oder versperrte Riegel gibt (ebd., S. 309), und an manchen Orten löst man die Schnüre des Leichentuchs, um die Ruhe der Seele zu sichern (ebd., S. 310). Dagegen tragen die Witwen in Neuguinea Netze zum Zeichen der Trauer, um sich vor den Seelen der Verstorbenen zu schützen (J. G. Frazer, *The Belief in Immortality*, Bd. 1, London 1913, S. 241, 249, 260, 274, 293). Ebenfalls als Schutz vor den Geistern der Toten verschnürt man die Leichname (J. G. Frazer, *The Fear of the Death in Primitive Religion*, London 1933), obwohl die Bedeutung dieses Brauchs komplexer ist.

76 *Kaushîtaki-Samhitâ* XXXII, 3, W. Caland, a. a. O., S. 104; R. C. Thompson, *Semitic Magic, its Origins and Development*, London 1908, S. 165 f.

77 J. Scheftelowitz, S. 29, Fn. 1, 31; J. G. Frazer, *Taboo*, S. 301 f.

78 Assyrien: R. C. Thompson, a. a. O., S. 171; G. Furlani, *La religione babilonese-assira*, Bd. 2, Bologna 1929, S. 166. China, Indien: J. Scheftelowitz, S. 38.

79 Indien: W. Crooke, a. a. O., S. 36; Todas usw.: J. Scheftelowitz, S. 39; Afrika: ebd., S. 41.

80 J. G. Frazer, *Taboo*, S. 308 f.; J. Scheftelowitz, S. 41.

81 J. Scheftelowitz, S. 52 f.

82 Folglich darf man vermuten, daß einige bestimmte vedische Anspielungen auf Varunas Schlingen ebenfalls eine religiöse Erfahrung, vergleichbar der von Ijob, zum Ausdruck bringen.

83 *Pirqê Abôt*, 3, 20; J. Scheftelowitz, S. 11.

84 Vgl. *vitae fila*, Ovid, *Heroiden* 15, 82. Siehe das Kapitel über die lunaren Rituale und Mythologien in M. Eliade, *Traité d'histoire des religions*, S. 142 f.

85 In den meisten Fällen, jedoch nicht immer, handelt es sich um lunare, zuweilen um chthonisch-lunare Gottheiten.

86 H. Vambéry, *Die primitive Kultur des turko-tatarischen Volkes*, Leipzig 1879, S. 246. Der Begriff der »Entzauberung« wird durch den Ausdruck »aus den Banden befreien« wiedergegeben; bei den Yoruba hat das Wort *edi*, »Bindung«, auch den Sinn von »Magie«, und das Ewe-Wort *vôsesa*, »Amulett«, bedeutet »die Bande lösen« (A. B. Ellis, *Yoruba-speaking Peoples*, London 1894, S. 118).

87 J. Scheftelowitz, S. 17.

88 Z. B. *Mahabhârata* XIII, 41, 3 f.; wo Vipulâ »die Sinne von Ruci mit

Hilfe der Bande des Yoga unterjocht hatte« (*babandha yogabandhâish ca tasyâh sarvendriyâni sah*; vgl. M. Eliade, *Yoga. Essai sur les origines de la mystique indienne*, Paris–Bukarest 1936, S. 151). Siehe auch A. K. Coomaraswamy, »›Spiritual Paternity‹ and the ›Puppet-Complex‹«, *Psychiatry*, 8, Nr. 3, August 1945, S. 29f.

89 H. Güntert, a. a. O., S. 130.

90 S. Langdon, *Semitic Mythology*, Boston 1931, S. 109. Mehrere babylonische Tempel heißen *markas shamê u irshiti*, »Verbindung zwischen Himmel und Erde«, vgl. E. Burrows, »Some Cosmological Patterns in Babylonian Religion«, in: *The Labyrinth*, hrsg. v. S. H. Hook, London 1935, S. 47f., Fn. 2. Ein alter sumerischer Name für Tempel lautet »*dimgal* der Gegend«. E. Burrows (S. 47, Fn. 7) schlägt folgende Übersetzung vor: »Great binding post«; *dim* = »post« usw. und auch »rope«; wahrscheinlich *dim* = »to bind, thing to bind to, thing to bind with«. Die Symbolik der »Bindung« ist hier in ein größeres Ganzes integriert, das man die »Symbolik des Zentrums« nennen könnte (vgl. oben, Kap. I).

91 »The link of all Creation«, nach der Übertragung von Hughes in *Everyman's Library*, S. 193. Das mit »link« (Bindeglied) wiedergegebene Schriftzeichen ist *hsi* (Giles 4062), und dessen Bedeutungen sind »dependence, fastening, tie, link, nexus, chain, lineage etc.«, vgl. A. K. Coomaraswamy, »The Iconography of Dürer's ›Knots‹ and Leonardo's ›Concatenation‹«, *The Art Quarterly*, Spring 1944, S. 127, Fn. 19.

92 Vgl. die knotenförmigen Labyrinthe in den Bestattungsritualen auf Malekula; A. B. Deacon, »Geometrical Drawings from Malekula and other Islands of the New Hebrides«, *Journal of the Anthropological Institute*, 66, 1934; *Malekula. A Vanishing People of the New Hebrides*, London 1934, S. 552f; J. Layard, »Totenfahrt auf Malekula«, *Eranos-Jahrbuch 1937*, Zürich 1938; *Stone Men of Malekula*, London 1942, S. 340f., 649f. Vergleichende Interpretationen: W. F. J. Knight, *Cumaen Gates*, Oxford 1936; K. Kerényi, *Labyrinth-Studien*, Amsterdam–Leipzig 1941.

93 Siehe M. Eliade, *Techniques du Yoga*, passim. In seinem Aufsatz »The Iconography of Dürer's ›Knots‹« hat A. K. Coomaraswamy die metaphysischen Wertigkeiten der Knoten untersucht sowie ihr Überleben in der Volkskunst und bei einigen Künstlern des Mittelalters und der Renaissance.

94 Siehe M. Eliade, *Le chamanisme*, S. 137f., 286f., 362f., 423f. und passim.

95 M. Eliade, »Durohâna and the ›Waking Dream‹«, in: *Art and Thought (A Volume in Honour of the late Dr. Ananda K. Coomaraswamy)*, London 1947, S. 209–213.

96 Siehe M. Eliade, *Traité d'histoire des religions*, S. 392f.

97 Die kulturhistorische Schule von W. Schmidt und W. Koppers hat der Religionsgeschichte bis heute wichtige Dienste geleistet, doch ihre ins Extrem gesteigerten Thesen führen zu einer solchen »Historisierung« des Menschen, daß faktisch jede geistige Spontaneität ausgeschaltet

wird. Auch wenn man den Menschen als ein geschichtliches Wesen auffassen kann, so bleibt es doch nicht weniger wahr, daß er sich aufgrund seiner Natur der Geschichte widersetzt und sie auszuschalten trachtet; daß er sich bemüht, mit allen Mitteln ein zeitloses »Paradies« wiederzufinden, in dem seine Situation weniger eine »historische« als vielmehr eine »anthropologische« Situation wäre (siehe M. Eliade, *Le mythe de l'éternel retour*).

98 A. Cloß, a.a.O., S. 643.

99 Vgl. W. Koppers, »Zentralindische Fruchtbarkeitsriten und ihre Beziehung zur Induskultur«, *Geographica Helvetica*, 1, 1946, Heft 2, S. 168f.

100 Vgl. J. Marshall, *Mohenjo-Daro and the Indus Civilization*, London 1931, Bd. 1, Tafel XII, 8, 17.

101 Was die rituelle Funktion der Knoten in den ägäischen Religionen betrifft (A. Evans, *The Palace of Minos*, London 1921, Bd. 1, S. 430f.), so ist sie noch nicht entschieden: während M.P. Nilsson sie leugnet und auf eine rein dekorative Bedeutung reduziert (*Minoan-Mycenaen Religion*, Lund 1927, S. 137f., 349f.), wurde sie kürzlich von A.W. Persson bestätigt: *The Religion of Greece in Prehistoric Times*, Berkely–Los Angeles 1942, S. 38, 68. Vgl. auch Ch. Picard, *Les religions préhelléniques. Crète et Mycènes*, Paris 1948, S. 194f.

KAPITEL IV

1 G.F. Kunz und Ch. H. Stevenson, *The Book of the Pearl*, London 1908, haben umfangreiches dokumentarisches Material bezüglich der Verbreitung der Perlen gesammelt; J.W. Jackson (»The Geographical Distribution of the Use of Pearls and Pearl-shells«, Manchester 1916, wiederabgedruckt in: *Shells as Evidence of the Migration of Early Culture*, Manchester 1917) vervollständigt die Informationen von Kunz und Stevenson. Das Wesentliche aus der ungeheuren Bibliographie über die magische Funktion der Muscheln findet man in dem Aufsatz von W.L. Hildburgh, »Cowrie-shells as Amulets in Europe«, *Folk-Lore*, 53-54, 1942-1943. Vgl. auch die verschiedenen Beiträge zu diesem Problem, die in der Zeitschrift *Man* erschienen sind: 165, Oktober 1939, S. 167 (M.A. Murray, »The Meaning of Cowrie-shell«, meint, daß der magische Wert der Kauri-Muschel in ihrer Ähnlichkeit mit einem halbgeschlossenen Auge herrührt); 20, Januar 1940 (Murray setzt sich mit Sheppard auseinander); 61, S. 50f. (K. Singer, »Cowrie and Baubo in Early Japan«, veröffentlicht eine japanische Statuette aus dem Neolithikum, die auf die Gleichsetzung der Muschel mit der Vulva hinweist); 78 (C.K. Meek, »Cowrie in Nigeria«); 79 (M.D.W. Jeffreys, »Cowrie shells in British Cameroun«; gegen die Hypothese von Murray); 101 (Balkanländer); 102 (J.H. Hottons, Naga Hills); 187 (Grigson; Central Provinces, India); 1941, 36 (C.K. Meek, Nigeria); 37 (Fidschi, Ägypten, Sachsen); 1942, 71 (M.D.W. Jeffreys, »Cowry, Vulva, Eye«).

2 Peñafiel, *Monumentos del arte mexicano antiguo*, S. 154, wiedergegeben in: L. Wiener, *Mayan and Mexican Origins*, Cambridge 1926, Tafel IV, Abb. 8.

3 L. Wiener, a.a.O., Tafel IV, Abb. 13; Tafel VII, Abb. 14: sie stellt den *Codex Nuttall* dar, S. 16, 36, 43, 49.

4 *Codex Dresdensis*, S. 34 usw., wiedergegeben in L. Wiener, a.a.O., Abb. 112–116.

5 B. de Sahagun, *Historia general de las cosas de Nueva España*, Mexico 1896, Bd. 1, Kap. 5; L. Wiener, a.a.O., S. 68; vgl. Abb. 75.

6 J.W. Jackson, »The Aztec Moon-cult and its Relation to the Chank-cult of India«, *Manchester Memoirs*, Manchester 1916, 60, 5, S. 2.

7 Übersetzt von B. Karlgren, »Some Fecundity Symbols in Ancient China«, *The Bulletin of the Museum of Far Eastern Antiquities*, 2, Stockholm 1930, S. 36.

8 B. Karlgren, a.a.O. Vgl. Zusammenhänge zwischen Perlen, Muscheln und Mond bei M. Granet, *Danses et légendes de la Chine ancienne*, Paris 1926, S. 480, 514 usw.

9 J.-J. de Groot, *Les fêtes annuellement célébrées à Emouï. Etude concernant la religion populaire des Chinois*, Paris 1886, Bd. 2, S. 491. Beziehungen zwischen Mond und Wasser, ebd., S. 488f. Einfluß des Mondes auf die Perlen, ebd., S. 490f.

10 *I Chou shu*, zitiert von B. Karlgren, a.a.O., S. 38.

11 Ebd., S. 40.

12 P. Saintyves, *L'astrologie populaire, étudiée spécialement dans les doctrines et les traditions relatives à l'influence de la lune*, Paris 1937, S. 231f.

13 Siehe Aigremont, »Muschel und Schnecke als Symbol der Vulva einst und jetzt«, *Anthropophyteia*, 4, 1909; J.J. Meyer, *Trilogie altindischer Mächte und Feste der Vegetation*, Zürich 1937, Bd. 1, S. 233. Vgl. auch die Zeitschrift *Man*, 1939-1942.

14 Vgl. B. Karlgren, a.a.O., S. 34, Fn.

15 Vgl. E. Andersson, *Children of the Yellow Earth. Studies in Prehistoric China*, London 1934, S. 305. Das von K. Singer (a.a.O., S. 51) veröffentlichte weibliche Idol aus dem Neolithikum ist die Abbildung einer übergroßen Vulva, die nichts anderes ist als eine an einer Schnur hängende Riesenmuschel. Die zweischalige Muschel spielt im Mythos der Wiedergeburt von O-Kuninushi eine Rolle. K. Singer zufolge könnte das Idol Ama-no-Uzume-no-Mikoto darstellen, »die schreckliche Frau des Himmels«, die mit hochgehobenem Gewand tanzt, *usque ad partes privates* (wie Chamberlain sich ausdrückt), und durch das laute Lachen, das sie hervorruft, die Sonnengöttin Amaterasu zwingt, die Höhle zu verlassen, in der sie sich versteckt hatte. Die Naturforscher des 18. Jahrhunderts gründeten im übrigen ihre Einteilung der Muscheln auf die Ähnlichkeiten zwischen Muscheln und Vulva. G. E. Smith zitiert in *The Evolution of Dragon*, Manchester 1919, folgende Zeilen aus der *Histoire naturelle du Sénégal* (18. Jahrhundert) von Adamson: »Concha Venerae sic dicta quia partem foemineam quodam modo repraesentat:

externe quidem per labiorum fissuram, interne vero propter cavitatem uterum mentientem.«

16 E. Andersson, a.a.O., S. 304. Siehe auch C.K. Meek, »Cowrie in Nigeria«, *Man*, 78, 1940.

17 E. Andersson, a.a.O., S. 304. Die jungen Taigy-Mädchen tragen die Schale einer Molluske als Symbol der Jungfräulichkeit; verlieren sie ihre Jungfräulichkeit, dann dürfen sie die Muschel nicht mehr tragen.

18 C.F. Kunz und Ch. H. Stevenson, a.a.O., S. 309, wo sie S.M. Tagore, *Mani-Mâlâ or a Treatise on Gems*, Kalkutta 1881, zitieren.

19 Vgl. J.W. Jackson, *Shells as Evidence* ..., a.a.O., S. 101; J.J.M. de Groot, *The Religious System of China*, Bd. 1, Leiden 1892, S. 217, 277.

20 E. Andersson, a.a.O., S. 304.

21 B. Karlgren, a.a.O., S. 36.

22 Ebd., S. 36.

23 Kunz und Stevenson, a.a.O., S. 307f.

24 Vgl. Ch. Picard, *Les religions préhelléniques. Crète et Mycènes*, Paris 1948, S. 60, 80.

25 W. Déonna, »Aphrodite à la coquille«, *Revue Archéologique*, November–Dezember 1917, S. 399.

26 Ebd., S. 400. H. Winckler hält am babylonischen Ursprung des griechischen Wortes *margarites* fest; er leitet es von *mâr-gallittu* ab, durch Umwandlung des *l* in *r* (wie in Diglat-Tigris); vgl. H. Winckler, *Himmels- und Weltenbild der Babylonier*, 2. Aufl., Leipzig 1903, S. 58, Fn. 1. Vgl. die Darlegung der Hypothesen über den Ursprung des Wortes *margarites* in G. Kittel, *Theologisches Wörterbuch zum Neuen Testament*, Bd. 4, S. 476.

27 W. Déonna, a.a.O., S. 402.

28 Vgl. *Dictionnaire des antiquités*, s.v. *Bucina*; Forrer in: *Reallexikon*, s.v. Muschelschmuck; Pauly-Wissowa, s.v. *Margaritai*; W. Déonna, a.a.O., S. 406; G. Belucci, *Parallèles ethnographiques*, Perugia 1915, S. 25f.; U. Pestalozza, »Sulla rappresentazione di un pithos arcaico-beotico«, *Studi e Materiali di Storia delle Religioni*, 14, 1938, S. 14f.; Hoernes-Menghin, *Urgeschichte der bildenden Kunst in Europa*, Wien 1925, S. 319, Abb. 1-4 (muschelförmige Figurinen thrakischer Herkunft).

29 W. Déonna, a.a.O., S. 408.

30 Ebd., S. 409.

31 J.J. Meyer, *Trilogie altindischer Mächte und Feste der Vegetation*, Zürich 1937, Bd. 1, S. 29.

32 J.W. Jackson, »Shell-Trumpets and their Distribution in the Old and New World«, *Manchester Memoirs*, 8, 1916, S. 7.

33 J. Hornell, *The Sacred Chank of India*, Madras Fisheries Publications, 1914, zitiert von J.W. Jackson, »The Aztec Moon-Cult«, a.a.O., S. 2f. Vgl. auch A. Locard, »Les coquilles sacrées dans les religions indiennes«, *Annales du Musée Guimet*, Bd. 7.

34 J.W. Jackson, a.a.O., passim.

35 Kingsborough, *Antiquities of Mexico*, London 1831-1848, Bd. 6, S. 203.

36 Ebd., S. 122.
37 Siehe die zahlreichen Nachweise bei J.W. Jackson, »Shell-Trumpets ...«, a.a.O., S. 3.
38 J.W. Jackson, »The Aztec Moon-Cult«, a.a.O., S. 3.
39 Ebd.
40 Ebd., S. 4.
41 J.W. Jackson, »The Money-Cowry (*Cypraea moneta*, L.) as a Sacred Object among American Indians«, *Manchester Memoirs*, 60, 4, 1916, S. 5f.
42 Vgl. J.W. Jackson, »Shell-Trumpets ...«, a.a.O., S. 17f.
43 Siehe M. Eliade, *Le chamanisme*, S. 286f.
44 J.W. Jackson. a.a.O., S. 8, 11, 90; W.H.R. Rivers, *The History of Melanesian Society*, Cambridge 1914, Bd. 1, S. 69, 98, 196; Bd. 2, S. 459, 535.
45 E. Andersson, a.a.O., S. 306.
46 Ebd., S. 312.
47 Ebd., S. 307.
48 Vgl. zahlreiche Beispiele bei S. Seligmann, *Der böse Blick*, Berlin 1910, Bd. 2, S. 126f., 204f.
49 B. Laufer, *Jade. A Study in Chinese Archaeology and Religion*, Field Museum, Chicago 1912, S. 299, Fn.
50 Ebd., S. 299. Vgl. auch B. Karlgren, a.a.O., S. 22; G. Gieseler, »Les symboles de jade dans le taoism«, *Revue de l'Histoire des Religions*, 105, 1932.
51 C. Hentze, *Les figurines de la céramique funéraire*, Dresden 1928, S.V. Siehe auch C. Hentze, »Les jades archaïques en Chine«, *Artibus Asiae*, 3, 1928-1929; »Les jades Pi et les symboles solaires«, *Artibus Asiae*, ebd.
52 S. Couvreur, *Li Ki*, Bd. 2, 2. Aufl., Ho Kien Fou 1913, S. 252. Vgl. auch S. Couvreur, *Tso tchouan*, Übersetzung, Bd. 1, S. 259.
53 B. Karlgren, a.a.O., S. 41.
54 Ebd.
55 J.J.M. de Groot, a.a.O., S. 277.
56 E. Andersson, a.a.O., S. 323. Die Kaurimuscheln finden sich bereits in den Gräbern des Paläolithikum; siehe K. Singer, a.a.O., S. 50.
57 E. Andersson, a.a.O., S. 299.
58 Kunz und Stevenson, a.a.O., S. 310.
59 Vgl. auch R. Hertz, *Mélanges de sociologie religieuse et de folklore*, Paris 1928, S. 10.
60 J. Déchelette, *Manuel d'archéologie préhistorique celtique et gallo-romaine*, 2. Aufl., Paris 1924, Bd. 1, S. 208.
61 Ebd.
62 Vgl. Osborn, *Men of the Old Stone Age*, S. 304, 305.
63 Th. Mainage, *Les religions de la préhistoire. I. L'âge paléolithique*, Paris 1921, S. 96f.
64 E.W. Budge, *Amulets and Superstitions*, Oxford 1930, S. 73.
65 A. Evans, *The Palace of Minos*, Bd. 1, London 1921, S. 37.
66 Ebd., S. 517f.

67 Ebd., S. 519, Abb. 377, 378.
68 E. Andersson, a.a.O., S. 298.
69 Ebd., S. 322f.
70 K. Singer, a.a.O., S. 51.
71 J.W. Jackson, »The Geographical Distribution of the Use of Pearls and Pearl-Shell«, a.a.O., S. 72f.; vgl. S. 112f.
72 Ebd., S. 116f.
73 C.C. Willoughby, »The Virginia Indians in the Seventeenth Century«, *The American Anthropologist*, 9, 1, Januar 1907, S. 61, 62.
74 Vgl. W.J. Perry. *The Children of the Sun*, 2. Aufl., London 1926, S. 66. Die Indianer an den Küsten des Golfs von Kalifornien, deren Kultur überaus primitiv bleibt, bedecken ihre Toten mit einem Schildkrötenpanzer, ebd., S. 250. Aufgrund ihrer Natur als Wassertier steht die Schildkröte tatsächlich in enger Beziehung zum Wasser und zum Mond.
75 Vgl. Kunz und Stevenson, a.a.O., S. 485f.
76 Stephens, *Incidents of Travel in Yucatan*, Bd. 2, S. 344, zitiert von R. Andree, *Die Metalle bei den Naturvölkern*, Leipzig 1884, S. 136.
77 Vgl. M. Eliade, »Metallurgy, Magic and Alchemy«, *Zalmoxis*, 1, 1938, S. 94
78 M. Colani, »Haches et bijoux. République de l'Équateur, Insulinde, Eurasie«, *B.E.F.E.O.*, 35, 1935, Fasz. 2, S. 347.
79 Vgl. auch H. Rydh, »On Symbolism in Mortuary Ceramics«, *Bulletin of the Museum of Far Eastern Antiquities*, 1, Stockholm 1929, S. 114f.
80 E. Andersson, a.a.O., S. 299f.; J.W. Jackson, »The Geographical Distribution ...«, a.a.O., passim.
81 A.W. Nieuwenhuis, »Kunstperlen und ihre kulturelle Bedeutung«, *Internationales Archiv für Ethnographie*, 16.
82 M. Colani, »Essai d'ethnographie comparée«, *B.E.F.E.O.*, 36, 1936, S. 198f.
83 A.W. Nieuwenhuis, a.a.O., S. 199.
84 Ebd., S. 199, Abb. 24.
85 E. Darmstädter, »Der babylonisch-assyrische Lasurstein«, in: *Studien für Geschichte der Chemie, Festgabe Ed. von Lippmann*, Berlin 1927. Vgl. M. Eliade, *Cosmologie si alchimie babiloniana*, Bukarest 1937, S. 51f.
86 G.F. Kunz, *The Magic of Jewels and Charms*, Philadelphia–London 1915, S. 308.
87 L. Wiener, *Africa and the Discovery of America*, Philadelphia 1920-1922, Bd. 2, S. 237-248; vgl. M. Eliade, *Cosmologie si alchimie babiloniana*, S. 56f.
88 C.G. Seligman und H.C. Beck, »Far Eastern Glass: Some Western Origins«, *Bulletin of the Museum of Far Eastern Antiquities*, 10, Stockholm 1938.
89 E. Andersson, a.a.O., S. 323; »On Symbolism in the Prehistoric Painted Ceramics«, *Bulletin of the Museum of Far Eastern Antiquities*, 1, 1929, S. 66f.

90 E. Andersson, *Children of the Yellow Earth*, S. 324.
91 E. Andersson, »On Symbolism ...«, a.a.O., passim; H. Rydh, a.a.O., S. 81f. C. Hentze, *Mythes et symboles lunaires*, Antwerpen 1932, S. 118f.
92 E. Andersson, *Children of the Yellow Earth*, S. 223f.
93 H. Rydh, a.a.O., S. 72f.
94 M. Colani, »Haches et bijoux«, a.a.O., S. 351f.
95 Vgl. die Werke von E. Andersson und C. Hentze. Siehe auch L. Siret, *Origine et signification du décor spiralé* (XVe Congrès International d'Anthropologie), Portugal 1930, S. 465-482: rationalistische Erklärung. Über die Symbolik der Seemuschel in der hinduistischen Theologie und Kunst vgl. A.K. Coomaraswamy, *Elements of Buddhist Iconography*, Cambridge 1935, S. 77f.; *A New Approach to the Vedas*, London 1933, S. 91, Fn. 67.
96 Kunz und Stevenson, a.a.O., S. 209; J.W. Jackson, *Shells as Evidence* ..., a.a.O., S. 92.
97 Kunz und Stevenson, a.a.O., S. 308.
98 R. Garbe, *Die indischen Mineralien*, Leipzig 1882, S. 74.
99 *Harshacarîta*, übers. v. Cowell und Thomas, S. 251f.
100 Leclerc, *Traité des simples*, Bd. 3, S. 248 (Ibn el-Beithar zitiert Ibn Massa und Ishak Ibn Amrân, beschränkt sich jedoch nur auf den medizinischen Gebrauch); J. Ruska, *Das Steinbuch des Aristoteles*, Heidelberg 1912, S. 133: im Volksglauben Indiens und Arabiens; vgl. N.M. Penzer, *The Ocean of Story*, London 1924, Bd. 1, S. 212, 213 (Perlenpulver, Augenheilmittel, usw.).
101 Kunz und Stevenson, a.a.O., S. 18.
102 Ebd., S. 311.
103 Ebd., S. 312.
104 Ebd., S. 313.
105 P. Saintyves, *L'astrologie populaire*, Paris 1937, S. 181f.
106 Vgl. M. Eliade, *Traité d'histoire des religions*, S. 377, 389. Das Wesentliche enthält die Studie von W.R. Halliday, »Of Snakestones«, wiederveröffentlicht in: *Folklore Studies*, London 1924. Siehe auch W. Jeffreys, »Snake Stone«, *Journal of the Royal African Society*, 61, 1942.
107 Vgl. z.B. J.J.M. de Groot, *Les fêtes annuellement célébrées à Emouï*, Paris 1886, Bd. 2, S. 369, 385; G. Gieseler, »Le mythe du dragon in Chine«, *Revue Archéologique*, 5. Serie, 6, 1917, passim.
108 Vgl. J. Zykan, »Drache und Perle«, *Artibus Asiae*, 6, 1-2, 1936, S. 9, Abb. 1, usw.
109 Vgl. A. Salmony, »The Magic Ball and the Golden Fruit in Ancient Chinese Art«, in: *Art and Thought. Coomaraswamy Volume*, London 1947; siehe auch M. Eliade, *Traité d'histoire des religions*, S. 250f. Die Studie von M.R. Sauter »Essai sur l'Histoire de la perle à ailette«, *Jahrbuch der Schweitzerischen Gesellschaft für Urgeschichte*, 35, Frauenfeld 1945, war uns nicht zugänglich.
110 S. Seligmann, *Der böse Blick*, a.a.O., S. 126, 209; *Die magischen Heil- und Schutzmittel*, Stuttgart 1927, S. 199.

111 Die Perle schützt vor Epidemien, ermutigt ihren Träger usw.; vgl. M. Gaster, »The Hebrew Version of the Secretum Secretorum«, wiederveröffentlicht in: *Studies and Texts*, Bd. 2, London 1925-1928, S. 812.

112 L. Finot, *Les lapidaires indiens*, S. 16; Kunz und Stevenson, a.a.O., S. 316.

113 B. Karlgren, a.a.O., S. 36.

114 J.W. Jackson, »The Money Cowry ...«, a.a.O., S. 3f.

115 Vgl. J.W. Jackson, »The Use of Cowry-shells for the Purposes of Currency, Amulets and Charms«, *Manchester Memoirs*, 13, 1916; *Shells as Evidence* ..., a.a.O., S. 123-194; L. Wiener, a.a.O., S. 203f.; H. Petri, »Die Geldformen der Südsee«, *Anthropos*, 31, 1936, S. 193f., 509f. (Kaurimuscheln als Geld), S. 208f. (die Perle als Münze). Die Studien von M.J.M. Faddegon, »Notice sur les cauris«, *Tidjschrift van het Kon. Ned. Genottschap voor Munt-en Penningkunde*, 1905, konnte nicht herangezogen werden; vgl. *Isis*, 19, 1933, S. 603.

116 B. Karlgren, a.a.O., S. 34.

117 Vgl. Pauly-Wissowa, s.v. *Margaritai*, col. 1692.

118 H. Usener, »Die Perle. Aus der Geschichte eines Bildes«, in: *Theologische Abhandlungen C. von Weizsäcker ... gewidmet*, Freiburg i. Br. 1892; C.-M. Edsman, *Le baptême de feu*, Leipzig–Uppsala 1930, S. 190f.

119 Referat über das Buch von C.-M. Edsman in: *Svensk Teologisk Kvartalskrift*, 17, 1945, S. 228f.; vgl. G. Widengren, *Mesopotamian Elements in Manicheism*, Uppsala 1946, S. 119; »Der iranische Hintergrund der Gnosis«, *Zeitschrift für Religions- und Geistesgeschichte*, 4, 1952, S. 113.

120 C.-M. Edsman, a.a.O., S. 192f.

121 Zitiert und übersetzt von C.-M. Edsman, a.a.O., S. 192f.

122 A. Hilgenfeld, »Der Königssohn und die Perle«, *Zeitschrift für wissenschaftliche Theologie*, 47, 1904; R. Reitzenstein, *Das iranische Erlösungsmysterium*, Bonn 1921, S. 72f. (das wichtigste Werk); C.-M. Edsman, a.a.O., S. 193, Fn. 4; G. Widengren, a.a.O., S. 105f.

123 *Kephalaia*, S. 85, zitiert bei C.-M. Edsman, a.a.O., S. 195.

124 Zitiert bei C.-M. Edsman, a.a.O., S. 197.

125 Ebd., S. 125.

KAPITEL V

1 Vgl. M. Eliade, *Traité d'histoire des religions*, S. 168f.

2 Ebd., S. 383.

3 Ebd., S. 175.

4 P. Lundberg, *La typologie batismale dans l'ancienne Église*, Uppsala –Leipzig 1942; J. Daniélou, *Sacramentum futuri. Études sur les origines de la typologie biblique*, Paris 1950, S. 13-20, 55-85, und passim; *Bible et liturgie*, Paris 1951, S. 29-173; L. Beinaert, »La dimension mythique dans le sacramentalisme chrétien«, *Eranos-Jahrbuch* 17, Zürich 1950. Überdies enthalten die schönen Bücher von Lundberg und Daniélou eine Fülle bibliographischer Hinweise.

5 J. Daniélou, *Bible et liturgie*, a.a.O., S. 58f.; siehe auch *Sacramentum futuri*, a.a.O., S. 58f.; P. Lundberg, a.a.O., S. 148f.
6 Zitiert bei L. Beinaert, a.a.O., S. 272.
7 Justin, zitiert bei J. Daniélou, *Sacramentum futuri*, S. 74.
8 Ebd., S. 72.
9 Ebd., S. 65.
10 Zitiert bei J. Daniélou, *Bible et liturgie*, S. 61.
11 Ebd., S. 55.
12 Zitiert bei J. Daniélou, a.a.O., S. 56.
13 Erinnern wir an den Sinn und die Grundlage der Typologie. »Der Ausgangspunkt findet sich im Alten Testament selbst. Tatsächlich verkündeten die Propheten dem Volk Israel in der Zeit der Gefangenschaft, daß Gott in Zukunft ähnliche und noch größere Werke für es vollbringen werde als jene, die er in der Vergangenheit vollbracht habe. So werde eine neue Sintflut kommen, die die sündige Menschheit vernichten, aber einen Rest von ihr bewahren wird, damit eine neue Menschheit entstehen könne; es werde einen neuen Exodus geben, durch den Gott kraft seiner Macht die den Götzen verfallene Menschheit befreien wird; und es werde ein neues Paradies geben, in das Gott sein befreites Volk geleiten wird. Dies bildet eine erste Typologie, die man eschatologisch nennen kann, denn diese künftigen Ereignisse sind für die Propheten die des Endes der Zeiten. Das Neue Testament hat also die Typologie nicht erfunden. Es hat lediglich gezeigt, daß sie in der Person Jesus von Nazareth ihre Erfüllung fand. In der Tat werden mit dem Erscheinen Jesu die Geschehnisse des Weltendes, der Fülle der Zeiten, vollendet. Er ist der neue Adam, mit dem die Zeiten des künftigen Paradieses angebrochen sind. In ihm ist die Zerstörung der sündigen Welt, die die Sintflut darstellte, bereits Wirklichkeit geworden. In ihm vollendete sich der wahre Exodus, der das Volk Gottes von der Tyrannei des Dämons befreit. Die Predigt der Apostel verwendete die Typologie als Argument für die Wahrheit seiner Botschaft, indem sie zeigte, daß Christus das Alte Testament fortführt und überhöht: ›Das aber geschah an ihnen, damit es uns als Beispiel dient; uns zur Warnung wurde es aufgeschrieben, uns, die das Ende der Zeiten erreicht hat‹ (1. *Korinther* 10, 11). Dies nennt der heilige Paulus die *consolatio scripturarum*.« (J. Daniélou, *Bible et liturgie*, a.a.O., S. 9f.)
14 Vgl. auch M. Eliade, *Traité d'histoire des religions*, S. 327f.
15 Vgl. ebd., S. 182f., 252f.
16 L. Beinaert, a.a.O., S. 275.
17 Ebd., S. 276.
18 Ebd.
19 Ebd., S. 277.
20 Ebd., S. 284f.
21 H. de Lubac, *Aspects du Bouddhisme*, Paris 1951, S. 57, 66f. Siehe zu diesem Problem R. Bauerreiß, *Arbor Vitae. »Lebensbaum« und seine Verwendung in Liturgie, Kunst und Brauchtum des Abendlandes*, München 1938, Abhandlungen der Bayerischen Benediktiner-Akademie, III.
22 Ebd., S. 75.

23 Ebd., S. 77.
24 Ebd., S. 77f.
25 Ebd., S. 76.
26 Ebd., S. 169, Fn. 101.
27 Ebd., S. 64-68.
28 Siehe oben, Kap. I, »Symbolik des ›Zentrums‹«.
29 Vgl. M. Eliade, *Traité d'histoire des religions*, S. 234f.
30 Die Symbolik wird durch die Tatsache verstärkt, daß der Lebensbaum in der Ornamentik der Baptisterien in der Nachbarschaft des Hirsches auftritt, der ebenfalls ein archaisches Bild der zyklischen Erneuerung ist (vgl. H.-Ch. Puech, »Le cerf et le serpent«, *Cahiers archéologiques*, 4, 1949, S. 29f.). Nun ist aber im vorgeschichtlichen China, im Altai-Gebirge sowie in bestimmten Kulturen Zentral- und Nordamerikas (vor allem bei den Maya und den Pueblo) der Hirsch eines der Symbole der immerwährenden Schöpfung und der *renovatio*, gerade aufgrund der periodischen Erneuerung seines Geweihes; vgl. C. Hentze, »Comment il faut lire l'iconographie d'un vase en bronze chinois de la période Chang«, *Conferenze I.S.M.E.O.*, 1, Rom 1951, S. 24f.; *Bronzegerät, Kultbauten, Religion im ältesten China der Shang-Zeit*, Antwerpen 1951, S. 210f. In den griechischen Überlieferungen verjüngt sich der Hirsch, indem er Schlangen frißt und gleich danach Wasser aus einer Quelle trinkt: sein Geweih fällt ab, und der Hirsch verjüngt sich für die Dauer von fünfzig oder fünfhundert Jahren (siehe die Hinweise bei H.-Ch. Puech, a.a.O., S. 29). Die Feindschaft zwischen Hirsch und Schlange ist kosmologischer Natur: der Hirsch steht in Beziehung zum Feuer und zur Morgenröte (China, Altai-Gebiet, Amerika usw.), und die Schlange ist eines der Bilder der Nacht und des larvenhaftigen, unterirdischen Lebens. Aber die Schlange ist auch ein Symbol der periodischen Erneuerung, wenngleich auf anderer Ebene. In Wirklichkeit ist der Gegensatz zwischen Hirsch (oder Adler) und Schlange eher das dynamische Bild eines »Gegensatzpaares«, das es wieder zusammenzufügen gilt.
31 Siehe hierzu M. Eliade, *Le chamanisme*.
32 Siehe D. Stolz, *Theologie der Mystik*, Regensburg 1936; J. Daniélou, Sacramentum futuri, a.a.O. Es handelt sich eher um eine Vorwegnahme, denn die Fülle der Heimkehr ins Paradies wird erst nach dem Tod verwirklicht.
33 Natürlich kann man die ekstatische Erfahrung des Schamanismus nicht auf diese »Rückkehr ins Paradies« reduzieren: noch viele andere Elemente spielen mit hinein. Da wir diesem äußerst komplexen Problem ein ganzes Buch gewidmet haben, halten wir es nicht für erforderlich, die Diskussion noch einmal aufzunehmen. Wir wollen lediglich darauf hinweisen, daß die schamanische Initiation in einer ekstatischen Erfahrung des Todes und der Auferstehung besteht, einer entscheidenden Erfahrung, die man in allen historischen Mystiken, einschließlich der christlichen Mystik wiederfindet.
34 Siehe den Vortrag von H.-Ch. Puech, »Temps, histoire et mythe dans le

christianisme des premiers siècles«, in: *Proceedings of the VIIth Congress for the History of Religions*, Amsterdam 1951; vgl. auch M. Eliade, *Le mythe de l'éternel retour*, S. 152f., sowie K. Löwith, *Meaning in History*, Chicago 1949.

35 Die Ausdrücke »Geschichte« und »geschichtlich« können mancherlei Verwirrung stiften: einerseits bezeichnen sie alles, was in einem menschlichen Dasein *konkret* und *authentisch* ist, im Gegensatz zum nichtauthentischen Dasein, das durch Fluchtbewegungen und Automatismen aller Art geprägt ist. Andererseits scheinen in den verschiedenen historizistischen und existentialistischen Strömungen die Ausdrücke »Geschichte« und »geschichtlich« zu implizieren, daß das menschliche Dasein nur in dem Maße authentisch ist, in dem es auf die *Bewußtwerdung seines geschichtlichen Augenblicks* zurückführbar ist. Auf diese letztere, totalitäre, Bedeutung der Geschichte beziehen wir uns, wenn wir uns den »Historizismen« widersetzen. Uns scheint nämlich, daß die Authentizität eines Daseins sich nicht auf das Bewußtsein der eigenen Geschichtlichkeit beschränken kann: die grundlegenden Erfahrungen der Liebe, der Angst, des Heiligen, der ästhetischen Erregung, der Kontemplation, der Freude, der Melancholie usw. lassen sich nicht als »Flucht« und »fehlende Authentizität« betrachten, da jede von ihnen ihren eigenen zeitlichen Rhythmus verwendet und alle dazu beitragen, den *integralen Menschen* zu formen, wie man es nennen könnte, der sich seinem historischen Augenblick zwar nicht versagt, aber sich auch nicht mit ihm gleichsetzen läßt.

36 Siehe oben, Kap. 2, »Die Philosophie der Zeit im Buddhismus«.

37 Siehe Ad. E. Jensen, *Hainuwele. Volkserzählungen von der Molukken-Insel Ceram*, Frankfurt a.M. 1939; *Die drei Ströme*, Leipzig 1948, S. 277f.; C.G. Jung und K. Kerény, »Das göttliche Mädchen«, *Albae Vigiliae*, 8-9, Amsterdam 1941.

38 Dieses Problem werden wir im zweiten Band unseres *Traité d'histoire des religions* ausführlich erörtern.

39 Siehe oben, Kap. 3, »Symbolik und Geschichte«.

40 Um die Verwandlung der Welt durch das Symbol richtig zu verstehen, braucht man sich nur an die Dialektik der Hierophanie zu erinnern: ein Gegenstand wird *heilig* und bleibt dennoch er selbst (siehe oben, Kap. 2, »Bilder und Paradoxien«).

Zu dieser Ausgabe

insel taschenbuch 2512: Das vorliegende Sachbuch folgt in unveränderter Form der 1986 im Insel Verlag erschienenen gebundenen Ausgabe: Mircea Eliade, Ewige Bilder und Sinnbilder. Über die magisch-religiöse Symbolik. Aus dem Französischen übertragen von Eva Moldenhauer. Originaltitel: Images et symboles. Essais sur le symbolisme magico-religieux. Umschlagfoto: Rad am Sonnentempel von Koṇārak.

Kosmologie
im insel taschenbuch

Richard M. Bucke: Kosmisches Bewußtsein. Zur Evolution des menschlichen Geistes. Aus dem Amerikanischen von Karin Reese. it 1498

Friedrich Cramer: Ordnung und Chaos. Die komplexe Struktur des Lebendigen. Mit zahlreichen Abbildungen. it 1496

– Spiel der Synapsen. Gedichte und Prosa. it 1657

– Der Zeitbaum. Grundlegung einer allgemeinen Zeittheorie. it 1849

Paul Davies: Der Plan Gottes. Die Rätsel unserer Existenz und die Wissenschaft. Aus dem Englischen von Anita Ehlers. it 1934

Niles Eldredge: Wendezeiten des Lebens. Katastrophen in Erdgeschichte und Evolution. Aus dem Englischen von Erich Lange. it 1935

Die Erfindung des Universums. Neue Überlegungen zur philosophischen Kosmologie. Herausgegeben von Walter Saltzer, Peter Eisenhardt, Dan Kurth und Rainer E. Zimmermann. Mit etwa 50 Abbildungen. it 1933

Dean Falk: Warum Schimpansen nicht steppen können. Die Entwicklung des menschlichen Gehirns. Aus dem Englischen von Gerald Bosch. it 1838

Der Geist im Atom. Eine Diskussion der Geheimnisse der Quantenphysik. Herausgegeben von P. C. Davies und J. R. Brown. Aus dem Englischen von Jürgen Koch. it 1499

John Gribbin: Unsere Sonne. Ein rätselhafter Stern. Aus dem Englischen von Anita Ehlers. it 1662

– Unsere Sonne. Ein rätselhafter Stern. Aus dem Englischen von Anita Ehlers. it 1692

John Gribbin / Mary Gribbin: Kinder der Eiszeit. Beeinflußt das Klima die Evolution des Menschen? Aus dem Englischen von Gerald Bosch. it 1676

– Wie wenig uns vom Affen trennt. it 1761

John Gribbin / Martin Rees: Ein Universum nach Maß. Bedingungen unserer Existenz. Mit zahlreichen Abbildungen. Aus dem Englischen von Anita Ehlers. Mit einem Nachwort von Jürgen Ehlers. it 1579

Jeremy W. Hayward: Die Erforschung der Innenwelt. Neue Wege zum wissenschaftlichen Verständnis von Wahrnehmung, Erkennen und Bewußtsein. Aus dem Amerikanischen von Jochen Eggert. it 1823

William James: Die Vielfalt der religiösen Erfahrung. Aus dem Amerikanischen von Eilert Herms. Mit einem Vorwort von Peter Sloterdijk. it 1784

Wolfgang Kaempfer: Zeit des Menschen. Das Doppelspiel der Zeit im Spektrum der menschlichen Erfahrung. it 1855

177/1/12.96

Kosmologie
im insel taschenbuch

Michio Kaku / Jennifer Trainer: Jenseits von Einstein. Die Suche nach der Theorie des Universums. Aus dem Amerikanischen von Ilse Davis Schauer. it 1791

Bernulf Kanitscheider: Auf der Suche nach dem Sinn. it 1748

Jonathan Kingdon: Und der Mensch schuf sich selbst. Aus dem Englischen von Hans-Peter Krull. it 1936

Werner Künzel / Peter Bexte: Maschinendenken - Denkmaschinen. An den Schaltstellen zweier Kulturen. Von Werner Künzel und Peter Bexte. it 1771

Ervin Laszlo: Wissenschaft und Wirklichkeit. Die neue Sicht. Aus dem Englischen von Mechthild Kühling und Vladimir Delavre. it 1570

David Lindley: Das Ende der Weltformel? Vom Mythos der »Großen Vereinheitlichten Theorie«. Aus dem Amerikanischen von Monika Niehaus-Osterloh. it 1937

James Lovelock: Das Gaia-Prinzip. Die Biographie unseres Planeten. Aus dem Englischen von Peter Gillhofer und Barbara Müller. Mit Illustrationen. it 1542

Harald Marx: Die Sternbilder des Jahres. Einführung in die Astronomie. Mit zwölf Sternkarten von Ulla Gleim. it 1735

Franz Moser: Bewußtsein in Raum und Zeit. Grundlagen der holistischen Weltsicht. it 1797

Ernst Pöppel: Grenzen des Bewußtseins. Über Wirklichkeit und Welterfahrung. it 1831

Kristen Rohlfs: Einführung in die Astronomie. it 1701

Michael Rowan-Robinson: Das Flüstern des Urknalls. Die verschlüsselten Botschaften vom Anfang des Universums. Aus dem Englischen von Gesche Pospiech. it 1938

Scheibe, Kugel, Schwarzes Loch. Die wissenschaftliche Eroberung des Kosmos. Herausgegeben von Uwe Schultz. it 1804

Robert Shapiro: Der Bauplan des Menschen. Die Genforschung enträtselt den Code des Lebens. Aus dem Amerikanischen von Günther Kirchberger. it 1709

Harald von Sprockhoff: Bewußtsein, Geist und Seele. Die Evolution des menschlichen Geistes. Mit Abbildungen. it 1869

Ian Stewart: Spielt Gott Roulette? Uhrwerk oder Chaos. Aus dem Englischen von Gisela Menzel. Mit Illustrationen. it 1543

Der Supercode. Die genetische Karte des Menschen. Herausgegeben von Daniel J. Kevles und Leroy Hood. it 1721

Robert Wesson: Chaos, Zufall und Auslese in der Natur. Aus dem Amerikanischen von Peter Gillhofer. it 1684

177/2/12.96

Kosmologie
im insel taschenbuch

Fred Alan Wolf: Körper, Geist und neue Physik. Eine Synthese der neuesten Erkenntnisse von Medizin und moderner Naturwissenschaft. Aus dem Amerikanischen von Friedrich Griese. it 1497

Carol Zaleski: Nah-Todeserlebnisse und Jenseitsvisionen. Aus dem Amerikanischen von Ilse Davis Schauer. it 1741

Anthony Zee: Magische Symmetrie. Die Ästhetik in der modernen Physik. Aus dem Amerikanischen von Hans-Peter Herbst. it 1501

177/3/12.96

Religion und Mystik im insel taschenbuch

Augustinus: Bekenntnisse. Lateinisch und deutsch. Eingeleitet, übersetzt und erläutert von Joseph Bernhart. Mit einem Vorwort von Ernst Ludwig Grasmück. it 1002

Klaus Berger: Psalmen aus Qumran. Mit zahlreichen Abbildungen. it 1897

Die Blümlein des heiligen Franziskus von Assisi. Aus dem Italienischen nach der Ausgabe der Tipografia Metastasio, Assisi 1901, von Rudolf G. Binding. Mit Initialen von Carl Weidemeyer. it 48

Jakob Böhme: Aurora oder Morgenröte im Aufgang. Herausgegeben von Gerhard Wehr. it 1411

– Christosophia. Ein christlicher Einweihungsweg. Herausgegeben von Gerhard Wehr. it 1412

– Theosophische Sendbriefe. Herausgegeben von Gerhard Wehr. it 1786

– Von der Gnadenwahl. Herausgegeben von Gerhard Wehr. it 1738

– Von der Menschwerdung Christi. Herausgegeben von Gerhard Wehr. it 1737

Dante: Die Göttliche Komödie. Mit fünfzig Holzschnitten von Botticelli. Deutsch von Friedrich Freiherr von Falkenhausen. 2 Bde. it 94

Paul Davies: Der Plan Gottes. Die Rätsel unserer Existenz und die Wissenschaft. Aus dem Englischen von Anita Ehlers. it 1934

Juan de la Cruz: Gotteserfahrung. Übersetzt und herausgegeben von Johannes Boldt. it 1827

Mircea Eliade: Kosmos und Geschichte. Der Mythos der ewigen Wiederkehr. Aus dem Französischen von Günther Spaltmann. Neuausgabe. it 1580

Helmut Fischer: Die Welt der Ikonen. Das religiöse Bild der Ostkirche. Mit farbigen Abbildungen. it 1883

Hermann Hesse: Franz von Assisi. Mit Fresken von Giotto und einem Essay von Fritz Wagner. it 1069

Das Hohe Lied Salomos. Nachdichtungen und Übersetzungen aus sieben Jahrhunderten. Herausgegeben von Hermann Timm. Mit zwölf Bildern von Anatoli L. Kaplan. it 600

William James: Die Vielfalt der religiösen Erfahrung. Aus dem Amerikanischen von Eilert Herms. Mit einem Vorwort von Peter Sloterdijk. it 1784

Lao-Tse: Führung und Kraft aus der Ewigkeit. Das Tao-te-king in der Übertragung aus dem chinesischen Urtext von Erwin Rousselle. it 849

Liebe - eine Richtung des Herzens. Mystischer Kalender 1996. Herausgegeben von Wolfgang Böhme. it 1770

171/1/12.96

Religion und Mystik
im insel taschenbuch

Martin Luther: Ausgewählte Schriften. Herausgegeben von Karin Bornkamm und Gerhard Ebeling.
- Erster Band: Aufbruch zur Reformation. it 1751
- Zweiter Band: Erneuerung von Frömmigkeit und Theologie. it 1752
- Dritter Band: Auseinandersetzung mit der römischen Kirche. it 1753
- Vierter Band: Christsein und weltliches Regiment. it 1754
- Fünfter Band: Kirche, Gottesdienst, Schule. it 1755
- Sechster Band: Briefe. it 1756

Meister Eckhart: Das Buch der göttlichen Tröstung. Ins Neuhochdeutsche übertragen von Josef Quint. it 1005

– Mystische Schriften. Aus dem Mittelhochdeutschen übertragen und mit einem Nachwort versehen von Gustav Landauer. it 1302

Paul Mommaers: Was ist Mystik? Aus dem Niederländischen von Franz Theunis. it 1788

Annemarie Schimmel: Mystische Dimensionen des Islam. Die Geschichte des Sufismus. Mit zahlreichen Abbildungen. it 1715

Der tanzende Tod. Mittelalterliche Totentänze. Herausgegeben, eingeleitet und übersetzt von Gert Kaiser. it 647

Tschuang-Tse: Reden und Gleichnisse des Tschuang-Tse. Ausgewählt und mit einem Nachwort versehen von Martin Buber. Großdruck. it 2317

Und was kommt danach? Orte der Seele. Eine Sammlung literarischer Zeugnisse. Herausgegeben von Hans-Joachim Simm. it 1877

Der versiegelte Engel. Erzählungen zu Ikonen. Mit farbigen Abbildungen. Ausgewählt und mit einem Nachwort versehen von Angela Martini-Wonde. it 1132

Wundersame Geschichten von Engeln. Gesammelt von Felix Karlinger. it 1226

Carol Zaleski: Nah-Todeserlebnisse und Jenseitsvisionen. Aus dem Amerikanischen von Ilse Davis Schauer. it 1741

171/2/12.96

Kulturgeschichte
im insel taschenbuch

Ernst Batta: Römische Paläste und Villen. Annäherung an eine Stadt. Mit zahlreichen Abbildungen. it 1324

Jean Anthèlme Brillat-Savarin: Physiologie des Geschmacks oder Betrachtungen über das höhere Tafelvergnügen. Ausgewählt, übersetzt und eingeleitet von Emil Ludwig. Mit Holzschnitten der Ausgabe von 1864. it 423

Das Duell. Der tödliche Kampf um die Ehre. Herausgegeben von Uwe Schultz. it 1739

Die Familie. Eine Kulturgeschichte der Familie. Herausgegeben von Ingeborg Weber-Kellermann. Mit zahlreichen Abbildungen. it 1839

Die großen Seuchen. Von Pest bis Aids. Von Kari Köster-Lösche. it 1681

Victor Hehn: Olive, Wein und Feige. Kulturhistorische Skizzen. Herausgegeben von Klaus von See unter Mitwirkung von Gabriele Seidel-Leimbach. Mit farbigen Abbildungen. it 1427

Christoph Wilhelm Hufeland: Die Kunst, das menschliche Leben zu verlängern. it 1706

Wolfgang Kaempfer: Zeit des Menschen. Das Doppelspiel der Zeit im Spektrum der menschlichen Erfahrung. it 1855

Adolph Freiherr von Knigge: Über den Umgang mit Menschen. Herausgegeben von Gert Ueding. Mit Illustrationen von Chodowiecki. it 273

Julius Marusz: Porzellan. Betrachtungen aus der Geschichte der ältesten Manufakturen Europas. Mit zahlreichen Abbildungen. it 1760

Günther Ohloff: Irdische Düfte - himmlische Lust. Eine Kulturgeschichte der Düfte. Mit farbigen Abbildungen. it 1777

Pantoffelhelden und Stiefelknechte. Über poetisches Schuhwerk. Herausgegeben von Franz Josef Görtz. Mit zahlreichen Abbildungen. it 1699

Salzburg. Ein Städte-Lesebuch. Herausgegeben von Adolf Haslinger. Mit zahlreichen Abbildungen. it 1326

Michael Schroeder: Kleine Wappenkunst. Mit farbigen Abbildungen. it 1281

Was wir gespielt haben. Erinnerungen an die Kinderzeit. Herausgegeben von Ingeborg Weber-Kellermann und Regine Falkenberg. Mit zahlreichen Abbildungen. it 1371

Wege ins Eis. Nord- und Südpolfahrten. Literarische Entdeckungen von Friedhelm Marx. it 1683

Wiener Adressen. Ein kulturhistorischer Wegweiser von Dietmar Grieser. it 1203

Das Wiener Kaffeehaus. Herausgegeben von Kurt J. Heering. Mit zahlreichen Abbildungen. it 1318

166/1/12.96